KB271957

위기 상담 유형별
치료적 개입

와일드북
와일드북은 한국평생교육원의 출판 브랜드입니다.

위기 상담 유형별 치료적 개입

초판 1쇄 인쇄 · 2026년 03월 23일
초판 1쇄 발행 · 2026년 03월 27일

지은이 조은문 · 임려원 · 김영순 · 이은미 · 권민성 · 박숙자 · 정현주
　　　　 고혜인 · 장수미 · 이유미 · 최정란 · 최꽃님 · 김혜숙
발행인 · 유광선
발행처 · 한국평생교육원
편　집 · 장운갑
디자인 · 박형빈

주　소 · (대전) 대전광역시 유성구 도안대로589번길 13　2층
　　　　　 (서울) 서울시 서초구 반포대로 14길 30(센츄리 1차오피스텔 1009호)
전　화 · (대전) 042-533-9333 / (서울) 02-597-2228
팩　스 · (대전) 0505-403-3331 / (서울) 02-597-2229

등록번호 · 제2018-000010호
이메일 · klec2228@gmail.com
instagram @wildseffect

ISBN　979-11-94710-34-9 (13190)
책값은 책표지 뒤에 있습니다.

위기 상담 유형별 치료적 개입

조은문 · 임려원 · 김영순 · 이은미 · 권민성 · 박숙자 · 정현주
고혜인 · 장수미 · 이유미 · 최정란 · 최꽃닢 · 김혜숙 공저

와일드북

삶을 살아가다 보면 누구나 예상하지 못한 순간에, 준비되지 않은 상태로 위기의 문 앞에 마주 서게 되는 순간이 있다. 그것은 사랑하는 사람의 갑작스러운 죽음일 수도 있고, 평생 지켜온 관계가 한순간에 무너지는 이별일 수도 있으며, 개인의 힘으로는 감당하기 힘든 자연재해나 사고, 혹은 자신을 깊이 파고드는 상처와 마주하는 경험일 수도 있다. 때로는 마음속에 오래도록 묻어두었던 감정이 터져 나오며 스스로도 이해할 수 없는 혼란에 휩싸이기도 하고, 세상의 속도에 따라가지 못한 채 어느새 지쳐 주저앉는 자신을 발견하기도 한다.

이러한 위기들은 단순히 한 개인의 문제가 아니라, 한 가족의 문제로, 한 사회의 문제로 이어진다. 그리고 그때마다 우리는 누군가의 손을 붙잡고 싶고, 누군가는 다시 살아낼 수 있도록 따뜻한 목소리로 다가가야 한다. 그 역할을 수행하는 이가 바로 상담자이며, 그 순간 상담은 '기술'이 아니라 '사람과 사람 사이의 진심'으로 존재하게 된다.

'위기 상담 유형별 치료적 개입'은 상담 현장에서 실제로 마주하게 되는 다양한 위기의 장면 속에서, 상담자들이 어떻게 사람의 마음을 들여다보고, 어떻게 손을 내밀며, 어떻게 함께 걸어가야 하는지를 고민하며 만들어진 책이다. 상담을 단지 '치유'로만 접근하기보다는, 삶의 전환점에서 함께 걸어주는 동반자의 시선으로 바라보고자 했다.

이 책은 총 13명의 상담심리 전문가들이 각자의 전문 영역에서 쌓아온 경험과 통찰, 고민과 배움을 담아낸 공동 작업의 결과물이다. 전체적인 집필 기획은 임려원과 조은문이 중심이 되어 진행하였으며, 각 장에 제시된 상담 사례와 유형별 치료적 개입 내용을 구성하는 데에도 중점적으로 참여하였다. 각 장은 다음의 저자들(1장 조은문, 2장 장수미, 3장 김영순, 4장 권민정, 5장 정현주, 6장 최정란, 7장 박숙자, 8장 김혜숙, 9장 고혜인, 10장 이유미, 11장 최꽃닢, 12장 이은미)이 맡아 집필하였다.

이 책은 총 2부로 구성되어 있다. 1부에서는 위기 상담의 개념과 필요성, 이론적 접근과 상담 단계, 그리고 상담자의 역할과 자기 돌봄까지 위기 상담의 전반적인 틀을 다루었다. 상담의 흐름과 이론을 정리함으로써 상담자가 위기 상담의 기본기를 점검하고, 이해의 지평을 넓힐 수 있도록 구성하였다.

2부에서는 실제 상담 현장에서 자주 마주하게 되는 다양한 위기 상황들을 유형별로 정리하였다. 자살 및 자해, 상실과 애도, 재난 및 PTSD, 중독, 학교폭력, 가정폭력과 아동학대, 성폭력, 이혼, 노인 위기 등 9가지 주요 위기 유형이 4장부터 12장에 걸쳐 담겨 있으며, 각 장마다 상담사례와 치료적 개입이 풍부하게 실려 있다.

이 1장~12장의 내용 중 '위기 개입', '위기 이론', '위기 모델', '트라우마 치료', '학교폭력과 아동학대', '자살과 애도', '중독' 등의 내용은 청소년상담사 1급 필기시험 중 '위기 상담' 과목을 학습하는 데 유익한 참고 도서가 될 수 있으며, 시험을 준비하는 청소년상담사 수험생들에게 실질적인 도움이 될 것이다.

4장~12장 장마다 실린 사례는 각색한 사례들이다. 저자들은 가능한 한 현장의 언어로, 실제 상담자들이 마주할 수 있는 장면을 그대로 그려내고자 노력하였다. 독자들은 각 사례를 통해 위기의 본질을 보다 생생하게 느끼고, 내담자에게 적절히 개입하고 지지하는 구체적인 방법들을 배울 수 있을 것이다.

위기 상담은 상담자에게 지식이나 기술을 넘어선 존재적 태도를 요구한다. 눈앞에 있는 한 사람을 온전히 이해하고자 하는 마음, 말하지 않은 아픔까지 함께 품어주려는 태도, 그리고 무엇보다 내담자보다 먼저 흔들리지 않으려는 단단한 중심이 필요하다. 이 책은 그러한 상담자들의 내면을 지지하고, 이 길을 오래도록 걸어갈 수 있도록 힘이 되어주고자 한다.

'위기 상담 유형별 치료적 개입'은 상담을 공부하는 학생들에게는 살아 있는 교과서가 되고, 현장에서 활동 중인 상담자들에게는 상담실 책상 위에 오래 머물며 다시 꺼내보는 든든한 동반자가 되기를 바란다. 더 나아가 상담을 넘어 인간에 대한 깊은 이해와 존중을 바탕으로, 세상 속 위기를 함께 품어 안는 모두에게 작은 길잡이가 되기를 소망한다.

오늘도 사람의 마음을 돌보는 일을 묵묵히 이어가는 상담자들, 그리고 고통의 터널 속에서도 끝까지 걸어가고자 하는 모든 이들에게 이 책이 따뜻한 동행이 되어주기를 바란다.

2026년
공저자 일동

차 례

1부 위기 상담 이론

① 위기 상담의 개요

어떤 날은 평소와 다름없던 하루가 단 몇 초 만에 완전히 뒤바뀌기도 한다. 갑작스러운 사고, 사랑하는 사람의 죽음, 이해할 수 없는 충격적인 사건 앞에서 사람들은 방향을 잃고 무너진다. 위기는 그렇게 예고 없이 다가오고, 누군가의 평온한 일상을 순식간에 송두리째 흔들어 놓는다. 그런 순간, 상담자는 누구보다 먼저 움직여야 한다. 위기 상담은 기다리는 상담이 아니다. 고통이 깊어지기 전에 손을 내밀고, 혼란이 휘몰아치기 전에 안정감을 제공해야 한다. 신속하고 전문적인 개입, 이것이 위기 상담이 다른 상담과 구별되는 이유이며, 상담자의 책무이기도 하다. 세월호 참사 당시, 수많은 상담자들이 자발적으로 현장에 달려가 학생, 학부모, 교사, 지역 주민을 돌보고 위로했던 순간은 우리 모두의 기억 속에 남아 있다. 그때처럼 앞으로도 상담자들이 각종 위기 상황에 연대하고 회복을 도울 수 있으려면, 무엇보다 위기 상담의 기본 개념과 실제적 접근을 제대로 이해하는 것이 필요하다.

이 책은 그런 의미에서 출발했다. 내용은 자살, 상실과 애도, 재난과 PTSD, 중독, 학교폭력, 가정폭력과 아동학대, 성폭력, 이혼, 노인 위기 등, 상담 현장에서 자주 마주하게 되는 9가지 주요 위기 유형을 중심으로 구성되었으며, 다양한 영역의 상담전문가들이 각자의 전문성과 상담 경험을 바탕으로 이론과 실제를 균형 있게 담아내고자 했다. 특히 1장~3장은 위기 상담의 전체를 관통하는 이론적 기초를 담고 있으며, 이후 4장~12장의 내용을 이해하고 적용하는 데 중심축이 된다. 위기 상담을 처음 접하는 이들에게도 부담 없이 다가갈 수 있도록, 1장의 내용을 네 가지 흐름으로 정리하였다.

상담자는 위기 상황 속에서 중심을 잡아주는 사람이며, 위기자가 다시 삶의 방향을 찾을 수 있도록 곁에서 함께 버텨주는 존재이다. 이제부터 그 역할을 수행하기 위한 첫걸음으로, 위기 상담의 개념과 모델들을 함께 살펴보고자 한다.

- **위기 상담의 개요**를 통해 위기의 개념과 특징 및 대처 방법, 그리고 위기의 유형을 살펴보며 상담자로서의 시야를 넓히고,
- **위기 모델**에서는 위기에 대한 심리 · 사회적 이론적 접근과 개입 모형을 통해 위기를 이해할 수 있는 틀을 소개하고,
- **위기의 단계**에서는 위기가 어떻게 전개되는지를 시간별로 구분해 상담자의 개입 시점을 이해할 수 있도록 정리하며,
- **위기 개입 모델**에서는 실제 위기상황에 적용 가능한 상담 개입 단계와 전략을 이론가 중심으로 설명하였다.

위기의 정의

'위기(crisis)'라는 말은 그리스어 'krisis'에서 유래한 것으로, '결정' 혹은 '전환점'이라는 뜻을 지니며, 한자어로는 위험(危)과 기회(機)가 결합된 의미로 사용된다(Wibur, 1970). 위기는 삶에서 갑작스러운 사건이나 변화로 인해 생기며, 이로 인해 개인은 해당 사건을 위협적이고 두려운 것으로 인식하게 된다. 이러한 인식은 곧 정서적인 고통으로 이어지고, 그 고통은 기존의 대처 능력을 흔들어 놓는다.

평소 사용하던 자원과 대응 방식으로는 감당하기 어려운 위기를 경험하면 신체적 · 정서적 · 인지적인 혼란 상태에 빠지게 된다. 즉, 위기를 겪는 사람은 지금 이 순간을 어떻게 받아들이고 지나가느냐에 따라 삶의 방향이 달라지는 전환점에 서 있는 것이다. 하지만 위기의 증상은 사람마다 다르게 나타난다. 이는 위기 상황을 어떻게 평가하고 받아들이느냐 즉, 지식이나 신념, 생각, 기대 등에 따라 반응이 달라지기 때문이다. 어떤 사람은 이를 성장의 기회로 여기고 회복을 위해 노력하지만, 어떤 사람은 무기력과 절망 속에 삶의 균형을 잃기도 한다. 그렇기에 위기에서 벗어나기 위해서는 우선 촉발 사건에 대한 인식을 새롭게 하고, 새로운 대처 기술을 익히며 정서적 고통을 줄여나가야 한다.

다행히 위기 상황은 대부분 4~6주 이내에 자연스럽게 진정되므로, 시의적절한 도움을 받을 수 있다면 이 시기는 심리적 성장을 위한 소중한 기회가 되기도 한다. 외상 후 성장을 경험하는 경우도 많다. 그러나 어린 시절 트라우마나 학대 경험이 있거나, 자아 강도가 약한 사람은 위기에 더 취약할 수 있다. 이들은 정서적 고통을 회피하기 위해 물질에 의존하거나 정신질환으로 이어질 위험이 있기 때문에 더욱 세심한 관심과 돌봄이 필요하다.

따라서 위기를 예방하려면, 어떤 사건들이 삶에 큰 파동을 일으킬 수 있는지를 아는 것이 중요하다. 홈스와 라헤(Holmes & Rahe)의 스트레스 척도에 따르면, 배우자나 가족의 사망, 이혼, 별거, 수감, 심각한 질병, 결혼, 실직, 은퇴 등이 높은 스트레스를 유발하는 사건들이다. 이는 비단 외국의 이야기가 아니다. 사랑하는 사람과의 이별이나 예기치 않은 상실, 경제적 어려움이 주는 고통은 우리 모두에게 익숙하고도 깊이 있는 경험일 수 있다.

그러니 누군가가 위기 상황에 있다면, 우리는 그 고통의 무게를 가볍게 여기지 말고, 조금 더 다정한 눈길과 손길로 곁에 있어 주는 것이 필요하다. 위기는 누구에게나 찾아올 수 있지만 누구에게나 회복과 성장이 가능한 시간임을 잊지 않아야 한다.

위기의 특징 및 대처 방법

길리랜드와 제임스(Gilliland & James, 2000)는 위기에 대한 공통 반응을 다음과 같이 제시한다.

> **위기의 공통 반응**
>
> - **신체적 반응**: 식욕 변화, 두통과 복통, 성적 충동의 상승 또는 상실, 근육 긴장, 불면증, 소화 장애와 위궤양, 고혈압과 심장 박동수의 증가
> - **정서적 반응**: 두려움, 불안과 해리, 긴장, 적개심과 분노, 심한 우울과 비탄, 공황
> - **인지적 반응**: 과거에 몰두함, 정신적 혼란 및 혼돈, 죄책감, 세상에 대한 부정적 신념
> - **행동적 반응**: 주의집중력 상실, 망상과 환각, 약물의존, 알코올 과다 사용, 범죄행위
> - **대인관계 반응**: 회피, 철수, 강한 의존, 공격성

할펀(Halpern, 1973)은 정상적인 심리상태를 밑변이 넓어 외부 충격에도 쉽게 무너지지 않는 정삼각형(△) 구조로 설명하였다. 이러한 구조는 안정성이 높아 웬만한 스트레스나 외부 자극에도 견고하게 유지되는 특징이 있다. 반면, 위기 상태에 있는 사람은 브이(V)자 형태와 같아 어느 한쪽에서 충격이 가해지면 쉽게 균형을 잃고 영향을 받은 쪽으로 쓰러질 위험이 높다고 하였다.

김동일 등(2014)은 위기의 특징에 대해 다음과 같이 설명한다.

위기의 특징

- 위기는 대체로 인과관계가 존재한다.
- 위기는 개입의 결정적 시기가 존재한다.
- 위기는 사건의 발생에서 회복에 이르기까지 일정한 단계와 과정을 거친다.
- 위기는 병리적 사건이 아니라 위험한 상황에 대한 정상적인 반응이다.
- 위기는 예방과 중재 활동이 가능하며 다양한 대처방법에 따라 효과가 나타난다
- 위기 상담의 성패를 좌우하는 것은 제한된 시간 내에 단기적이고 집중적인 개입의 여부이다.
- 위기상황에서는 심리적 불안정으로 인해 (기존 판단 체계가 약화되어) 변화에 대한 의사결정이 상대적으로 용이해질 수 있다.
- 위기는 성장과 발전 및 문제 해결 역량을 향상시킬 수 있는 기회이다.

따라서 개인이 위기에 어떻게 대처하는가가 중요한데, 정태기(2010)는 위기 대처 방법에 대해 다음과 같이 제시하고 있다.

위기 대처 방법

- 문제에 직면해 문제에 대한 이해를 강화한다.
- 불안, 죄책감, 원한, 분노와 같은 부정적 감정들을 승화시킨다.
- 문제를 해결하기 위해 대안을 탐색하고 책임을 받아들인다.
- 위기상황에서 변화가 불가능한 것은 포기하고 가능한 것을 변화시키려고 노력한다.
- 가족, 친구, 전문가 등 자신에게 도움이 되는 사람들과의 연결고리를 갖춘다.
- 웅대한 기대는 포기하고 건설적으로 대처하기 위한 아주 작은 문제라도 해결의 단계를 밟는다.

위기는 시간과 발생 원인에 따라 구분된다. 시간적으로는 급성과 만성 위기로 나뉘며, 발생 원인에 따라 발달적 위기, 상황적 위기, 환경적 위기, 사회·문화적 위기, 실존적 위기로 분류된다(Brammer, 1985). 발달적 위기는 프로이드(Freud)와 에릭슨(Erikson)이 제시한 발달과업과 관련되며, 상황적 위기는 특정한 상황이나 사건으로 인해 발생한다. 지구온난화 등으로 인한 환경적 위기는 주로 자연재해와 관련 있으며, 사회·문화적 위기는 사회 규범이나 사회·문화적 가치관의 붕괴와 연관된다. 실존적 위기는 인간 존재의 본질과 불확실성에 기인한다.

1) 발달적 위기

개인의 성장과 발달 단계에 따라 자연스럽게 발생하는 사건과 관련된다. 발달적 위기는 인간의 발달 과업과 관련이 있으며, 개인의 생애주기와 가족의 발달 단계에 따라 다르게 나타날 수 있다. 아동기 친구와의 갈등이나 학교 적응문제, 청소년기 정체성의 혼란 또는 성적 문제, 성인기 직업 선택, 결혼과 자녀 양육, 중년의 위기, 노년기 은퇴 및 배우자의 상실, 노인 질환 등이다.

2) 상황적 위기

상황적 위기는 사회적, 경제적, 보건적, 기술적 요인 등 특정한 상황이나 사건으로 인해 개인, 조직, 또는 사회에서 발생하는 위기이다. 예측이 어려운 돌발적 사건으로 인해 촉발되기 때문에 위기 발생 시 즉각적인 대응이 요구된다. 또한 여러 이해관계자가 관련되어 있기 때문에 개인이나 집단의 심리적 안정에 큰 영향을 미칠 수 있다.

- **사회적 위기**: 폭동, 테러, 대규모 범죄 등 사회적 불안정 요인
- **경제적 위기**: 금융위기, 실업률 증가, 경제불황 등 경제적 요인
- **보건 위기**: 전염병의 확산, 의료 시스템의 붕괴 등 공중보건 위협 상황
- **기술적 위기**: 사이버 보안 위협, AI 오작동, 시스템 마비 등 기술적 결함

3) 환경적 위기

자연환경의 변화나 파괴로 인해 발생하는 위기로 생태계의 균형을 깨뜨리고, 인간의 삶과 건강, 경제에 심각한 영향을 미칠 수 있다. 환경적 위기의 종류로는 기후 변화로 인한 지구온난화, 자연재해 및 고갈, 환경 오염, 생태계 파괴 등이 있다. 환경적 위기는 장기적으로 지속되며 전 지구의 문제로 국경을 초월한다. 인간의 건강과 안전에 직접적인 영향을 미치며, 재해 복구 및 자원 관리 등 경제적으로 큰 비용이 발생한다.

4) 사회·문화적 위기

사회나 문화의 구조, 가치, 규범 등이 심각하게 흔들리거나 변화하면서 발생하는 정치적 위기·사회적 갈등 등이 있다. 상황적 위기와 유사하며 기존의 사회체제나 문화적 규범에 저항해 사회적 혼란을 초래하고 사회적 갈등으로 이어질 수 있다. 그 반대로 기존 체제에 대한 비판을 통해 대안을 모색하고 새로운 가치관이나 사회적 변화를 촉진하는 긍정적 결과를 가져올 수 있다.

- **정치적 위기**: 정부의 부패, 쿠데타, 민주화 운동, 정치적 불안
- **사회적 갈등**: 인종차별, 성소수자 및 젠더이슈, 노동시장 양극화, 종교갈등

5) 실존적 위기

실존적 위기는 심리적, 철학적, 사회적 요인에 의해 발생하며, 개인의 삶에 중대한 영향을 미칠 수 있다. 인간이 실존적 위기에 처하게 되면 정체성의 위기, 삶의 의미 상실, 사회적 고립과 소외, 가치관의 충돌 등을 일으킬 수 있다. 이러한 위기는 자아와 외부 세계 간의 불일치로 우울감, 불안, 고립감 등 심리적 고통이 동반된다. 실존적 위기는 개인의 삶을 재조명하고 변화의 필요성을 느끼게 하므로 성장과 변화를 도모하고 더 깊은 자기 이해와 삶의 의미를 찾을 수 있다.

② 위기 모델

위기이론은 기본-위기이론과 확장-위기이론으로 구분된다.

기본-위기이론

기본-위기이론은 상실로 인해 슬픔에 빠진 인간의 행동을 이해하고 비탄과 애도에 대한 개입을 설명하는 이론이다. 상실 이후에 나타나는 비탄 반응을 해결하는 것에 초점을 두기 때문에 정상적인 애도와 비정상적인 우울증을 구분해 대처한다. 대부분의 위기이론이 기본-위기이론에 포함되는데 프로이드(Freud)의 정신분석모델, 라이트너와 벨킨(Leitner & Belkin)의 평형모델, 인지모델, 생활모델(심리 · 사회적 전환모델) 등이 있다.

1) 정신분석모델

이 모델은 주로 프로이드(Freud)의 정신분석이론에 기반하여 개인이 위기 상황에 직면했을 때의 심리적 반응(무의식적 갈등과 방어기제)과 그로 인해 발생하는 행동(과거 경험이 현재의 위기 상황에 어떻게 반응하는가)을 이해하는 데 중점을 둔다. 정신분석치료자는 위기자가 자신의 무의식적 갈등을 인식하고, 방어기제를 이해하며, 과거 경험을 탐구하도록 돕는다. 이를 통해 위기자는 더 건강한 심리적 상태로 나아갈 수 있다. 정신분석모델에서는 위기 후 개인이 자신의 감정과 경험을 이해하고 통합하는 과정을 강조함으로써 자신의 내면을 탐구하고, 더 나은 대처 방식을 개발할 수 있다고 본다.

"어린 시절 아버지에게 학대를 받았던 A 씨는 성인이 된 후 데이트 폭력을 경험하며 무기력에 빠졌다. 상담을 통해 자신이 관계 속에서 지나치게 복종하고 있음을 자각하게 되었고, 이는 과거 경험에서 비롯된 무의식적 패턴임을 깨달았다. 상담 과정에서 A 씨는 감정을 건강하게 표현하고 자신을 지키는 법을 익혔으며, 이후 서로를 존중하는 배우자를 만나 안정된 관계를 형성하게 되었다. 위기를 통찰의 기회로 삼은 A 씨는 자기 삶을 스스로 선택하며 살아가고 있다."

2) 평형모델

평형모델에 따르면, 사람은 일상에서 심리적·정서적·사회적으로 균형 잡힌 상태를 유지하려 한다. 하지만, 위기 상황이 발생하면 평형이 무너지며 스트레스가 유발된다. 이때 위기자는 심리적 불균형 상태에 빠져 조절력을 잃고, 심한 경우 자살과 같은 극단적인 선택을 시도할 수 있다. 따라서 이 모델에서는 위기자를 빠르게 안정시키고, 위기 이전의 평형상태로 회복시키는 것을 핵심으로 둔다. 이를 위해 문제해결 기술, 스트레스 관리기술 등을 교육하고, 개인이 사회적 지지망을 활용할 수 있도록 돕는다. 위기자가 회복될 때까지 지속적인 지지와 피드백을 제공한다는 점에서, 평형모델은 초기 위기 개입에 특히 효과적인 접근으로 평가된다.

3) 생활 모델(심리·사회적 전환 모델)

생활 모델에서는 위기가 내적·외적 또는 심리적·사회적·환경적 어려움과 관련이 있다고 본다. 따라서 일상생활에서 경험하는 스트레스와 위기를 관리하고 위기에 대한 즉각적인 욕구에 민감히 반응할 수 있도록 자신의 생활능력을 확장시킨다. 이 모델은 개인이 처한 사회적 지지 체계와 자원 및 사용 가능한 행동과 태도, 환경적 자원을 선택할 수 있도록 돕기 위해 사용하는 다양한 적응 전략(문제 해결 능력, 감정 표현, 긍정적 사고) 등을 향상시키는 것을 중점으로 둔다.

4) 인지 모델

인지 모델에서는 위기 상황에 처한 개인의 잘못된 인지평가와 정보처리방식이 위기자의 감정과 행동에 직접적인 영향을 미친다고 본다. 따라서 이 모델은 위기자의 사건에 대한 시각이나 신념을 변화시킨다. 즉, 부정적이고 비합리적인 신념이나 잘못된 사고를 수정하고 새로운 자기 진술을 연습시켜 긍정적인 환류의 고리를 만든다. 인지모델은 심리치료 및 교육에 널리 사용되며 위기 상황에서의 대처 방식을 개선하고 심리적 회복력을 높인다.

도박으로 큰 빚을 지고 가정까지 위기에 빠진 B 씨는 중독 상담을 받게 되었다. 그는

"인생은 한방"이라는 비합리적인 신념에 사로잡혀 반복적으로 도박을 이어가고 있었다. 인지모델에 기반한 상담을 통해 B 씨는 자신의 왜곡된 사고를 인식하고, 그것이 삶에 어떤 영향을 미쳤는지를 깨닫게 되었다. 이후 그는 현실적인 시각을 갖고 책임감 있는 삶을 선택하며 도박에서 벗어났다. 지금은 가족을 돌보는 성실한 가장으로 살아가며, 중독 예방 활동에도 참여하고 있다.

확장-위기이론

확장-위기이론은 위기를 단순히 개인의 문제로 한정 짓지 않고, 사람과 위기사건의 상호관계와 사회적 환경의 영향을 강조한다. 체계 모델(systems model), 적응 모델(adaptation model), 대인관계 모델(interpersonal model), 혼란 모델(chaos model) 등이 포함된다.

1) 체계 모델(systems model)

체계 모델은 개인이 속한 가족 · 집단 · 지역사회의 사회적 맥락과 환경을 분석하는 생태체계학적 관점에서 위기를 분석하고 해결한다. 위기개입의 목표는 단순히 문제해결이 아니라 사회적 맥락을 파악하고 개인의 적응을 돕는 것이다. 즉, 위기로 인해 깨어진 개인의 체계를 다시 원상태로 돌려 예전의 생활이 가능하도록 균형 있는 체계로 조정하는 것이 핵심이다.

2) 적응 모델(adaptation model)

적응 모델은 행동주의에 기초한다. 위기 사건이나 상황으로 인해 개인의 일상적인 기능이 방해받을 때 개인이나 집단이 경험하는 심리적 · 정서적 반응을 이해하고 개인이나 집단이 위기를 극복할 수 있도록 돕는 행동을 수정한다. 개인의 반응과 대처 방식을 자기성장적인 행동으로 대치시키는 방법을 학습시킴으로써 부적응적인 행동을 적응적 행동으로 변화시킨다.

3) 대인관계 모델(interpersonal model)

대인관계 모델은 대인관계에서 발생하는 갈등이나 위기 상황을 개인의 감정, 행동, 그리고 상호작용의 결과로 본다. 따라서 대인관계의 본질과 그 특성을 분석하여 위기의 원인을 파악한다. 해결전략으로는 대화와 중재, 갈등해결 기법 등을 포함하는 의사소통 능력을 향상시킴으로써 자아존중감과 자긍심을 높여 위기를 극복하게 돕는다.

4) 혼돈 모델(chaos model)

혼돈 모델은 복잡한 시스템에서 발생하는 예측 불가능성과 비선형성(작은 변화가 큰 결과를 초래함) 속에 있는 조직 내 위기를 관리하기 위한 이론이다. 조직 내 위기는 복잡한 상호작용의 결과이므로 개인의 행동과 반응을 분석하고 의사결정과 대응 방안을 개선시킨다. 시스템의 복잡성을 이해하고 조직 내에서의 협력과 소통을 강화하여 효과적인 의사소통 방안을 마련함으로써 정보의 흐름을 원활하게 하며 유연성과 적응력을 높인다.

위기의 평가

위기에 대한 반응은 사건의 특성과 더불어 위기에 대처하는 개인의 역량과 자원에 따라 다양하게 나타난다. 위기를 경험한 사람은 일반적으로 트라우마 증상을 보이게 되며, 이 트라우마가 적절히 치료되지 않을 경우 복합 외상 후 스트레스 장애(C-PTSD; Complex PTSD)로 발전할 수 있다. 따라서 고위험군을 신속하게 선별(screening)하고, 조기에 개입하여 적절한 지원을 제공하는 것이 중요하다.

위기 상황에서 개인의 심리적 상태를 사정하기 위해 사용되는 객관적이고 과학적인 도구로는 MMPI, 간이정신검사(SCL-90-R; 김광일 외, 1984), 한국판 외상 후 스트레스 진단 척도(K-PDS; 남보라, 2008), 한국판 사건충격척도(K-IES-R; 은헌정 외, 2005) 등이 있다. C-PTSD(복합 외상 후 스트레스 장애)는 주로 아동기에 반복적으로 경험한 외상 사건이나 장기간에 걸친 외상성 스트레스 노출의 결과로 발생하므로 내담자가 아동기에 외상 경험이 있었는지를 확인하는 것이 중요하다.

테어(Terr, 1991)는 위기 사건을 Type I과 Type II로 구분하였다. Type I 사건은 교통사고,

자연재해, 산업재해 등 비교적 예측 가능한 외상 사건으로, 사전에 대비책을 마련하거나 위기 발생 후 신속하게 대응할 수 있다. 이 유형의 주요 증상은 기억과 지각의 오류이며, 치료는 주로 사건 기억을 재생하면서 그 원인이나 예방법을 탐색하는 과정을 포함한다. 반면, Type II 사건은 아동학대, 성폭력, 테러, 팬데믹 등 예측하기 어려운 강렬한 외상 경험으로, 갑작스럽게 발생하여 사전 준비가 어려우며 개인에게 심각한 혼란을 초래할 수 있다. 이와 같은 외상 경험은 명시적 기억보다 암묵적 기억에 저장되기 쉬우며, 그 결과 부정, 해리, 정서 마비, 분노 등의 심리적 방어기제와 대처 기술이 발달하게 된다.

테어(Terr)는 Type I 외상을 경험한 아동은 인지적 재검토, 잘못된 지각, 사건의 시간 왜곡과 같은 특성을 보인다고 하였으며, Type II 외상을 경험한 아동은 감정 표현의 결핍, 분노, 또는 지속적인 슬픔과 같은 정서적 증상을 나타낸다고 설명하였다. 또한 하나의 충격적인 사건이 장기적인 아동기 외상으로 이어지는 경우, Type I과 Type II의 외상 반응 특성이 혼합된 '혼재형 양상'으로 나타날 수 있다고 하였다.

아동기 외상의 공통 특징

- **시각적이거나 반복적으로 나타나는 기억:** 자신이 경험한 공포사건을 다시 보고 느끼는 현상
- **반복 행동:** 외상 사건을 되살려내는 방식의 놀이나 행위의 반복
- **부정적 정서:** 외상 사건과 관련한 우울, 불안, 공포를 지속적으로 느낌
- **사람·인생·미래에 대한 태도·가치관·신념의 변화:** '단지 하루하루 살 뿐이다.', '나에게는 미래가 없다.' 라는 부정적 인지

Type II 외상의 특징

- **정신적 무감각(Psychic numbing):** 극심한 감각둔마로 인해 심하게 철수되거나 냉혹·냉담하게 됨
- **자기최면과 해리:** 공포가 오랜 기간 반복되는 경우 자발적인 자기최면, 이인증, 해리, 구획화 등의 증상을 보임
- **분노:** 자기나 타인에 대한 분노가 습관적 공격성, 공격자와의 동일시, 자해로 표현됨
- **심리적 방어기제:** 부정, 부인, 억압, 해리 등 심리적 대처기제를 발전시킴

- **생생한 외상 기억**: 외상경험 전반적이고 상세하고 명료하게 재생됨
- **후향적 재정리와 인지적 재평가**: '나에게 왜 이런 일이 일어났는가?', '왜 하필 나에게 일어났는가?'라는 의문과 죄책감을 느끼고 자신이 경험한 외상에 대한 통제감 상실에 대해 후향적 재정리를 시도함. 추후 '그런 일을 피하려면 어떻게 해야 했을까' 등을 생각해보는 과거에 대한 인지적 재평가가 일어남
- **지각 왜곡**: 착시, 시간 왜곡, 착각 등의 현실 왜곡이 일어남

③ 위기의 단계

위기를 경험한 인간은 심리적으로 취약해지고 긴장과 불안으로 평형상태가 깨진다. 위기상태가 되면 위기자는 정서적 혼란, 방어기제의 붕괴, 문제해결 및 대처능력의 와해가 일어난다. 이때 위기자는 자신의 위기를 인지하고, 위기와 관련된 감정을 표현하며, 이후 변화를 수용함으로써 새로운 대처 능력을 개발한다. 이렇게 위기상황을 성공적으로 극복하게 되면 자아존중감과 자기효능감이 증진된다. 새롭게 학습한 적응기제는 앞으로 발생하게 될 또 다른 위기상황에 대처하는데 적용된다. 만약 부적절한 대처기제를 학습한 경우, 대처능력에 손상을 입어 위기상황 이전보다 기능이 떨어진다. 따라서 위기가 진행되는 단계를 아는 것은 위기 개입 시 고려해야 할 것이 무엇인지를 알려준다. 위기의 단계는 위험한 사건 또는 예비 단계, 취약과 혼란 발생 단계, 위기 촉진과 회복 단계, 위기와 재발 방지 단계, 재통합과 회복 단계, 평가 단계로 진행된다.

캐플란(Caplan, 1964), 골란(Golan, 1978), 스톤(Stone, 1991)의 위기 단계 모델은 위기의 단계를 이해하고 관리하기 위해 개발한 이론들이다. 각각의 모델은 위기를 단계적으로 분석하는 데 초점을 맞추고 있지만, 그 접근 방식과 세부 내용에는 차이가 있다. 캐플란(Caplan)은 위기를 예방하고 관리하기 위한 심리적 접근을 강조한다. 그의 모델은 주로 위기가 발생했을 때 이를 관리하기 위한 개인의 반응과 심리적 기제를 분석하는 데 중점을 두고 있다. 골

란(Golan) 모델은 위기 커뮤니케이션에 중점을 둔다. 그는 위기 상황에서 정보의 흐름과 소통의 중요성을 강조하며 위기의 단계별 대응을 제시하였다. 이 모델은 위기 발생전과 위기 중, 위기 후의 의사소통전략을 체계적으로 다루어, 정보의 정확성과 시점이 위기관리에서 중요한 역할을 한다고 설명한다. 스톤(Stone)은 위기 관리의 전반적인 단계를 예방, 준비, 대응, 복구의 네 가지 단계로 나누어 설명하며 각 단계에서의 조치와 대응 전략을 강조한다. 이 접근은 조직의 위기관리 시스템을 체계적으로 구축하고 운영하는 데 초점을 맞춘다.

캐플란(Caplan)의 위기의 4단계

• **예비 단계**(Pre–Crisis) : 위기로 인한 긴장이 고조되면 평소 친숙하게 사용하던 문제해결 방법을 사용하여 감지된 불편을 줄인다.

• **발생 단계**(Crisis) : 위기자가 평소 사용하던 문제해결 방법이 실패하면 실제로 위기가 발생한다.

• **회복 단계**(Recovery) : 계속되는 문제해결 방법이 실패하면 긴장은 더욱 증가된다. 이때 개인은 위기를 응급상황이라고 보고 여러 가지 대처방법을 동원해 해결해보려 하지만 이 역시 실패한다. 위기자는 과거의 경험에 따라 문제를 재정의하거나, 문제 해결을 포기하거나, 해결할 수 없는 문제로 생각한다.

• **재발 방지 단계**(Post–Crisis) : 긴장수준이 계속 올라가서 정상이 깨진다. 캐플란(Caplan)은 이 시기를 '정상이 깨지는 지점'이라고 하였다. 이 지점에서 인격은 크게 혼란이 오고 무력감을 느끼거나 인지적 혼돈으로 문제의 본질을 찾아내지 못하며, 현실을 평가하지 못하게 된다. 이 단계에서는 적극적인 위기 개입이 필요하다.

골란(Golan)의 위기의 6단계

• **위험한 사건 단계**(hazardous event) : 특정한 스트레스 사건으로 외부 쇼크나 내적인 변화가 개인의 신체 및 심리사회적 안정 상태에 일어난다.

• **취약 단계**(vulnerable state) : 위기에 대해 개인이 주관적으로 반응하는 단계이다. 개인마

다 사건을 인지하는 정도에 따라 나름대로의 방법으로 위기에 대처하는 데, 이를 본능적 욕구나 자율성의 위협으로 바라보거나 인격이나 능력의 상실로 바라볼 수 있다.

- **위기촉진 단계**(precipitating factor): 취약단계를 불균형의 상태로 발전 · 전환시키는 일련의 연쇄적인 스트레스 유발사건들이 발생한다.
- **위기 단계**(active crisis state): 적극적인 위기상태로 개인의 항상성 기제가 무너지면서 긴장이 최고조에 달하고 불균형 상태가 시작된다.
- **재통합(회복) 단계**(reintegration, restoration): 긴장과 불안이 점차 가라앉고 개인의 위기가 약해지지만 아직도 완전히 위기가 사라진 것은 아니다.
- **평가 단계**(Evaluation Stage): 위기 대응 과정 전반에 대한 평가를 실시하는 단계이다. 위기 대처에서 어떤 점이 잘 작동했는지, 어떤 점이 개선이 필요한지를 분석하여 향후 위기 관리 전략을 개선하는 데 활용한다.

스톤(Stone)의 위기 4단계

- **예방 단계**(Preparation): 위기를 사전에 예방하기 위한 단계로 잠재적인 위험 요소를 식별하고 이를 관리하기 위한 계획을 수립한다. 위기 관리팀을 구성하고 교육, 훈련, 정책 개발 등을 통해 위기 상황에 대비할 수 있도록 한다.
- **준비 단계**(Preparation): 위기 발생 시 효과적으로 대응하기 위한 준비를 하는 단계이다. 이 단계에서는 위기 대응 계획을 수립하고, 관련 팀과 개인에게 훈련을 제공하여 대응 능력을 향상시킨다. 또한 자원과 인프라를 확보하고, 비상 연락망을 구축하는 등의 작업이 이루어진다.
- **대응 단계**(Response): 실제 위기가 발생했을 때 신속하고 효과적으로 대응하는 단계이다. 이 단계에서는 위기 상황을 평가하고, 적절한 조치를 취하여 피해를 최소화 한다. 이 단계는 의사결정과 효과적인 의사소통이 핵심으로 위기 발생 시, 내부 및 외부 이해관계자에게 정보를 제공하고, 혼란을 최소화하기 위해 노력한다.
- **복구 단계**(Response): 위기 상황이 지나간 후 정상 상태로 돌아가기 위한 단계이다. 이 단계에서는 피해를 평가하고 복구 작업을 수행하며, 향후 위기를 예방하기 위한 전략을 수립한다. 위기 대응의 효과성을 분석하고, 필요한 경우 정책이나 절차를 수정하여 재발

을 방지한다. 또한, 위기 관리에 대한 지속적인 교육과 훈련을 통해 조직의 위기 대응 능력을 강화시킨다.

④ 위기 개입 모델

위기개입 모델은 개인의 삶에서 발생하는 외상(trauma)에 대한 개입과 국가 차원의 재난에 대응하는 개입으로 나눌 수 있다. 최초의 위기개입 모델은 린데만(Lindemann)이 제시한 '급성 비탄 반응에 대한 증상과 관리' 논문에서 비롯되었다. 1942년 미국 보스턴의 유명한 술집인 코코넛 그로브(Coconut Grove)에서 화재가 발생한 후 생존자들이 비탄 과정을 겪으며 극심한 고통을 호소하자 린데만(Lindemann)은 그들을 돕기 위해 웨슬리 인간관계 봉사기관을 설립하였다.

1960년대에는 미국 메사추세츠 종합병원과 하버드 공중보건대학과의 협력을 통해 정신과 환자의 과거력을 연구한 캐플란(Caplan)은 아동기 위기를 경험한 사람들이 성인이 되어 위기 상황에 직면할 경우 이를 효과적으로 해결하지 못하면 정신질환에 걸릴 위험이 높다고 발표하였다. 미국 정부는 이러한 위기 이론을 일부 수용하여 1960년대 초 로스앤젤레스 지역의 자살예방 및 위기 서비스 센터를 비롯해, 에릭 지역의 자살예방 센터, 365일 전화 상담 서비스(hotline) 등을 도입하였다. 이러한 센터들은 당시 광범위하게 전개되던 지역사회 정신건강 운동 속에서 공식적으로 출현하게 되었다.

특히 케네디 정부의 지지와 함께 1963년 미국 의회에서 '지역사회 정신보건센터법'이 통과되면서 지역사회 정신건강서비스가 본격적으로 확대되었고, 이는 위기의 초기 단계에서 개입함으로써 작은 문제가 심각한 정신병리로 발전하는 것을 예방하는 데 기여하였다. 1970년대에는 위기 개입에 관한 연구가 정신의학, 심리학, 간호학, 사회복지 등 다양한 분야에서 활발히 이루어졌으며, 단기 치료가 장기 심리치료에 비해 효과적이라는 점이 밝혀지면서, 향후 의료비 절감에도 긍정적인 영향을 미칠 것으로 보고되었다.

대표적인 위기개입 모델로 아그릴라 등(Morley, Messick & Aguilera, 1967)의 4단계 모델, 길리랜드(Gilliland, 2001)의 7단계 모델, 로버트(Roberts, 2005)의 7단계 모델, 카넬(Kanel, 2006)의 ABC 모델, 허만(Herman, 1992)의 재난 위기개입 모델 등이 있다.

아그릴라 등(Morley, Messick & Aguilera, 1967)은 문제해결 모델에 근거하여 사정, 계획, 개입, 위기 대비 계획 등의 4단계 위기개입 과정을 설명하였다. 이 모델은 사회복지사에게 익숙한 문제해결 모델을 위기개입 모델에 적용한 것이기 때문에 실제 사회복지현장에서 유용하게 적용할 수 있다.

길리랜드(Gilliland) 모델은 위기 개입의 구조적 접근을 강조한다. 위기 상황에서의 개입을 단계별로 나누어 설명하며, 각 단계에서의 목표와 방법을 명확히 한다. 반면, 로버트(Roberts) 모델은 위기 개입의 과정에서 개인의 정서적 혼란과 심리ㆍ신체적 불균형 및 위기자의 경험을 중시한다. 이 모델은 위기 상황에서의 인간적인 접근을 강조하며, 위기 개입자가 위기자의 감정을 이해하고 지지하는 데 중점을 둔다. 따라서 길리랜드(Gilliland) 모델이 위기 개입의 구조적 완성을 통해 실행력과 효과성을 높이는 데 중점을 둔다면, 로버트(Roberts) 모델은 위기자의 정서적 안정과 회복에 중점을 둔다.

카넬(Kanel, 2006)의 위기개입 ABC 모델은 위기 상담 초기 면담에서 상담자가 단계적으로 개입할 수 있도록 돕는 구조화된 모델이다. A 단계는 신뢰 관계 형성을 통해 위기자의 정서적 안정을 돕고, B 단계는 위기의 핵심 문제를 파악하며, C 단계는 위기자가 사용할 수 있는 대처 전략과 자원을 탐색한다. 이 모델은 단기 위기 개입에 효과적이며 내담자 중심의 접근을 강조한다.

허만(Herman)의 재난 위기개입 모델은 재난 상황에서 피해자들에게 효과적으로 개입하기 위한 이론적 틀을 제공한다. 이 모델은 린더만(Lindermann, 1994)과 캐플란(Caplan, 1961)의 연구를 바탕으로 하여 재난 피해자들에게 필요한 심리사회적 지원을 제공하고, 위기 상황에서의 효과적인 개입 방법을 제시한다.

위기 상황의 효과적인 개입은 단기적이며 단계적으로 이루어져야 한다. 이러한 위기 개입의 목표는 위기자의 안전 확보를 위해 즉각적으로 개입하며, 빨리 문제가 해결되지 않더라도 점차 좋아질 것이라는 희망과 기대를 갖도록 격려한다. 또한 성격의 변화보다는 위기와 관련된 문제해결이라는 제한된 목표실정을 하고 광범위한 성격의 변화보다는 행동에 대한 초점화 된 개입을 한다. 이때 상담자의 즉각적이고 직접적인 조력이 중요하다. 위기 상담의 일반적 원리는 안전 확보, 행동에 초점화, 제한된 목표설정 및 초점화된 문제 해결, 희망과 기대 갖기, 긍정적인 자기상, 자립 능력, 사회적 지지체계의 확보 등이다.

아그릴라 등(Morley, Messick & Aguilera)의 위기개입 4단계 모델

- **1단계** (사정; Assessment): 위기자가 상담실을 방문한 이유와 경험한 사건에 대해 정확히 파악한다. 현재 당면한 위기의 본질과 선행 사건을 이해하며, 위기자의 정서적 안정화를 유도한다. 또한, 위기자의 자해·타해 위험 여부를 사정하고, 주위의 지지적 자원과 그 질을 고려해 개입 방향을 설정한다. 과거의 성공적인 대처 경험을 현재 위기 극복에 활용할 수 있도록 고려한다.
- **2단계** (계획; Planning): 위기 상황으로 인한 일상 기능 손상과 사용 가능한 자원 및 지지체계를 평가한다. 가능한 잠재적 대안을 고려하여 위기자의 장·단점을 평가 한 후 행동 계획을 수립한다.
- **3단계** (개입 단계; Intervention): 위기자가 위기 상황에서 겪는 부정적인 감정을 인식하고 표현할 수 있도록 돕는다. 동시에, 문제 해결을 위한 적절한 대처기제를 탐색하고 실행 방안을 제시한다. 단절되었던 사회적 관계와 지지체계를 다시 형성하도록 유도하며, 일상적 기능 회복과 사회활동 재개를 지원한다.
- **4단계** (위기 대비 계획 단계; Anticipatory Planning): 향후 유사한 위기 상황에 대비할 수 있도록 예방적 계획을 수립한다. 이번 위기 개입 과정에서 사용된 효과적인 대처 기술을 정리하고 내면화하며, 필요 시 외부 기관으로의 의뢰나 후속 지원도 제공한다. 종결 전에는 문제 해결 과정에 대한 평가와 사후관리 계획을 함께 세운다.

길리랜드(Gilliland)의 위기개입 7단계 모델

- **1단계** (위기문제 정의와 신뢰 형성; Assess the Situation and Initiate Contact): 위기자와 신속하게 접촉하여 신뢰를 형성한다. 위기를 정의하고 위기 상황의 긴급성과 위험 수준을 파악한다.
- **2단계** (안전 확보와 지원 제공; Ensure Client Safety and Provide Support): 위기자를 신체적 위협(자해·타해)으로부터 보호해야 하며, 정서적으로 안전함을 느낄 수 있도록 돕는다. 이때, 개인의 위기 반

응을 평가하여, 그들이 겪고 있는 감정·생각·행동을 이해한다.

- **3단계** (문제 정의; Define the Problem): 위기의 원인을 명확히 파악하고 위기의 핵심 원인을 밝힌다. 위기자가 문제를 어떻게 인식하고 있는지 탐색하여 우선순위를 설정한다.

- **4단계** (감정 환기 및 정서 수용; Deal with Feelings and Emotions): 위기자가 억눌린 감정(슬픔, 분노, 불안 등)을 표현하고 이를 수용하는 과정을 지원한다. 위기자의 감정이 안전하게 표출되어 긴장을 완화하도록 적극적 경청과 공감을 제공한다. 위기자가 감정을 억제할 때, 상담자가 부드럽게 감정 표현을 유도한다.

- **5단계** (대안 탐색; Explore Alternatives): 위기자가 현실적으로 사용할 수 있는 대처 전략, 자원, 선택지를 함께 탐색한다. 과거에 잘 작동했던 대처법이나 강점을 찾고, 가능한 해결방법, 지지자원 기관 등의 외부 자원을 연계하도록 논의한다. 이때 위기자가 자신의 문제에 대해 주도권을 가질 수 있도록 유도한다.

- **6단계** (행동 계획 수립; Make Plans): 위기를 완화하거나 해결하기 위한 구체적이고 실행 가능한 계획을 수립한다. 작은 목표부터 실천 가능한 단계별 계획을 위기자 스스로 세우도록 유도한다. 상담자는 위기자가 세운 계획을 반드시 지킬 수 있도록 스스로 실천계획을 설명하도록 유도한다. 또한 위기 개입을 종료하기 전에 위기자가 자신의 행동을 실천에 옮길 의지가 있는지 면밀하게 살핀다. 이 단계에서 상담자는 위기자에게 더 이상의 개입이 필요 없는지를 확인한다.

- **7단계** (후속 지원 및 자원 연결; Follow-Up): 위기 개입 후, 계획을 실행했는지 확인하고 필요한 경우 추가적인 지원을 제공한다. 일정 기간 후 위기자와 연락해 상태를 점검하고, 새로운 문제가 발생했는지 확인한다. 필요 시 타 기관으로 연계하여 장기적인 회복과 자립을 위한 지속적인 지원체계를 안내한다.

로버트(Roberts)의 7단계 위기개입 모델

- **1단계** (위기 사정; Assess Lethality and Mental Status): 위기의 심각성과 안전 여부를 신속히 평가하는 단계로 위기자의 위기 반응, 감정 상태, 행동 양상 등을 관찰한다.

- **2단계** (신뢰관계 형성; Rapport Building): 상담자와 위기자 사이에 신뢰를 형성하고, 안정감을 제공하는 단계로 공감과 경청을 통해 정서적 지지를 제공한다.

- **3단계** (문제 정의; Identify Major Problems): 위기자가 직면한 주요 문제와 위기의 원인을 명확히 파악하기 위해 위기자가 가장 어려움을 느끼는 핵심 이슈(issue)를 정의한다.

- **4단계** (감정 표현과 수용; Deal with Feelings and Emotions): 위기자가 억눌린 감정, 불안, 분노 등의 감정을 표현하고 다룰 수 있게 지원한다.

- **5단계** (대처 전략 탐색; Explore Alternatives and Coping Strategies): 위기자가 과거에 사용했던 대처 전략, 현재 사용할 수 있는 자원 및 지지체계를 탐색한다.

- **6단계** (행동 계획 수립; Develop Action Plan): 실천 가능한 구체적인 계획을 수립한다. 이때, 단기 목표를 설정하고 위기자의 자원을 연결하고 행동실행을 지원한다.

- **7단계** (종결 및 후속 조치; Follow-Up and Termination): 위기개입을 종결하며, 지속적인 회복을 위한 후속 지원을 제공한다. 필요 시 추가 서비스로 연계하고, 변화의 지속 여부를 점검한다.

카넬(Kanel)의 위기개입 ABC 모델

- **A** (Achieving Rapport; 라포형성과 유지): 위기자와 신뢰 관계를 형성하고 정서적 안정감을 제공함으로써 안전하다고 느낄 수 있는 분위기를 조성한다. 상담자는 무조건적 존중, 적극적 경청과 공감, 개방형 질문을 통해 위기자가 마음을 열고 감정을 표현할 수 있도록 돕는다.

- **B** (Boiling down the problem; 문제상황의 평가): 위기 상황의 촉발 요인을 확인하고, 위기자가 직면한 핵심 문제를 평가한다. 위기자의 인지적 반응, 감정 표현, 행동 양상, 사회적 기능, 위기 이전의 생활 수준, 윤리적 고려사항, 약물 사용 여부 등을 다각도로 사정하여 위기 상황에 대한 공동 이해를 형성한다. 이 단계는 본격적인 개입에 앞서 문제의 본질을 분명히 하는 데 초점을 둔다.

- **C** (Coping; 대처 전략 수립): 위기자의 기존 대처 전략과 사회적 자원을 탐색하고, 새로운 대처 방안을 제안하여 문제 해결을 지원한다. 상담자는 위기자에게 대안적 대처 방법을 제시하거나 필요하다면 외부 기관에 의뢰를 해서 도움을 준다. 위기상황이 종료되면 추후 개입의 여부를 결정한다.

허만(Herman)의 재난 위기개입 모델

허만(Herman)이 제안한 재난 위기개입 모델은 외상(트라우마) 생존자가 안전을 회복하고 고통스러운 기억을 통합하며, 다시 삶을 재건할 수 있도록 돕는 것을 목적으로 한다. 이를 위해 개인의 심리적, 사회적, 생태적 요인을 통합하는 다차원적 접근을 강조한다.

- **심리적 접근**: 개인이 경험하는 트라우마의 정서적 고통과 혼란을 이해하고, 이를 완화하는 심리적 개입을 중시한다.
- **사회적 지원**: 지역사회의 서비스 체계와 자원의 중요성을 인식하고, 이를 통해 피해자들이 회복할 수 있도록 지원한다.
- **생태적 관점**: 위기를 단지 개인의 문제로 보지 않고, 그를 둘러싼 환경적·구조적 요인(사회, 문화, 경제 등)을 함께 고려하여 다차원적·통합적인 개입을 시도한다.

허만(Herman)의 재난대응 위기개입 모델은 안전단계(Safety), 기억과 애도단계(Remembrance and Mourning), 일상으로의 복귀단계(Reconnection and Reintegration)로 진행된다. 이 모델은 특히 성폭력, 전쟁, 재난, 대형 사고 등 극심한 외상 경험자들에게 적용되며, 트라우마 센터 등 전문기관에서 활용된다(김동일 외, 2017).

허만(Herman)의 재난대응 위기 상담 3단계

단계	안전	기억과 애도	일상으로의 복귀
치유 기제	외상사건으로부터의 안전 (거리두기)	재조건화/재처리를 통한 외상 반응의 소거	외상사건의 의미체계 부여(통합)
핵심 과제	• 신체/정서/행동/법 • 대인관계/경제적 안전 • 심리적/신체적 • 안전지대 선정	• 안정화 • 정서조절능력 확대 • 외상기억처리와 통합	• 일상생활의 즐거움 회복 • 문제해결 및 기술복구 • 세상과의 연결
상담 기법	• 아웃리치/옹호 • 정보제공/심리교육 • 의뢰/사례관리/협업	• 즉시성과 정서 다루기 • 신체자각 마음챙김 • 인지재구조화 • 미해결과제 다루기	• 조언/과제주기/실험/시도 • 긍정화 • 사회적 지지체계 구축 • 사회적 의식(ritual)참여

대부분의 위기개입 모델은 독자적인 위기 상담 이론을 기반으로 하기보다 위기 평가, 대안 탐색, 개입, 추후 개입과 같은 일반적인 상담 절차를 따라 구조화되어 있다. 반면, 안현의(2007)는 심리적 외상 치료 분야에서 '위기의 의미화'와 '긍정성 찾기'의 중요성을 강조하였다. '위기의 의미화'는 트라우마 상황을 개인이 이해할 수 있는 방식으로 해석하고 의미를 부여함으로써, 그 경험을 삶의 일부로 통합해보려는 적극적인 시도를 의미하며, '긍정성 찾기'는 고통스러운 경험이 자신의 삶을 성장시키는 계기가 되었다고 지각하는 것을 말한다. 그는 이러한 과정을 통해 위기자로 하여금 인지적 재평가 작업을 수행하도록 유도함으로써 위기 상담 과정에서 이를 적극적으로 활용할 것을 제안하고 있다.

패터슨과 웰펠(Patterson & Welfel)의 윤리적 의사결정 6단계

패터슨(Patterson)과 웰펠(Welfel)은 상담자가 위기에 개입할 때 따라야 할 윤리적 의사결정 절차 6단계를 제시하였다. 이러한 윤리적 의사결정 절차는 위기 상황에서도 상담자가 혼란에 휘둘리지 않고 윤리적 책임과 전문성을 바탕으로 신중하게 개입할 수 있도록 돕는 중요한 기준점이 된다 .

- 1단계(윤리적 문제 정의): 현재 상황에서 어떤 윤리적 문제가 발생하고 있는지 명확히 규정한다(예: 비밀보장의 한계, 내담자 권리 침해 여부 등).
- 2단계(관련 법률 및 윤리강령 확인): 문제에 적용할 수 있는 전문 윤리 기준 및 법적 규정을 검토한다(예: 한국상담학회 윤리강령, 관련 법률 조항 등).
- 3단계(전문가 자문): 혼자 판단하기 어려운 경우, 동료 전문가나 윤리위원회 등의 자문을 구한다(예: 수퍼바이저, 동료 상담자와 사례 검토).
- 4단계(가능한 행동 대안 탐색): 윤리적 원칙에 따라 고려 가능한 여러 개입 방안을 도출하고 각각의 결과를 예측한다.
- 5단계(행동 선택 및 실행): 가장 윤리적으로 타당하고 실현 가능한 최선의 대안을 선택하여 실행한다.
- 6단계(사후 평가 및 반성): 개입 결과를 검토하고 성찰하며, 향후 유사 상황에서의 윤리적 역량을 강화한다.

# 위기 상담의 이론적 접근

① 정신분석적 접근

정신분석은 프로이드(Freud)에 의해 시작된 심층심리학 이론체계로, 인간의 사고와 감동이 무의식 속 갈등으로부터 유발된다는 관점을 바탕으로 한다. 즉, 개인이 겪는 문제는 외적인 사건보다는 내부에 존재하는 심리적 요인에서 비롯되며, 이 원인이 해결되지 않으면 갈등은 반복되고 문제는 지속된다고 본다. 따라서 무의식의 내용과 그 작용 과정을 탐색하고 해석하는 것은 정신분석의 핵심이다.

프로이드는 인간의 마음이 원초아(id), 자아(ego), 초자아(superego)라는 세 가지 심리적 구조로 구성되어 있다고 보았다. 원초아는 본능과 욕구를 상징하며 즉각적인 만족을 추구하는 반면, 자아는 현실을 고려해 행동을 조절하고, 초자아는 사회적 규범과 도덕 기준을 따르려는 내적 목소리로 작용한다. 이 세 가지가 균형을 이루면 심리적 안정과 만족을 경험할 수 있지만, 이들 간의 갈등이 심화되거나 자아가 조절에 실패하면 심리적 불안과 장애가 발생할 수 있다. 이처럼 정신분석 이론은 인간의 내면에서 벌어지는 갈등의 실체를 밝히고 해결하려는 시도를 통해, 위기 상담에서 가장 심층적이고 총체적인 접근법으로 자리 잡고 있다.

인간에 대한 기본가정

정신분석은 인간을 이성적인 존재라기보다는 무의식적 동기와 본능적 충동에 의해 움직이는 생물학적이고 수동적인 존재로 이해한다. 인간 행동은 생존과 쾌락을 향한 본능적 욕구에 의해 동기화되며, 그 과정은 대부분 의식이 아니라 무의식의 영향을 받는다. 프로이드는 모든 심리적 사건과 행동에는 이유가 있으며, 이는 우연이 아니라 심리

내적 원인에 의해 결정된다고 보았다. 이러한 관점을 '심리결정론'이라 하며, 인간의 사고, 감정, 행동 모두는 의식되지 않은 심리적 요인의 결과라고 설명한다.

　무의식은 정신분석 이론의 핵심 개념으로, 수치심, 죄책감, 성적 욕망 등 의식에서 받아들이기 어려운 내용들이 억압되어 저장된 정신의 영역이다. 이 무의식은 의식보다 훨씬 넓고 깊으며, 인간의 행동에 더 큰 영향을 미친다. 무의식을 탐색하고 해석하는 과정은 상담자가 내담자의 심리적 원인을 이해하고 변화의 단서를 찾는 데 결정적인 역할을 한다. 프로이드는 무의식의 주요 내용을 성적 에너지로 보았다. 이는 단순한 성행위가 아니라 인간의 본능적 에너지로, 사회문화적 기준에 따라 적절히 충족되지 못할 경우 무의식에 억압되어 다양한 증상이나 행동으로 나타난다. 이처럼 성적 욕구는 단순한 생리적 충동을 넘어 인간의 행동과 감정에 지대한 영향을 미치는 심리적 에너지로 간주된다.

　또한, 프로이드는 성격 형성에서 유아기 경험의 중요성을 강조하였다. 특히 부모와의 초기 상호작용은 무의식적인 성격 구조를 형성하는 데 핵심적인 역할을 하며, 이는 성인이 된 이후에도 다양한 방식으로 드러나게 된다. 따라서 개인을 깊이 있게 이해하기 위해서는 어린 시절의 기억과 경험을 탐색하는 과정이 필요하다. 무의식적 갈등을 해석하고 통찰을 통해 자아의 기능을 회복하는 것이 정신분석적 위기 상담의 핵심 목표라 할 수 있다.

주요 개념

1) 성격의 구조

　프로이드는 인간의 성격이 원초아(id), 자아(ego), 초자아(superego)라는 세 가지 구성 요소로 이루어져 있다고 보았다. 이들 각각은 고유한 역할과 원리에 따라 작용하며, 어느 영역에 심리적 에너지가 더 많이 집중되는가에 따라 개인의 행동 특성과 성격이 형성된다고 설명한다. 먼저, 원초아는 '쾌락 원리'를 따르는 부분으로, 고통을 피하고 긴장을 해소하며 즉각적인 만족을 추구한다. 이 원초아는 생물학적 본능과 욕구의 저장소이며, 이러한 욕구가 지나치게 억압될 경우 생기 없고 무기력한 성격으로 나타날 수 있다. 반면 자아는 현실 세계와 접촉하는 기능을 하며 '현실 원리'를 따른다. 자아는 원초아의 본능적 욕구, 초자아의 도덕적 요구, 그리고 외부 현실 사이의 갈등을 조정하고 균형을 맞추는 역할을 담당한다. 마지막으로 초자아는 내면화된 양심과 도덕적 기준을 대표하는 구조로, 행동을 평가하고 그에 따라 자책감이나 자긍심과 같은 정서적 반응을 유도한다. 초자아가 지나치게 강하면 완벽주의에 빠지거나 강박적이고 경직된 성격을 형성할 수 있다.

2) 자아 방어기제

인간은 누구나 마음의 평온을 유지하고자 한다. 그러나 도덕적으로 용납되기 어려운 성적 충동이나 공격적인 욕구, 충동성 등이 내면에서 위협으로 지각될 때, 이는 불안을 유발하게 된다. 이러한 불안에 직면했을 때 자아는 마음의 균형을 회복하고자 여러 가지 심리적 노력을 시도하며, 이러한 과정이 바로 방어기제이다. 방어기제는 자아가 심리적 안정과 생존을 위해 사용하는 전략이지만, 그것이 지나치게 빈번하거나 지속적으로 사용될 경우 현실을 회피하는 생활양식이나 고정된 성격 특성으로 굳어져 개인의 성장을 방해할 수 있는 병리적 양상이 되기도 한다. 이러한 방어기제는 다양하게 나타나며, 대표적인 유형은 다음과 같다.

- **승화**: 충동이나 공격적인 욕구를 사회적으로 용인되거나 가치 있는 방식으로 변형시켜 표현하는 것이다(예: 공격성을 체육활동으로 전환하거나, 성적 충동을 예술로 표현하는 행위).
- **주지화**: 지나치게 추상적이거나 일반화된 방식으로 사고함으로써 감정을 억제하거나 스트레스를 처리하는 것이다(예: 아내의 죽음을 받아들이기 어려워, 마치 신문기사처럼 무감각하게 전달하는 경우).
- **전치**: 자신의 감정이나 욕구를 보다 안전한 대상에게로 옮겨 발산하는 것이다(예: 직장 상사에게 꾸지람을 듣고 부하직원에게 화풀이하는 경우).
- **반동형성**: 받아들이기 어려운 감정을 그와 반대되는 행동으로 표현하여 불안을 피하는 것이다(예: 남편에 대한 증오심을 가진 아내가 오히려 헌신적으로 행동함으로써 불쾌한 감정을 회피하는 경우).
- **억압**: 고통스럽거나 위협적인 생각, 감정, 경험 능을 의식에서 밀어내는 것이다(예: 성폭력 피해 경험을 기억하지 못하는 내담자).

- **투사**: 받아들이기 힘든 감정이나 사고를 타인에게 전가함으로써 스트레스를 줄이려는 것이다(예: 상급자에게 적개심을 지닌 부하직원이 오히려 상급자가 자신을 미워한다고 주장하는 경우).
- **합리화**: 자신의 진짜 동기를 숨기고 스스로 위로하거나 정당화하는 방식으로 감정적 갈등을 처리하는 것이다(예: 포도를 따지 못한 여우가 "저건 시고 맛없어, 안 먹을 거야."라고 말하는 경우).
- **퇴행**: 이전의 발달 단계로 되돌아감으로써 현재의 불안이나 책임감을 회피하는 것이다(예: 동생이 태어난 후 갑자기 밤에 오줌을 싸거나 어리광을 부리는 경우).
- **동일시**: 자기보다 우월하다고 생각되는 인물과 정서적 유대를 형성하고, 그 특성을 자신의 일부로 삼아 부정적인 감정을 줄이려는 것이다(예: 동성 부모의 행동을 모방하여 성역할 행동을 하는 경우).

3) 심리성적발달단계

프로이드는 인간이 타인과의 접촉을 통해 쾌락과 애정을 얻고자 하는 성적 욕구를 가지고 있으며, 이는 단순한 성행위에 국한되지 않고 쾌감을 주는 모든 경험을 포함한다고 보았다. 이러한 성욕은 넓은 의미에서 해석되며, 쾌락을 추구하는 신체 부위는 발달 시기에 따라 달라진다고 주장했다. 즉, 아이는 성장 과정에서 입, 항문, 성기 등 특정 신체 부위를 통해 쾌락을 경험하며, 이 시기의 욕구 충족 또는 좌절이 성격 형성에 중대한 영향을 미친다는 것이다. 특히, 양육자와의 상호작용 속에서 이루어지는 욕구의 만족이나 좌절은 심리성적 발달단계에 따라 각기 다른 방식으로 영향을 끼친다. 욕구가 지나치게 충족되거나 과도하게 좌절될 경우, 특정 발달단계에 고착되어 이후 성숙한 성격 발달을 방해할 수 있다는 것이다. 프로이드는 이러한 심리성적 발달단계를 통해 성격의 기초가 어떻게 형성되는지를 설명하고자 했다. 이를 표로 제시하면 다음과 같다.

발달 단계	특징
구강기 0~1세	입을 사용하여 긴장감 해소 및 욕구 충족이 이루어 진다. 관심이 입에 집중되며 감각과 활동의 초점이 입을 중심으로 이루어 진다. 구강기 고착과 욕구좌절이 심할 경우, 의존적이고 요구적이며, 자기중심적인 특징이 있다.
항문기 2~3세	대소변 훈련을 중심으로 자기조절, 수치심 등이 형성되는 시기이다. 항문기 고착은 청결, 질서, 정돈 등의 강박 성격을 보인다. 성인 이후에도 양가감정과 강박적 사고를 특징으로 하는 강박신경증과 관련이 높다.
남근기 4~6세	생식기에서 느끼는 감각이 뚜렷해지고 성기를 만지거나 환상을 통해 쾌감을 얻기도 한다. 이성 부모에게 애정을 느끼고, 동성 부모에게는 질투와 경쟁심을 가진다. 오이디푸스 콤플렉스 시기로 동성 부모를 동일시함으로써 거세불안을 극복한다.
잠복기 7~12세	성적이고 공격적인 욕구나 충동적 욕구가 외부적으로 표현되지 않고 통제된다. 동성의 부모를 동일시하면서 성역할을 배우고, 사회적 관습과 태도를 습득한다.
성기기 13~18세	사춘기와 2차 성징이 시작되면서 급격한 신체적 성장에 따른 호르몬의 변화와 성적 에너지가 다시 분출되는 시기이다. 부모로부터 심리적으로 독립하여 주체성을 확립하고 자신의 욕구를 현실적이고 안전하게 실현할 수 있는 파트너를 찾고자 한다.

정신분석적 접근을 활용한 위기 상담

위기유형: 이혼 위기 (폭력적 대상관계의 반복)

위기자는 성장 과정에서 매 맞는 어머니를 보며 자란 여성으로, 현재는 마초적이고 폭력적인 남편과 이혼을 앞두고 있다. 반복적으로 폭력적인 남성과 관계를 맺고 헤어지지 못했던 위기자는 현실의 고통뿐 아니라 과거에 형성된 무의식적 관계 패턴에서 벗어나지 못한 채 혼란과 불안을 호소한다. 특히 그녀는 부모의 갈등과 이혼을 지켜보며 '버려짐'이라는 정서적 충격이 내재화된 채 성장했으며, 이러한 감정은 이후 성인기 대인관계에서 반복적인 '거절당함', '사랑받지 못함', '버려질 것이라는 불안'으로 되살아났다. 정신분석적 위기 상담, 특히 대상관계 이론은 내담자가 과거에 중요한 인물(대상)과 맺었던 정서적 관계, 즉 무의식적 내적 대상관계(internal object relations)가 현재 대인관계에서 재현되고 있다는 가정을 한다. 따라서 상담자는 위기자의 무의식적으로 반복되는 관계 양상을 통찰하도록 돕고, 이를 통해 약화된 자아의 기능을 회복하도록 한다.

▣ 1단계: 상담 목표 설정 – 무의식적 내적 대상관계 인식과 자아 강화

상담자는 위기자가 왜 폭력적인 남성에게 끌리고 반복적으로 유사한 관계에 머무는지를 탐색하며, 그 관계 속에서 과거의 내면화된 '대상'(폭력적인 아버지, 무기력한 어머니)과 어떻게 동일시하고 있었는지 조명한다. 예를 들어, 내담자는 자신도 모르게 '사랑받기 위해서는 참고 버텨야 한다.', 혹은 '나는 결국 버려질 존재다.'라는 생각을 반복하며, 자신을 피해자 위치에 고정할 수 있다. 이러한 감정은 자주 인식되지 않으며, 강한 불안이나 무력감의 형태로 현재를 압도한다. 상담의 목표는 내담자가 자신도 모르게 형성된 마음속 감정과 관계방식을 이해하고, 과거에 얽매이지 않고 지금의 감정을 잘 다룰 수 있도록 마음의 힘을 키우는 데 있다.

▣ 2단계: 상담 과정 – 전이, 저항, 방어기제 해석

상담이 진행되면서 위기자는 상담자에게도 의존하거나, 혹은 거리를 두며 감정 표현을 피하려 할 수 있다. 이는 자신이 애착했던 인물로부터 반복적으로 버려지거나 상처받았던 경험이 상담 장면에서 전이로 재현되는 것이다. 예를 들어, 위기자가 상담자의 작은 표정이나 말투에서 "혹시 나를 실망했나?", "이제 나를 포기하려는 건가?"라는 불안을 느낀다면, 그것은 과거에 경험했던 버림받음의 정동이 현재로 옮겨진 반응이다. 상담자는 이런 전이를 해석해주고, "그때 그 감정이 지금 제게도 반복되고 있는 것 같아요."라고, 위기자가 자기감정의 기원을 자각하도록 돕는다. 또한, 상담 중 말문이 막히거나 이야기 흐름을 갑자기 바꾸는 경우는 저항으로 나타나며, 무의식 속 고통스러운 감정에 접근했음을 시사한다. 상담자는 이를 비난하지 않고, "그 이야기를 하다가 멈춘 이유가 있었을까요?"라고 따뜻하게 묻고, 그 순간 느껴졌던 감정을 함께 탐색해 나간다.

▣ 3단계: 개입 효과 – 정서적 통합과 관계 선택의 재구성

상담이 종결로 향하면서 위기자는 점차 '지금 겪는 감정이 과거의 연장선'임을 이해하게 된다. 반복되는 감정과 관계는 단지 현재 배우자 때문만이 아니라, 무의식 속의 감정 기억과 그로부터 형성된 내적 대상관계의 재현임을 인식한다. '나는 결국 버려질 거야.'라는 불안은 현실보다 과거에서 비롯된 감정이라는 점을 이해하면서, 자신이 수동적인 피해자 위치에만 있지 않다는 점을 자각하게 된다. 이 과정에서 자아기능이 강화되고, 억눌러왔던 감정들이 언어로 표현되면서 위기자는 감정의 주체자로서 힘을 회복하게 된다. 폭력적 관계에서 벗어나는 것은 단지 행동의 변화가 아니라, 무의식적 관계 패턴과 감정 구조를 통찰하고 경험을 재구성한 결과물임을 위기자와 나눈다. '나는 버림받을 존재가 아니다.', '나는 사랑받기 위해 폭력을 견딜 필요가 없다.'라는 자기 인식을 회복하는 통합적 과정이 마무리 된다.

② 인지행동적 접근

인지행동치료는 인간에 대한 기본 관점과 주요 원리를 공유하는 여러 개별 이론들의 집합체로 이해된다. 대표적인 이론가인 엘리스(Albert Ellis)는 증거 없는 신념, 즉 비합리적 신념을 행동 변화의 주요 목표로 보았고, 아론 벡(Aaron Beck)은 우리가 세상을 바라보는 방식, 즉 '사고'의 과정이 우리의 감정과 행동을 좌우한다고 보았다. 인간의 인지적·정서적·행동적 반응은 개인의 사고에서 비롯되며, 외부로부터 유입되는 자극에 대한 '생각'이 감정과 행동을 결정짓는 주요 원인이라는 것이다.

인지행동적 접근은 인간을 설명하는 다양한 요소 중 '인지'의 과정과 내용을 정교하게 다루며, 이를 바탕으로 오늘날 정신장애를 포함한 여러 심리적 문제를 해결하는 데 효과적인 이론으로 주목받고 있다. 본 장에서는 인지행동접근의 두 학파 중심의 주요 내용과 인지행동치료의 '제3의 동향', 수용전념치료(ACT)를 이용한 위기자의 개입과 관련된 상담의 실제를 함께 살펴볼 것이다.

인간에 대한 기본가정

　　인지행동적 접근에서는 인간을 스스로의 인지, 정서, 행동 과정을 인식하고 변화시킬 수 있는 능동적인 존재로 본다. 사람들은 자신의 선택을 통해 기존의 익숙한 행동 패턴에서 벗어나 새로운 방식으로 반응할 수 있으며, 비합리적인 신념에 휘둘리지 않도록 자신을 훈련하고 조절함으로써 심리적 문제를 줄일 수 있다는 관점이다. 또한, 인간은 자기 자신과 대화할 수 있고, 자신의 행동과 생각을 평가하며, 더 나아가 스스로를 조절하고 성장시킬 수 있는 존재로 간주한다. 이러한 자기반성적 능력은 변화의 가능성을 뒷받침하는 핵심 요소이다. 결국 인지행동치료는 개인이 경험하는 심리적 고통이 부적응적인 사고 습관에서 비롯된 것으로 보고, 그 사고의 틀을 알아차리고 수정할 수 있도록 돕는 데 초점을 맞춘다. 다시 말해, 사람은 자신이 만들어낸 인지적 틀을 스스로 자각하고 변화시킴으로써 삶의 질을 향상시킬 수 있는 존재라는 전제를 기반으로 한다.

엘리스(Ellis)의 REBT

　　앨버트 엘리스(Albert Ellis)에 의해 제창된 합리적 정서행동치료는 핵심 영역인 합리·정서·행동에서 정서와 행동에 영향을 주는 인지적 요인의 중요성을 강조한 이론이다. 인간이 경험하는 어려움의 기저에는 인지가 우선하여 작용하는데, 개인의 반응을 매개하는 신념체계, 특히 자기패배적인 '당위적 사고'에 주목했다. 정서적 문제를 겪는 결정적인 원인을 사건 자체라기보다, 그 사건을 합리적이지 못한 방식으로 사고하고 해석하기 때문이라고 하였다. 따라서 심리적 혼란을 일으키는 인지적 과정인 비합리적 신념을 이해할 필요가 있다. 다음은 위기자들이 경험하는 대표적인 비합리적 신념이다. 아래 네 유형의 사고를 통해 단계적으로 진행된다.

　　• **당위적 사고**: "나는 반드시 이 위기 상황을 훌륭하게 이겨내야만 한다.", "만약 그렇지 못하면, 보잘것없는 나약한 인간이 되고 말 것이다."

　　• **파국화**: "갑작스러운 위기 상황이 발생해서 죽을지도 모른다.", "이것은 도저히 회생할 수 없는 끔찍한 일이다."

　　• **좌절에 대한 낮은 인내**: "위기에 처한 나를 돕지 않은 남편의 행동은 도저히 참을 수

없다.", "이런 일을 그냥 참고는 살 수 없다."

• **자신과 타인에 대한 질책**: 위기에 처한 나를 돕지 않은 남편의 행동은 도저히 참을 수 없는 일일 뿐만 아니라 "그런 배신행위를 한 인간은 몹쓸 인간이다.", "그런 사람을 남편이라고 생각하다니 내가 참 한심하다."

REBT 상담자는 비합리적 신념으로 인해서 경험하는 부적응적인 정서와 부적절한 행동을 하게 되는 과정, 즉 사고와 신념체계를 확인하고 합리적인 신념 즉 탈파국화를 통해 끔찍한 예측을 조절할 수 있도록 다음과 같은 질문을 할 수 있다.

"일어날 수 있는 최악의 일은 무엇일까?"
"일어날 수 있는 최선의 일은 무엇일까?"
"가장 일어날 가능성이 높은 일은 무엇일까?"

상담자는 이러한 질문에 문제해결 요소를 포함함으로써 탈파국화의 효과를 높일 수 있다. "만일 최악의 일이 발생할 경우, 그 일에 어떻게 대처하면 좋을까?"라고 질문할 수 있다. 이러한 개입은 적극적이고 구체적으로 진행됨으로써 위기자 스스로 자신의 문제에 대한 인식을 할 수 있도록 도울 수 있으며, 이는 현재 위기 문제를 감소시키고 현실 적응을 도울 수 있는 직접적인 개입 방법이라 할 수 있다.

벡(Beck)의 인지치료

아론 벡(Aaron Beck)은 우리가 세상을 바라보는 방식, 즉 '사고'의 과정이 감정과 행동을 결정짓는 핵심 요소라고 보았다. 그는 인간의 심리적 고통이 외부에서 벌어진 사건 자체 때문이 아니라, 그 사건을 해석하는 '생각'에서 비롯된다고 강조했다. 같은 상황이라도 어떤 사람은 슬픔을 느끼고, 다른 사람은 담담하게 반응하는 이유는 바로 그 상황에 대한 해석이 다르기 때문이라는 것이다. 인지치료(Cognitive Therapy)는 이러한 '사고'의 요소와 과정을 정교하게 설명하며, 이를 통해 우울증을 비롯한 다양한 심리적 문제를 이해하고 해결하는 대표적인 이론이다. 벡(Beck)은 우리가 현실을 해석하는 방식이 부정적으로 왜곡

될 때, 그것이 심리적 고통의 직접적인 원인이 된다고 보았고, 이러한 왜곡된 생각에는 다양한 인지적 오류(Cognitive Errors)가 개입한다고 보았다. 그렇다면 우리는 왜 이런 부정적인 사고에 빠지게 되는 걸까? 벡(Beck)은 그 이유를 '왜곡된 인지의 함정'에 빠지기 때문이라고 설명한다. 따라서 몇 가지 대표적인 인지적 오류를 살펴볼 필요가 있다.

- **흑백논리**: 모든 상황을 '전부 아니면 전무'의 이분법으로 해석한다. 예를 들어, 위기 극복을 위해 헌신했음에도 결과가 만족스럽지 않을 경우 "나는 완전히 실패자야."라고 단정 짓는다.
- **과잉일반화**: 한 번의 실패 경험을 모든 일에 확대 적용한다. "이번 위기도 극복하지 못했으니, 나는 앞으로도 모든 일에 실패할 거야."
- **개인화**: 자신과 무관한 일까지도 모두 자신의 탓으로 돌린다. "이번 위기가 발생한 건 분명 내가 뭔가 잘못했기 때문이야."
- **감정적 추리**: 느끼는 감정이 곧 사실이라고 믿는다. "내가 이렇게 불안한 걸 보니, 분명 나쁜 일이 생길 거야."

상담자는 위기자가 순간순간 머릿속을 스치고 지나가는 '자동적 사고'에 주의를 기울일 수 있도록 돕고, 이러한 생각이 정서와 행동에 어떤 영향을 미치는지 자각하도록 한다. 이후 자동적 사고의 근거를 함께 검토하고, 보다 융통성 있고 현실적인 대안적 사고로 전환할 수 있도록 다양한 '인지적 오류'를 파악하고 수정하는 과정을 거친다.

"그게 당신에게 어떤 의미지요?"
"……하다는 것이 어떤 면에서 최악입니까?"

이러한 질문은 위기자가 경험하는 특정 사건의 자동적 사고로부터 신념 내용과 인지적 오류를 탐색할 수 있다. 이는 '하향 화살표 기법'으로 사고를 계속 추적함으로써 심층적인 부적응적 사고 내용을 파악하게 한다. 또한, 위기자 스스로 부정적 사고를 자각하고 변화시킬 수 있도록 이완과 재귀인 같은 분노 조절 심리교육이 병행될 필요가 있다.

이러한 벡(Beck)의 접근법은 우울증, 불안, PTSD 등의 치료에 활발히 적용되고 있다.

수용전념치료(ACT)

수용전념치료(ACT)는 전통적인 인지행동치료의 발전된 형태로, '심리적 유연성(psychological flexibility)'을 중심 개념으로 삼는다. ACT는 인간의 고통을 삶에서 배제할 수 없는 자연스러운 현상이며 모든 사람이 경험하는 보편적인 것으로 설명한다. 따라서 '경험회피'보다는 '수용'하기를, '무활동 · 충동성'보다는 '전념'이라는 태도를 강조한다. 이는 회피 중심의 전략이 오히려 고통을 강화한다는 인식에서 출발하며 어려운 감정과 신체 감각, 기억을 없애기보다 그것들과 새로운 방식으로 관계 맺으며 삶의 방향성을 회복하도록 돕는다. 다음과 같은 여섯 가지 핵심치료 과정이 적용된다.

- 현재 순간에 머물기
- 인지적 융합에서 벗어나기(탈융합)
- 고통스러운 감정·기억 수용하기
- 자기 자신을 맥락적으로 보기
- 삶의 방향성(가치) 찾기
- 가치에 기반한 행동 실천

위의 과정을 통해, 내담자는 삶의 고통과 함께 존재하는 힘, 즉 심리적 유연성을 키워나가게 된다. 위기 상황에서는 위기자가 고통을 즉각 없애고자 하는 강한 욕구를 가지게 된다. 이는 '감정 회피', '생각 억제', '문제없는 척하기' 등의 방어적 반응으로 이어질 수 있다. 그러나 수용전념치료는 이러한 반응이 일시적으로는 효과가 있는 듯 보이지만, 결국 삶의 기능을 제한하고 위기를 반복시키는 악순환을 만든다고 본다. 따라서 위기 상담에서 ACT는 내담자에게 고통을 피하거나 없애는 것이 아닌, 고통과 함께 고통을 수용하면서 가치 있는 방향으로 갈 수 있다고 제안한다.

REBT와 CBT 접근의 위기 상담

위기유형: 중독 (도박중독)

　위기자는 30대 남성으로, 수년간 반복된 도박 문제로 인해 직장과 가족관계 모두 큰 위기를 겪고 있다. 그는 '이제 정말 그만해야겠다.'라는 다짐하면서도, 막상 돈이 생기거나 스트레스를 받으면 다시 도박장으로 향한다. 그의 머릿속에는 늘 '이번엔 분명히 대박이 날 거야.', '지금까지 잃었으니 이제는 이길 차례야.' 하는 생각이 떠나지 않는다. 도박행동은 단순 습관이 아니라, 잘못된 신념과 인지적 오류에 의해 유지된다. 인지행동치료는 위기자가 도박에 매달리게 되는 왜곡된 사고를 점검하고, 그것이 어떻게 감정과 행동에 영향을 미치는지 인식하도록 돕는다. 나아가 이러한 사고를 보다 현실적이고 합리적인 사고로 대체함으로써 행동을 변화시키는 데 목적을 둔다.

■ 1단계: 상담 목표 설정 – 비합리적 신념의 수정과 자기 통제감 회복

　상담자는 먼저 위기자의 도박을 정당화하거나 희망적으로 과장하는 자동적 사고들을 탐색한다. 예를 들어, '이번엔 꼭 터질 거야.', '딱 한 번만 더 하면 본전은 찾는다.' 하는 사고는 실제 경험이나 수학적 확률과 무관하게 반복되는 비현실적 기대다. 이러한 사고는 확증 편향(내게 유리한 정보만 기억하거나 해석하는 경향), 통제 환상(결과를 조절할 수 있다는 착각) 등 대표적인 인지 왜곡에서 비롯된다. 상담자는 이러한 신념들을 찾아내고, 이를 수정하는 것이 상담의 핵심 목표임을 위기자에게 분명히 하면서, 동시에 위기자의 기대를 확인하고 구조화할 필요가 있다.

■ 2단계: 상담 과정 – 인지 재구조화와 행동 전략 훈련

　상담자는 위기자에게 도박 욕구가 강해졌던 상황들을 구체적으로 기록하게 하고, 그 순간 머릿속에 떠올랐던 생각들에 주의를 기울이도록 돕는다. 예를 들어, 위기자가 "이번엔 잭팟이 나올 것 같았어요."라고 말하면, 상담자는 다음과 같이 질문한다.

"그렇게 생각한 근거는 무엇이었나요?"

"지금까지 잃은 금액이 많다고 해서 다음엔 이길 확률이 높아지는 걸까요?"

이와 같이 자동적 사고에 질문을 던지고, 그것이 사실에 기반한 것인지 탐색하는 과정을 통해 사고의 왜곡을 집중적으로 다루어간다. 상담자는 확률적 사고에 대한 교육과 함께, 잃었던 과거의 기록을 시각적으로 정리해 보이기도 한다. 또한, 충동이 올라오는 상황에서 사용할 수 있는 대체 행동 전략(운동, 깊은 호흡, 친구에게 연락하기, 도박 충동 일기 쓰기 등)을 미리 준비하고 연습함으로써 도박 대신 사용할 수 있는 건강한 행동을 학습하게 한다.

■ 3단계: 개입 효과 – 인지적 통찰과 재발방지 전략 수립

치료적 개입이 진행되면서 위기자는 다음과 같은 통찰을 얻게 된다.

'내가 대박을 바라고 도박을 반복했지만, 그 기대는 근거 없는 착각이었다.', '내가 믿었던 희망은 도박장에서 만든 착시였고, 결국 나 자신을 잃게 만든 거였구나.'

이러한 통찰은 단순한 깨달음을 넘어 자기 통제감을 회복하는 계기가 된다. 상담자는 도박 재발가능성이 높은 고위험 상황(예: 돈이 생겼을 때, 혼자 있을 때, 스트레스 상황 등)을 함께 예측하고, 그에 대한 구체적 대응 계획을 함께 세운다. 그러한 상황에서 치료적 기법을 어떻게 사용할 것인지에 대해서도 구체적으로 검토한다. 마지막으로 이 모든 과정이 평생 지속되는 과정이고, 때문에 생활 속에서 적용하는 것이 중요함을 강조한다. 인지행동치료는 위기자가 비합리적인 신념에서 벗어나 현실적인 사고방식과 문제 해결 능력을 회복하도록 돕고, 반복적 중독행동을 스스로 멈출 힘을 기르게 한다.

ACT 접근의 위기 상담

위기유형: 재난 트라우마 (산불 피해 생존자)

위기자는 최근 대형 산불로 인해 집과 모든 생활 기반을 잃고, 가까운 이웃과 가족의 일부도 떠나보낸 40대 여성이다. 대피소 생활을 하며 상담실을 찾은 위기자는 계속되는 악몽, 타는 냄새에 대한 과민 반응, 밖에 나서는 것조차 두려운 상태에 놓여 있다. 무력감과 죄책감, '왜 나만 살아남았을까.'라는 생각이 반복되며 삶의 의미마저 희미해진 상황이다. 수용전념치료(ACT)는 이런 트라우마 반응을 없애려 하지 않고, 고통을 수용하고 자신의 삶을 가치 있는 방향으로 회복하도록 돕는 접근법이다.

▣ 1단계: 상담 목표 설정 - 회피보다 수용, 현재 중심의 삶 회복

상담 초기 목표는 심리적 안정화에 있다. 위기자는 불시에 찾아오는 강한 감정과 신체 반응, 예를 들면 갑작스러운 공포, 가슴 두근거림, 연기 냄새에 대한 예민함을 어떻게든 피하려고 노력했지만, 오히려 더 불안이 커졌다. 상담자는 이를 '이해 가능한 반응'으로 수용하면서 아래와 같은 트라우마 회복 원리를 적용한다.

• **마인드풀니스**: '지금 이 순간, 이 자리'에 집중하는 훈련을 통해 감정과 생각의 소용돌이 속에서 중심을 잡도록 돕는다. 예를 들어 상담자는 내담자에게 바닥에 닿은 발의 감각, 숨 쉴 때 느껴지는 공기의 움직임을 알아차리게 하며 현재에 머물 수 있도록 안내한다.

• **그라운딩 기법**: 불쑥 떠오르는 화재 장면이나 냄새, 소리에 대한 반응을 조절하기 위해 현실로 돌아오는 연습을 한다. "지금 눈앞에 보이는 물건 5가지를 말해보세요", "당신이 입고 있는 옷의 촉감을 느껴보세요"와 같은 구체적 자극을 통해 감정과 생각의 폭풍에서 벗어날 수 있도록 한다.

• **인지적 탈중심화**: "내 인생은 끝났어.", "다 잃었어." 같은 절망적인 사고를 현실의 사실로 여기지 않고, 지나가는 생각으로 바라보도록 돕는다. '그건 그냥 생각일 뿐이야.'라는 태도는 고통과 거리를 둘 수 있게 한다.

이러한 개입은 고통을 피하기보다, 감정과 기억을 있는 그대로 받아들이고 견디는 힘을 길러준다.

▣ 2단계: 상담 과정 - 가치 명료화와 행동 계획 수립

상담이 조금씩 안정되면서, 상담자는 위기자에게 삶의 방향을 묻는다.

"지금까지 힘들게 버텨오셨는데, 여전히 당신에게 소중한 건 무엇인가요?", "잃은 것들 사이에서도, 지키고 싶은 건 무엇인가요?"

그녀는 눈물을 흘리며 대답했다.

"매일 밥해주던 우리 가족, 집 앞에 핀 들꽃, 고양이 이름을 부르던 그 목소리 요……."

이러한 대화 속에서 그녀는 '잃은 것'만이 아니라, 여전히 소중한 삶의 가치를 되짚어 가게 된다. 가족을 챙기고 싶다는 마음, 자연을 다시 느끼고 싶은 감각, 일상을 지키고 싶다는 바람이 회복의 동력이 된다. 상담자는 이 가치를 삶의 나침반으로 삼고, 고통이 사라질 때까지 기다리는 대신, 고통을 안고서도 할 수 있는 작고 구체적인 행동을 함께 계획한다. 배정된 임시주택 주변을 하루 10분 산책하기, 살아남은 가족에게 손편지 써보기, 휴대폰에 가족사진 배경 화면으로 다시 설정하기, 상담 노트에 오늘 감사했던 일 한 가지 적기 등을 계획해 볼 수 있다.

■ 3단계: 개입 효과 – 심리적 유연성과 회복력 강화

ACT의 핵심 목표는 고통 없는 삶이 아니라, 고통과 함께하는 유연한 삶이다. 위기자는 "무섭지만, 다시 마트에 다녀올 수 있었어요.", "꿈 꾸고도 울지 않았어요."라고 이야기하며 조금씩 현실로 돌아올 수 있는 힘을 경험하게 된다. 무엇보다도, 고통이 사라지지 않아도 내가 선택할 수 있는 삶이 있다는 감각은 회복의 시작일 수 있다. 상담 후반부에는 다음과 같은 말도 자연스럽게 나온다.

"그날의 기억은 지워지지 않지만, 그것만이 내 전부는 아니에요.", "잃은 것만 보였는데, 남은 것도 많았네요."

이러한 변화는 단순히 외상 증상을 줄이는 것을 넘어서, 삶을 다시 세우고 살아갈 힘을 길러주는 과정이다. 산불이라는 거대한 재난을 통과한 위기자에게, 상담은 다시 '살아낼 수 있는 이유'를 발견하는 여정이 된다.

인본주의적 접근

인간중심이론은 인본주의적 심리치료의 한 형태로, 칼 로저스(Carl Rogers)에 의해 발전되었다. 로저스는 인간이라면 누구나 스스로를 성장시키려는 힘, 즉 '실현 경향성(actualizing tendency)'을 지닌다고 보았다. 자신만의 가능성을 펼치고, 더 나은 자신으로 나아가려는 본성을 지닌 존재라는 것이다. 그러나 이 성장의 여정이 항상 순조롭기만 한 것은 아니다. 로저스는 심리적 부적응이란 바로 이러한 성장의 길이 막혔을 때 나타나는 현상이라고 설명하였다.

사람은 자신을 소중히 여기는 경험을 통해 건강한 자기개념을 형성해 간다. 긍정적인 존중의 경험이 쌓일수록 자신에 대한 믿음이 생기고, '나는 괜찮은 사람이다.'라는 있는 그대로의 자기 자신에 대한 긍정적 인식이 자리 잡게 된다. 그러나 부모나 주변 사람들의 기대에 부응해야만 사랑받을 수 있다고 느끼게 되면, 진짜 자아와 경험 사이에 불일치가 발생하고 내적 갈등이 시작된다.

이러한 이유로 로저스는 '무조건적인 긍정적 존중(unconditional positive regard)'을 강조하였다. 사람은 어떤 평가나 조건 없이, 있는 그대로 수용될 때 비로소 자신을 존중하게 되고, 자신이 가치 있는 존재임을 느끼며 자신만의 삶의 방향을 찾아 나갈 수 있다는 입장이다. 따라서 인본주의적 접근에서의 상담자는, 위기자가 자신의 현실적 경험과 자아개념 간의 조화를 이루고, 잃어버렸던 자기 삶을 회복할 수 있도록 따뜻하게 수용하며 변화의 가능성을 촉진하는 것이 중요하다.

인간에 대한 기본가정

로저스는 인간에 대한 긍정적인 관점을 제시하며, 인간은 누구나 자신의 어려움을 극복할 수 있는 강인함과, 자신의 성장을 실현해 나갈 수 있는 풍부한 자원을 지닌 존재로 보았다. 즉, 스스로의 잠재력을 발현하며 성장하려는 건강한 동기를 가진, 존중받을 만한 존재라는 것이다. 따라서 긍정적인 존중과 신뢰의 분위기가 마련된다면, 인간은 선천적으로 타고난 성장 가능성을 실현해 나갈 수 있다고 주장했다. 이는 인간에 대한 보다 근본적이고 낙관적인 이해이다. 다시 말해, 인간은 자기실현의 과정에서 자신의 인생 목표와 방향을 스스로 결정하고, 그에 대한 책임을 수용할 수 있는 존재라는 관점이다.

주요개념

① **현상학적 장**: 개인의 주관적이고 사적인 공간인 동시에, 매 순간 의식 속에서 지각되고 경험되는 모든 것을 '현상학적 장'이라 한다. 개인은 '현상학적 장'에 입각해 재구성된 현실에 반응하며 살아가고, 현재의 행동을 결정하는 것은 과거 그 자체가 아니라, 과거에 대한 현재의 해석이라고 보았다. 이러한 관점은 자기 자신에 대한 자각을 증진할 수 있는 행동을 스스로 발견할 수 있으며, 그 행동은 개인의 주관적 현실 안에서는 충분히 타당하고 본다.

② **자아실현 경향성**: 로저스에 따르면 인간은 자신을 유지하고 고양시키기 위해 잠재력을 개발하려는 기본적인 동기를 지니고 있으며, 이를 '실현 경향성(actualizing tendency)'이라고 부른다. 우리는 본래 성장과 성숙을 향해 나아가려는 존재이며, 설령 그러한 경향성이 차단되는 환경에 놓인다 하더라도, 다양한 욕구를 충족시키기 위해 내외적 경험을 분류하고 조정하는 타고난 능력을 가지고 있다. 즉, 인간은 자신의 안녕에 도움이 되는 방향으로 나아가려는 성장 지향적인 성향을 지닌 존재라는 것이다.

③ **자기개념**: 우리는 'I'와 'Me'라는 표현을 통해, 자신을 다양한 특성을 가진 독특한 존재로 인식한다. 자기 자각은 처음에는 모호할 수 있지만, 내부에서의 자기 경험과 외부 타인과의 상호작용을 구분해 가는 과정에서 점차 자기에 대한 인식이 명확해지고 견고해진다. 이렇게 형성된 자기 인식은 '나는 어떤 사람인가.', '무엇을 소중하게 여기는가.'와 같은 질문을 통해 자신을 이해하는 기반이 된다. 로저스는 이를 '자기개념'이라고 하였으며, 현재의 모습인 '현실적 자기'뿐 아니라 존중받고자 하는 욕구와 이상을 담은 '이상적 자기'도 포함된다고 보았다.

④ **가치의 조건화**: '가치의 조건화'란, 자신의 경험을 자발적으로 가치 있게 여기는 대신, 타인으로부터 인정받은 것만을 내면화하여 자기개념의 일부로 삼는 과정을 말한다. 자기개념의 형성과 발달은 역동적인 과정이다. 개인은 자신의 경험에 의해 느끼고, 생각하고, 평가하는 방식에 따라 편안함을 느끼거나 불편함을 겪게 된다. 만약 자신의 경험을 있는 그대로 받아들이지 못하고 왜곡하거나 부정하게 되면, 통합되지 못한 자기는 불일치에서 오는 불쾌감을 경험하게 된다. 이러한 불일치를 개인이 외부의 조건화된 가치에 따라 자신을 평가하기 때문에 발생한다고 보았다.

⑤ **온전히 기능하는 사람**: 자신의 경험을 자기개념과 통합하지 못할 경우, 실현 경향성과 가치의 조건화 사이에서 갈등이 생기고, 이는 심리적 부적응으로 이어질 수 있다. 로저스는 이러한 갈등을 줄이기 위해, 타인으로부터 '무조건적 긍정적 존중'이 필요하다고 강조하였다. 무조건적 긍정적 존중을 받은 개인은 자신의 모든 경험을 있는 그대로 수용하고 통합함으로써, 자기를 실현하고 '온전히 기능하는 사람(fully functioning person)'으로 성장할 수 있다고 보았다. '온전히 기능하는 사람'은 자신에 대한 신뢰와 경험에 대한 개방성을 바탕으로 살아가며, 자발적이고 창의적인 삶을 영위해 나가는 존재로 이해된다.

인본주의적 접근을 활용한 위기 상담

위기유형: 성폭력 피해자

위기자는 데이트 폭력 상황에서 성폭력을 경험한 20대 여성이다. 그녀는 "내가 잘못해서 벌어진 일일지도 몰라요.", "저는 더럽고, 쓸모없는 존재 같아요."라는 자책과 수치심에 시달리고 있으며, 사람들과의 관계를 끊고 대인기피와 고립된 생활을 하고 있다. 이러한 위기자의 내면에는 깊은 상처와 동시에 '내가 이 상황을 받아들일 수 있을까'라는 두려움이 공존하고 있다. 인본주의적 상담은 이처럼 무너진 자기개념을 회복시키기 위해, 위기자가 인간으로서 본래 지닌 존엄성과 가치를 다시 느낄 수 있도록 공감적 이해와 무조건적 수용의 관계를 제공하는 데 중점을 둔다.

■ 1단계: 상담 목표 설정 – 공감적 이해와 무조건적 수용 제공

상담 초기에 가장 중요한 것은 위기자가 있는 그대로의 자신을 이야기할 수 있는 공감을 느끼는 것이다. 그녀의 고백에는 종종 두려움이 묻어나 있다.

"이런 얘기를 해도 괜찮을까요?", "혹시 저를 이상하게 생각하실까 봐요."

이에 대해 상담자는 조심스럽고 진심 어린 태도로 다음과 같은 반응이 가능하다.

"00 씨 마음을 이렇게 말씀해 주시니 제가 참 반가운 마음이네요. 여기서는 어떤 이야기도 괜찮아요. 당신은 잘못한 게 없어요."

상담자는 위기자가 느끼는 죄책감, 혐오감, 수치심까지도 있는 그대로 존중하며, 그 어떤 판단이나 조언 없이 온전히 감정을 수용 받는 경험을 제공한다. 이런 무조건적 수용의 태도는 그녀가 '내가 잘못해서 이런 일이 벌어진 게 아니라는 것', '나는 피해자이며, 존중받아야 할 존재'라는 인식을 회복하게 하는 첫걸음이 된다.

■ 2단계: 상담 과정 – 자기 인식 강화와 감정 표현의 확장

상담과정에서 위기자는 점차 마음의 문을 열기 시작하며, 그동안 억눌러왔던 감정들을 조금씩 말로 표현하게 된다. 처음에는 "그냥 제가 약해서……"라는 식의 자기 비난이 많지만, 상담자는 위기자 자신 안에 있는 고통의 정당성을 인식하도록 돕는다.

"그런 상황에서 무서움을 느꼈던 건 너무나 당연해요.
당신은 누구보다 용감하게 그 상황을 견디며 살아온 거예요."

이러한 공감적 피드백은 위기자가 '감정을 표현하는 것이 약함이 아니라 회복의 시작'임을 느끼게 한다. 상담자는 위기자의 정서를 반영하고 지지하며, '나는 더럽다.', '쓸모없다.'라는 왜곡된 자기 개념을 해체하고, 본래 갖고 있던 존엄성과 회복력을 다시 연결시키도록 돕는다.

■ 3단계: 개입 효과 – 자존감 회복과 의미 있는 관계의 재구성

치유의 과정이 진전되며 위기자는 점차적으로 '나는 피해자이며, 잘못은 나에게 있지

않다.'라는 인식을 다시 갖게 된다. 상담자와의 만남 속에서 무조건적으로 수용 받는 경험은, '이렇게도 내가 받아들여질 수 있구나.'라는 새로운 자기 이미지를 형성하게 한다. 이러한 관계 경험은 위기자가 이후 새로운 대인관계를 시도할 수 있는 힘이 되며, '다시 연결될 수 있다.'라는 희망으로 확장된다. 자존감은 단순히 '자신을 칭찬하는 것'이 아니라, 고통을 겪고도 존엄을 지키고 살아가는 나를 존중하는 마음으로부터 회복된다. 이러한 접근은 위기자의 '이야기를 할 수 있는 힘', '고통을 받아들일 수 있는 용기', 그리고 '다시 살아가고자 하는 의지'를 존중하며, 인간으로서의 본래 가치를 회복하고 위기자가 온전히 기능하도록 돕는다.

"당신이 현재 어떠하든 여전히 존중되어야 할 사람이다."

이 한 문장의 전달이 핵심이다.

④ 실존주의적 접근

실존주의적 접근은 실존철학에 그 뿌리를 두고 있다. 이는 인간의 실존과 관련된 주제인 '죽음, 자유, 고립, 무의미' 등을 다루며, 이러한 조건들을 받아들이고 선택하고 그 안에서 의미를 발견해 나가는 과정을 통해 주체적인 삶을 살아가게 하는 실천적 철학이다. 실존주의적 접근은 내담자가 존재하는 세계를 있는 그대로 이해하도록 돕는 데 초점을 두며, 실존적 조건을 직면하고 수용함으로써 보다 진실한 삶을 살아갈 수 있다는 관점을 지닌다. 이러한 태도는 내담자의 경험을 있는 그대로 인정하고 수용하는 인본주의적 관점과도 맥을 같이한다.

한편, 실존치료자는 인간 삶의 궁극적인 의미를 탐색하는 데 초점을 둔다. 인간은 죽음을 피할 수 없는 운명을 지닌 존재임을 인식하고, 이 죽음의 조건 속에서 삶의 의미를 찾기 위해 현재의 경험에 충실할 것을 강조한다. 과거나 미래가 아닌, 지금 이 순간의 존재 경험에 집중함으로써 비로소 실존적 의미에 접근할 수 있다는 것이다. 이러한 관점은 실존주의적 상담이론의 견고한 기초를 형성하며, 다른 어떤 상담 이론보다도 기법이나 기술보다는 삶과 죽음이라는 근본적인 주제를 중심에 둔다.

실존주의적 상담을 주창한 인물로는 빈스방거(Binswanger), 프랭클(Frankl), 메이(May), 얄롬(Yalom) 등이 있다.

인간에 대한 기본가정

실존적 접근의 치료자들은 인간의 속성에 대해 고정된 정의를 내리는 것에 동의하지 않는다. 이는 인간이 각기 다른 개체로서 지속적으로 변화하는 유동성을 지닌 존재라는 공통된 관점에 기초한다.

주요 치료자들의 견해를 요약하면, 프랭클은 인간을 인본주의적 관점에서 이해하고자 하였다. 그는 인간이 삶 속에서 의미를 찾고자 하는 동기를 지닌 존재이며, '의미에로의 의지(will to meaning)'를 삶의 원동력으로 삼아 살아간다고 보았다. 메이는 인간을 존재론적 관점에서 이해해야 한다고 주장하였다. 그의 'human being'이라는 용어에서 알 수 있듯, 'being'은 현재 진행 중이며, 어떤 것이 되어 가는(becoming) 과정을 포함하는 개념으로, 인간을 끊임없이 '되어가는 존재'로 본다.

얄롬은 '죽음, 자유와 책임, 고립, 무의미'라는 네 가지를 인간의 궁극적인 관심사로 제시하였다. 그는 실존적 불안이 모든 인간이 필연적으로 경험하는 것이며, 인간은 이러한 불안을 수반하는 유한한 존재라는 관점을 강조하였다.

주요개념

① **죽음**: 얄롬은 인간 실존의 불안유발자들, 즉 죽음, 자유, 고립 그리고 무의미가 분리되지 않고 상호 연관되어 있다고 했다. 죽음을 실존에 있어서 불안을 일으키는 기저가 된다고 보았으며, 우리가 변화시킬 수 없는 한 가지이며 대신해 주기를 바랄 수 없는 한 가지로 스스로 맞이하고 만나기를 격려한다. 그러하기에 실존주의자들은 죽음을 부정적으로 보지 않으며, 오히려 의미를 강조한다. 죽음을 피해야 할 고통이 아닌, 지금-여기에서 충실한 삶을 살아가도록 이끄는 안내자로 여긴다.

② **자유와 책임**: 인간에게는 자유가 있어서 운명을 결정하는 선택을 할 수 있으며, 동시에 삶의 과정에서 스스로 책임을 받아들여야 한다는 것이 실존주의 관점이다. 이는 개인을 자신의 삶에 대해 전적인 책임을 갖는 주체자로 본다. 이에 따라 책임을 지는 것에 두려움을 느끼게 된 개인은 잠재적으로 불안하다. 자유와 책임을 회피하거나 포기할 경우, '실존적 불안'은 깊어진다. 자유와 책임에 대한 인식을 강조하는 실존주의에서는 결국 이러한 자각에 대한 상실은 심리적 증상을 일으킨다고 보았다.

③ **고립**: 실존적 고립은 대인관계에서의 단절 그 이상이다. 개인들이나 세계로부터의 근본적인 분리를 의미한다. 어떠한 노력을 해도 연결될 수 없는 타인과의 간격, 세계와 인간의 분리를 말한다. 고립감을 경험할 때 인간은 불안을 느낀다. 이러한 실존적 소외의 고통에서 벗어나고자 타인과 융합을 시도하기도 한다. 그러나 어떠한 관계도 고립감을 피할 수 없다. 우리 개인은 실존적으로 혼자이기 때문이다. 실존적 단독성을 인정하는 자만이 참된 관계 맺기가 가능함을 실존주의에서는 주장한다.

④ **무의미**: 인간은 삶의 의미를 필요로 한다. 실존적 상황에 맞닥뜨리면 불안정 속에서 자기 존재에 대한 이유, 자기 존재에 대한 의미를 찾게 된다. 의미를 찾고자 하지만 절대적인 근거가 없다. 애초에 의미는 세계 내에 존재하지 않기 때문이다. 따라서 인간은 실존적 불안을 경험하게 된다. 실존주의자들은 의미는 존재하는 것이라기보다 개인이 만들고, 창조하고 발견해 나가는 것, 즉 매일 자신의 일상에 참여하여 일하고 친애하는 과정에서 발생하는 것으로 여긴다.

실존주의적 접근을 활용한 위기 상담

위기 유형: 노인 위기 (삶의 의미 상실)

위기자는 은퇴 후 배우자를 먼저 떠나보낸 70대 남성이다. 그는 하루 종일 TV만 보며 무기력하게 시간을 보내고, "이 나이에 무슨 의미가 있냐."라며 삶에 대한 의욕을 잃은 상태다. 자녀들과의 교류도 줄어들었고, 혼자 남겨졌다는 고독감에 사로잡혀 있다. 죽음이 다가오고 있다는 감각은 늘 머릿속에 맴돌고 있지만, 그것에 대해 솔직히 말하거나 정리할 기회는 거의 없었다. 실존주의 위기 상담은 이처럼 삶의 마지막 국면에서 마주하게 되는 죽음, 고독, 자유, 책임이라는 인간 존재의 근원적 주제들을 회피하지 않고 직면하도록 돕는다. 고통과 불안 속에서도 위기자가 자기 존재의 의미를 재발견하고, 남은 삶을 능동적으로 선택해갈 수 있도록 지지하는 것이 핵심이다.

▣ 1단계: 상담 목표 설정 – 실존적 주제에 대한 수용과 삶의 재해석

상담의 초점은 우울이나 외로움 같은 증상의 완화만이 아니라, 존재의 불안을 표현하고 삶의 의미를 돌아보는 것이다. 상담자는 "지금까지의 삶에서 무엇이 가장 당신을 움직이게 했나요?"라고 질문하며 과거의 시간 속에서 의미의 흔적을 재발견하게 돕는다. 이 과정은 자연스럽게 죽음이라는 주제로 이어진다. 상담자는 위기자가 죽음에 대해 갖는 감정—두려움, 허무, 후회를 회피하지 않고 말로 표현하도록 지지한다. 그러한 감정은 자연스러운 것이며, 오히려 죽음을 인식함으로써 남은 삶이 더욱 깊어질 수 있다는 인식을 함께 형성해 나간다.

▣ 2단계: 상담 과정 – 생애 회고와 정체성 재구성

상담은 위기자의 생애 전체를 돌아보는 삶의 회고 작업으로 이어진다. 어린 시절의 기억, 직장생활, 결혼, 자녀 양육, 그리고 현재에 이르기까지, 중요한 사건들을 함께 정리하며, '내가 어떤 삶을 살아왔는지'를 위기자 스스로 이야기하도록 이끈다. 이 회고 속에서 위기자는 때로는 자부심, 때로는 아쉬움, 때로는 감사함을 느끼며, 과거의 나와 현재의 나를 다시 연결하게 된다. 상담자는 다음과 같이 질문할 수 있다.

"당신이 살아온 인생에서, 가장 기억에 남는 것은 어떤 순간인가요?"
"지금 생각해보면, 그때의 나는 어떤 마음이었을까요?"
"앞으로 남은 시간 동안, 해보고 싶은 일이 있다면 어떤 것이 있을까요?"

이러한 질문들은 위기자 스스로 존재의 주체로 다시 서는 과정을 돕는다. 단지 삶을 '정리'하는 것이 아니라, 마지막까지 사신이 선택할 수 있는 삶이 남아 있음을 확인하게 된다.

■ 3단계: 개입 효과 – 존재의 수용과 죽음 준비

상담이 진전될수록, 위기자는 죽음을 단지 '끝'으로 보는 것이 아니라, 지금까지의 삶을 마무리하고 다음 세대에 전할 의미를 남기는 과정으로 인식하게 된다. "나는 더 이상 쓸모없는 존재"라는 생각 대신, "나는 한 시대를 살아온 증인이며, 여전히 누군가에게 중요한 사람"이라는 존재의 자각이 형성된다. 실존주의 상담은 위기자가 남은 삶을 더 이상 '버텨야 할 시간'이 아닌, '살아갈 의미가 있는 시간'으로 바꾸도록 돕는다. 죽음은 막을 수 없지만, 죽음을 준비하는 방식은 선택할 수 있다는 인식은 위기자에게 깊은 존재의 수용과 편안함을 제공한다.

실존주의 접근에서는 위기 상황을 '나는 왜 살아야 할까?'라는 깊은 질문이 떠오르는 시기로 본다. 상담자는 이러한 질문에 위기자 스스로 답을 찾도록 곁에서 함께 걸어가며 진실한 선택을 할 수 있도록 관심을 쏟는다. 말없이 흐르는 눈물도, 지난 기억과 후회도, 마음속 사랑도 모두 상담에서 중요한 의미가 된다.

위기 상담의 단계와 기법

❶ 위기 상담의 특징과 진행 과정

상담이 필요한 순간이 아니라, 상담이 절실한 순간

위기 상담은 일상적인 상담과 본질적으로 다르다. 일반 상담이 삶의 흐름을 정리하고 점진적인 변화를 함께 모색하는 과정이라면, 위기 상담은 예기치 못한 사건 속에서 즉각적으로 개입해야 하는 절박한 상황에서 시작된다.

위기자는 갑작스러운 상실, 외상적 경험, 자살 사고, 자해 충동, 관계 단절, 감정적 붕괴등 극도의 스트레스를 겪고 있으며, 이로 인해 삶을 감당할 수 없다는 무력감과 압도감에 휩싸여 있다. 감정과 인지가 균형을 잃은 내담자에게는 시간을 들여 정리하거나 기다릴 여유조차 없기에, 신속하고 명확한 개입이 무엇보다 중요하다(Roberts, 2005).

- **즉각적인 개입**은 위기 직후 가능한 한 빠르게 상담자가 개입하여 감정적 불안을 진정시키는 것이다. 상담자의 존재만으로도 내담자는 심리적 안정감을 얻을 수 있다.
- **단기적 해결**은 원인을 깊이 파악하기보다, 지금 이 순간 할 수 있는 현실적인 대안을 함께 찾는 것이다. 복잡한 해석보다는 실행 가능한 작고 구체적인 실천이 중심이 된다.

위기 상담의 본질은 예측 불가능성과 긴급성이다. 위기자가 언제, 어디서, 어떤 방식으로 도움을 요청할지 알 수 없기에, 24시간 대응 체계와 같은 유연하고 신속한 구조가 필요하다. 특히 자살이나 자해, 타해의 위험이 있을 경우, "지금 이 순간의 개입"이 생명을 살리는 행동이 될 수 있다. 상담자는 이러한 위기를 민감하게 감지하고, 흔들림 없이 대응하며, 필요 시 병원, 가족, 지역사회 자원과의 연계까지 고려한 구조적인 개입을 수행해야 한다.

결국, 위기 상담은 삶이 무너질 듯한 한순간을 함께 붙잡아주는 일이다. 그것은 상담자가 무엇을 '하는가'보다, '그 자리에 어떻게 '존재하는가'에 더 가까운 일이다. 말보다 앞서는 존재감, 그것이 위기 상담의 본질이다.

위기 상담의 네 가지 핵심 특징

위기 상담은 일상적인 상담과 달리, 급박하고 예외적인 상황에서 내담자의 안전을 지키기 위한 즉각적이고 전문적인 개입을 요구한다. 단순한 기술을 넘어선 태도와 접근이 필요하며, 다음 네 가지 특징으로 요약할 수 있다.

• **즉각적인 개입**: 위기는 예고 없이 찾아오며, 위기자의 생명과 직결될 수 있다. 상담자는 신속하게 위기 신호를 감지하고, 내담자의 감정을 모두 듣기 전에라도 우선적으로 상황을 안정시켜야 한다. 이 개입은 단순히 빠른 대응을 넘어, 내담자에게 '혼자가 아니다.'는 안정감을 주는 중요한 메시지가 된다.

• **단기적 해결 지향**: 위기 상담은 장기적인 내면 탐색보다는, 지금 당장의 생존과 안정에 집중한다. 내담자와 함께 실현 가능한 작은 행동계획을 세우며, 혼란 속에서 숨 쉴 수 있는 여지를 마련해준다. 구체적이고 현실적인 실천이 중심이 된다.

• **신중하고 조심스러운 접근**: 위기 상황의 내담자는 매우 예민한 상태에 있다. 상담자는 조심스럽고 섬세한 태도로 감정을 수용하고, 말 한마디, 눈빛, 말투까지 신중히 사용해야 한다. 무엇보다 중요한 것은 내담자가 존중받고 있다는 경험이다.

• **24시간 대응 가능성**: 위기는 시간과 장소를 가리지 않는다. 따라서 상담자는 정해진 시간에만 머무르는 존재가 아니라, 위기 상황에 즉시 반응할 수 있는 준비된 사람이어야 한다. 내담자가 절박할 때 연결 가능한 누군가가 있다는 사실 자체가 회복의 출발점이 된다.

위기 상담의 3단계 진행 과정

위기 상담은 일반 상담보다 짧고 긴박한 흐름 속에서 전개된다. 상담자는 내담자의 정서 상태를 빠르게 파악하고, 즉각적이면서도 구조적인 개입을 수행해야 한다. 이 과정은 초기, 중기, 종결의 세 단계로 나뉘며, 각 단계는 내담자가 혼란에서 벗어나 안정과 회복으로 나아가는 심리적 여정을 담고 있다(Wilbur, 1970).

1) 초기 단계: 안전한 분위기 형성

- 상담의 시작은 만남 이상의 의미를 가진다. 내담자는 불안, 분노, 공황 등 격한 감정 상태에 놓여 있을 수 있기에, 상담자는 조용하고 안정된 태도로 내담자를 맞이하며, 지금 이 공간이 안전하다는 신호를 전달해야 한다.
- 이 단계에서는 신뢰 관계 형성, 상담의 구조와 방향 안내, 그리고 현재 겪고 있는 위기의 내용과 심각성, 정서 상태를 신중히 탐색한다. 필요 시 정서적 · 신체적 안전 확보를 위한 개입도 함께 이뤄져야 한다.

2) 중기 단계: 위기의 핵심을 함께 마주하는 시간

- 초기 안정 이후에는 위기의 본질을 다루는 과정이 시작된다. 상담자는 내담자와 함께 감정, 사고, 행동의 연관성을 살피며 문제를 명확히 이해할 수 있도록 돕는다. 이때 현실적인 대처 방법이나 실행 가능한 전략을 함께 모색하며, 때로는 새로운 시각과 대안을 제시한다.
- 중기 단계는 상담자의 개입이 가장 적극적으로 작동하는 시점으로, 위기를 구체적으로 다루는 실질적인 작업이 이루어진다.

3) 종결 단계: 정리이자 새로운 출발

• 감정이 진정되고 위기 상황이 일정 부분 정리되면 상담은 자연스럽게 마무리 단계로 전환된다. 이 시점에서는 상담 과정에서 다뤄온 내용들을 정리하고, 내담자가 변화해 낸 부분을 인정하고 격려하는 시간이 필요하다.

• 또한 향후 유사한 상황에 대비한 지지체계 연결 여부를 확인하고, 필요 시 추가 상담이나 외부 자원 연계도 함께 논의한다. 상담은 시작만큼이나 부드러운 마무리가 중요하며, 종결은 새로운 회복의 출발점이 될 수 있다.

❷ 위기 상담 기법

말보다 먼저, 함께 있는 태도부터 시작된다.

위기 상담에서의 기법은 단순한 대화 기술이나 절차를 넘어선다. 무엇보다 중요한 것은 내담자의 무너지는 순간에 곁에 있으려는 상담자의 태도이다. 고통을 없애줄 수는 없지만, 그 곁에 머물며 함께 감당하려는 마음이 상담의 출발점이 된다.

기법은 상담자의 존재 방식 위에 놓이는 실천 도구다. 상담자가 내담자의 감정과 상황에 어떻게 반응하느냐에 따라 상담의 방향과 깊이는 달라진다. 결국 기법은 '무엇을 하느냐.'보다, '어떻게 존재하느냐.'를 전달하는 방식이라 할 수 있다.

위기 상담에서 상담자는 내담자의 감정을 안정시키고, 사고를 조율하며, 현실적인 행동으로 이어질 수 있도록 돕는다. 이때 사용되는 기법은 크게 비언어적과 언어적 개입으로 나눌 수 있다. 비언어적 기법은 상담자의 눈빛, 표정, 자세, 침묵, 호흡 등을 포함하며, 감정이 격해져 있거나 말로 표현하기 어려운 내담자에게는 말보다 먼저 깊은 신호로 작용한다. 반면, 언어적 기법은 감정을 반영하고 명료화하며, 현실 인식을 돕는 말들을 통해 내담자가 스스로 정리하고 표현할 수 있도록 유도한다.

또한 상황에 따라 정서적 안정, 인지적 재구조화, 현실적 문제 해결, 자살 위험 사정 등 구조화된 개입 전략이 함께 활용된다. 위기 상담은 단순한 공감 대화를 넘어, 내담자가 삶을 다시 붙잡을 수 있도록 돕는 구체적 개입으로 이어진다.

결국 상담기법은 기술이 아닌 진심을 전하는 방식이다. 위기 상담자는 말과 행동, 그리고 고요한 침묵 속에 함께 있으려는 마음을 담아내는 사람이다.

비언어적 기법: 말하지 않아도 전해지는 공감

위기 상담에서 비언어적 기법은 내담자에게 '함께 있다.'는 메시지를 가장 먼저 전하는 수단이다. 감정이 벅차 말로 표현하기 어려운 상황에서, 상담자의 조용한 동행은 깊은 위로가 된다.

- **경청**: 단순히 듣는 것이 아니라, 온전히 귀 기울이는 태도다. 고개를 끄덕이거나 눈을 마주치는 작은 행동만으로도, 내담자는 자신이 존중받고 있다는 느낌을 받는다.
- **관심 기울이기**: 내담자의 말뿐 아니라 표정, 몸짓, 말투에 주의를 기울이는 것이다. 종종 말보다 몸의 언어에 감정이 더 진하게 담긴다.
- **주의집중**: 상담자의 시선, 몸의 방향, 표정 등을 통해 지금 이 순간, 오롯이 내담자에게 집중하고 있다는 것을 전달한다.
- **침묵**: 가장 절제된 동시에 가장 깊은 기법이다. 조용히 기다려주는 시간은, 감정을 정리할 여유를 제공하고, 말보다 큰 지지가 된다.

이러한 비언어적 기법들은 상담자의 존재 그 자체가 치유의 통로가 될 수 있음을 보여준다. 말 없이도 전해지는 따뜻한 공감은 위기 상담의 든든한 토대가 된다.

언어적 기법: 말로 건네는 지지와 명료함

언어적 기법은 상담자의 태도를 말로 구체화하는 방식이다. 내담자의 감정을 정리하고, 경험을 이해하며, 스스로를 다시 바라보게 하는 데 도움을 준다(서경현, 2022).

- **재진술**(paraphrasing): 내담자의 말을 상담자의 언어로 다시 정리해 주는 기법으로, 상담자가 정확히 듣고 이해하고 있음을 전달한다.
- **명료화**(clarification): 모호하거나 혼란스러운 표현을 명확히 하도록 도와주는 과정이다. 위기 상황에서는 특히 감정과 생각이 뒤섞이기 쉬워, 내담자가 자신의 상태를 분명히 인식하도록 돕는다.
- **감정 반영**(reflection of feeling): 내담자가 표현한 감정뿐 아니라 그 속에 담긴 정서까지 짚어주는 기법이다. "많이 서운했겠어요."와 같이, 내담자의 감정을 대신 언어화함으로써 정서적 안정감을 준다.
- **요약**(summarizing): 대화의 흐름과 핵심 내용을 정리하며, 상담의 방향성을 되짚고 다음 단계로 자연스럽게 이어지도록 한다.

이러한 언어적 기법은 내면의 감정을 밖으로 꺼내는 다리가 되어, 내담자가 스스로를 이해하고 회복의 가능성을 발견하도록 돕는다. 말은 위기의 순간, 내담자와 상담자를 연결하는 따뜻한 도구가 된다.

정서 안정화 기법: 무너지는 마음에 숨 쉴 틈 만들기

위기 상담의 첫걸음은 내담자의 감정을 진정시키는 것이다. 위기 상황에 놓인 사람은 불안, 공포, 분노, 절망 등 강렬한 정서에 압도되어 사고와 행동이 왜곡되기 쉽고, 때로는 극단적인 선택으로 이어지기도 한다. 정서 안정화 기법은 내담자가 감정에 휘둘리지 않고, 현재 이 순간에 머물 수 있도록 돕는 과정이다(Figley, 1995). 대표적인 방법은 다음과 같다.

- **호흡 조절**: 얕고 빠른 호흡을 천천히 깊게 조절하도록 유도해 신체적 안정을 회복시킨다. 이는 뇌에 진정 신호를 보내 감정 조절을 돕는다.
- **그라운딩 접촉 인식**: 발바닥, 의자와의 접촉을 느끼게 하여 현재의 감각에 집중하도록 한다. 이는 과거의 기억이나 미래의 불안에서 벗어나는 데 효과적이다.
- **자기 진정 문구 사용**: "지금은 괜찮아", "나는 이 순간을 지나갈 수 있어."와 같은 짧은 문장을 되뇌며 스스로에게 안정감을 부여하도록 한다.
- **정서 안정화**: 이후 상담이 효과적으로 이루어질 수 있는 감정적 기반을 마련해 주며, 상담 초기 단계에서 반드시 선행되어야 할 핵심 개입이다.

인지적 재구조화: 흔들리는 생각의 틀 바로잡기

위기 상황에서는 감정뿐 아니라 사고의 틀도 쉽게 왜곡된다. "나는 쓸모없어.", "전부 내 잘못이야.", "앞으로도 나아질 수 없어."와 같은 극단적이고 비합리적인 생각은 내담자를 더 깊은 무기력감에 빠뜨린다.

인지적 재구조화는 이러한 왜곡된 생각을 점검하고, 보다 균형 잡힌 시각으로 바라볼 수 있도록 돕는 과정이다. 핵심은 상담자가 해석을 제공하는 것이 아니라, 내담자가 스스로 인식을 전환할 수 있도록 유도하는 데 있다.

이때 사용되는 주요 질문은 다음과 같다.

"그 생각이 사실이라고 확신할 수 있을까요?"
"그 생각이 들 때 어떤 감정이 생기나요?"
"다른 사람이 같은 상황이라면 뭐라고 말해주고 싶을까요?"
"이 상황을 다르게 해석할 수 있는 방법은 없을까요?"

이런 질문을 통해 내담자는 감정과 사고를 분리하고, 과도한 부정성에서 벗어나 보다 현실적이고 유연한 사고방식을 회복하게 된다. 생각이 바뀌면 감정과 행동도 점차 안정되어 간다.

문제해결 훈련: 작지만 구체적인 실천을 찾다

위기 상담은 감정적 지지로만 끝나서는 안 된다. 감정이 안정되고, 왜곡된 사고가 다소 정리되었다면, 이제 현실적인 대처 방법을 함께 찾아야 한다. 문제해결 훈련(problem-solving training)은 내담자가 현재 직면한 구체적인 문제에 대해 실행 가능한 대안을 모색하고 실천하도록 돕는 과정이다.

위기 상황에서는 모든 것이 한꺼번에 무너진 것처럼 느껴지기 쉽다. 이때 문제를 작은 단위로 나누어 보고, 지금 당장 할 수 있는 일부터 찾는 것이 중요하다. 다음과 같은 단계로 진행된다.

- **문제 명확히 하기**: 막연한 불안이나 혼란을 구체적으로 정리한다. (예: "모든 게 무너졌어요." → "집을 잃을까 봐 걱정돼요.")
- **목표 설정**: 지금 당장 해결이 가능한 부분부터 작은 목표를 설정한다.
- **대안 탐색**: 다양한 가능성을 나열하며, 실패에 대한 두려움 없이 자유롭게 아이디어를 낸다.
- **실행 계획 세우기**: 가장 실현 가능성 높은 대안을 선택하고 구체적인 실행 방법을 계획한다.
- **평가 및 수정**: 실행 후 결과를 평가하고 필요한 조정을 통해 다시 시도한다.

문제해결 훈련은 내담자가 자신의 삶을 다시 조율할 수 있는 힘을 되찾도록 돕는 회복의 기술이다. 더불어, 지금의 위기는 영원하지 않으며, 자신이 삶을 변화시킬 수 있다는 희망을 심어주는 과정이기도 하다.

자살위험 사정 및 안전계획 수립: 생명을 지키는 핵심 개입

위기 상담에서 가장 민감하고 중요한 영역 중 하나는 자살위험 사정이다.

내담자가 "이렇게 사는 게 무슨 의미가 있나.", "그냥 다 끝내버리고 싶어요."와 같은 말을 꺼낼 때, 상담자는 섣부른 위로나 판단보다, 정확하고 신중한 위험 평가에 집중해야 한다. 이를 가볍게 넘긴다면 중요한 신호를 놓치고, 심각한 결과로 이어질 수 있다.

- **자살 사고 유무 및 구체성**: 단순한 생각인지, 계획까지 있는지 직접 질문한다. ("죽고 싶다고 생각해본 적 있나요?", "방법까지 생각해보셨나요?")
- **자살 시도 경험**: 과거의 시도는 중요한 위험 신호이며, 반복된 시도일 경우 더욱 주의가 필요하다.
- **실행 가능성**: 계획이 구체적이고 실현 가능한 경우 위험도는 높다.
- **보호 요인과 위험 요인**: 가족, 신앙, 사회적 지지 등 보호 자원이 있는지, 반대로 고립, 정신질환, 경제적 어려움 같은 위험 요인은 무엇인지 살핀다.

이러한 정보를 바탕으로 위험 수준(낮음·중간·높음)을 판단하고, 그에 맞는 안전 계획(safety plan)을 수립한다. 안전 계획은 위기 상황에서 내담자가 자신을 지킬 수 있도록 돕는 실질적 매뉴얼로서, 다음을 포함한다.

- 위기 징후 인식과 경고 신호 파악
- 감정 조절 전략 마련(예: 심호흡, 산책, 음악 듣기 등)
- 지지 인물 목록 구성(가족, 친구, 상담자 등)
- 긴급 연락처 제공(24시간 상담전화, 정신건강센터, 응급실 등)
- 자해 시도 수단 제거(약물, 날카로운 물건 등)

이 과정은 단순한 정보수집이 아니라, 내담자에게 "당신의 생명은 소중하며, 우리는 함께 지킬 수 있다."라는 메시지를 전하는 심리적 지지이자 적극적인 개입이다.

지지체계 연결: 혼자가 아니라는 경험 만들기

위기 상황에서 가장 큰 고립감은 '나는 혼자다.'라는 믿음에서 비롯된다. 상담자는 내담자가 다시 사람과 연결될 수 있도록 돕는 다리 역할을 해야 하며, 상담이 일회성 개입에 그치지 않도록 지속 가능한 지지체계로의 연결을 도모해야 한다.

지지체계는 다음 세 가지로 나눌 수 있다.
• **개인적 지지체계**: 가족, 친구, 동료 등 가까운 사람들과의 관계는 중요한 회복 자원이 된다. 상담자는 내담자가 도움을 청할 수 있는 사람을 함께 떠올리고, 구체적으로 어떻게 연락하고 요청할지를 함께 계획한다.
• **지역사회 및 기관 자원**: 정신건강복지센터, 병원, 종교기관, 상담소 등 전문기관과의 연결도 필요하다. 상황에 따라 상담자가 직접 동행하거나 전화 연결을 도와주는 실질적 지원이 중요하다.
• **온라인 및 비대면 자원**: 24시간 이용 가능한 상담 앱이나 플랫폼은 직접 방문이 어려운 내담자에게 유의미한 대안이 될 수 있다.

중요한 것은 정보 제공에서 그치지 않고, 내담자가 실제로 자원에 접근할 수 있도록 구체적이고 실현 가능한 방식으로 안내하는 것이다. "센터에 가보세요."보다 "이 센터는 평일 오전이 한가해요. 원하시면 제가 전화 연결을 도와드릴게요."와 같은 안내가 훨씬 효과적이다.

지지체계와의 연결은 내담자에게 다음과 같은 감정을 심어준다.

"내 곁에 사람이 있다.", "도움을 요청할 수 있다.", "이 상황을 함께 이겨낼 수 있다."

이 믿음 하나가 위기에서 다시 살아갈 힘의 토대가 된다.

③ 위기 상담자의 역량과 자질

위기 상담자는 위기자에 대한 관심을 바탕으로 민감하고 신속하게 반응할 수 있는 감수성과 직관을 지녀야 한다. 위기 상황은 예측 불가능하고 긴박하게 전개되기 때문에, 상담자는 단순한 상담기술을 넘어 사람에 대한 깊은 이해와 즉각적인 판단력을 요구받는다. 위기의 본질은 감정의 격랑 속에 있으며, 상담자는 이러한 혼란을 함께 견디고 의미를 찾도록 돕는 안전한 동반자가 되어야 한다. 따라서 위기 상담자는 전문성뿐 아니라 인간적인 성숙함과 공감 능력을 겸비한 존재로서, 내담자의 고통을 함께 감지하고, 그 속에서 회복의 실마리를 발견해나가는 조력자의 역할을 수행한다.

위기자에 대한 관심: 사람 자체를 이해하려는 마음

위기 상담은 문제 해결보다 먼저, 사람에 대한 이해에서 출발한다. 눈앞의 내담자를 위기의 존재로만 보지 않고, 고유한 삶의 역사와 감정을 지닌 하나의 존재로 존중하려는 마음이 필요하다.

삶이 흔들리는 순간, 내담자는 감정의 극단을 오가고 사고는 왜곡되며, 삶의 의미가 흐려진다. 이때 상담자는 서둘러 해결하려 하기보다 내담자의 세계 속으로 조심스럽게 들어가 함께 느끼려는 태도를 가져야 한다. 말뿐 아니라 표정, 몸짓, 침묵까지도 읽으며 존재 전체를 받아들일 수 있어야 한다.

이를 위해 상담자는 세 가지 측면에서 내담자를 이해하고자 노력해야 한다.

• 개인 특성에 대한 존중

위기에 대한 반응은 사람마다 다르다. 눈물, 분노, 침묵 등 다양한 반응은 각자의 성격, 기질, 경험과 연결되어 있다. 상담자는 특정 반응을 평가하거나 해석하기보다, 그 반응 자체를 있는 그대로 수용해야 한다.

- **내면의 욕구를 민감하게 포착**

'죽고 싶다.', '끝내고 싶다.'는 말 이면에는 알아주길 바라는 마음, 고통을 멈추고 싶은 욕구가 숨어 있다. 상담자는 말의 표면보다 그 이면의 정서를 읽고, 말보다 마음으로 응답할 수 있어야 한다.

- **문화적 맥락의 이해**

내담자의 위기 인식과 대처 방식은 문화적 배경과 밀접하다. 종교, 가족관계, 성 역할, 지역사회에서의 위치 등은 모두 위기의 경험을 형성한다. 상담자는 자신의 기준을 앞세우기보다, 내담자의 세계를 있는 그대로 존중하고 이해하려는 태도가 필요하다.

결국 위기 상담자는 '무엇을 해야 할까.보다 먼저, '이 사람은 어떤 사람일까.'를 묻는 사람이다. 문제보다 사람을 먼저 보고, 해결보다 공감을 앞세울 때, 비로소 회복의 가능성이 열린다.

위기 상담자의 역할: 단순한 전문가가 아닌 '동행자'

위기 상담자는 단지 문제를 진단하고 지식을 전달하는 전문가가 아니다. 위기 한가운데 있는 내담자에게 상담자는 곁에 머무는 사람, 즉 고통의 순간을 함께 견디는 동행자다. 상담은 일방적인 조언이 아니라, 내담자의 감정과 속도에 귀 기울이며 함께 길을 찾아가는 과정이다.

위기 상황은 사람마다 반응이 다르고, 상황도 시시각각 변한다. 따라서 상담자는 고정된 역할을 수행하기보다는, 유연하고 따뜻하게 개입하며 관계 속에서 다양한 역할을 조화롭게 수행해야 한다(Corey, & Callanan, 2015).

- **수호자**(Protector): 상담자의 가장 기본적 책임은 내담자의 생명과 안전을 지키는 일이다. 자해나 자살 위험이 있는 경우 즉각적인 보호 조치가 필요하며, 때로는 가족, 의료기관, 지역사회 자원과의 연계도 함께 고려되어야 한다. 이때 상담자는 통제자가 아닌, 신뢰할 수 있는 보호자이자 돌봄의 상징이 된다.

- **안내자**(Guide): 위기 속 내담자는 방향을 잃기 쉽다. 상담자는 현재의 혼란을 함께 정리하고, 내담자가 감정과 현실을 분리해 인식할 수 있도록 돕는다. 중요한 것은 해답을 제시하는 것이 아니라, 스스로 길을 찾을 수 있도록 곁에서 빛을 비추는 일이다.

- **촉진자**(Facilitator): 상담자는 말하기 어려운 감정을 안전하게 표현할 수 있는 공간을 제공한다. 비판 없이 수용하며 내담자의 이야기에 반응하고, 질문과 반영을 통해 내면의 흐름을 정리하도록 돕는다. 이 과정을 통해 내담자는 점차 감정의 무게를 나누고, 자기 자신과 다시 연결되는 경험을 한다.

- **격려자**(Encourager): 위기 상황에서 희망은 쉽게 사라진다. 상담자는 내담자의 작은 변화나 노력에도 따뜻하게 반응하며, 회복 가능성을 함께 믿어주는 존재가 된다. 회복은 거창한 변화가 아닌, 하루를 견뎌낸 한 걸음에서 시작되며, 그 걸음을 응원하는 것이 격려자의 역할이다.

- **모범자**(Model): 상담자는 자신의 태도, 감정 반응, 윤리적 기준을 통해 내담자에게 중요한 메시지를 전달한다. 위기 속에서도 차분하고 일관된 모습을 보이는 상담자는, 내담자에게 감정을 다루고 삶을 지탱하는 방식을 무의식적으로 보여주는 거울이 된다.

결국 위기 상담자는 빠르게 문제를 해결하는 사람이라기보다, 어둠 속에서 함께 머무는 사람이다. 해결보다 동행, 판단보다 공감이 우선되는 이 관계 안에서, 내담자는 견딜 힘을 얻고 회복의 가능성을 다시 발견하게 된다.

그 따뜻한 곁에 머묾, 그것이 위기 상담자의 본질적 역할이다.

위기 상담자의 자질: 사람과 전문성을 함께 지닌 존재

위기 상담자는 단순한 기술자나 지식 전달자가 아니다. 무엇보다 '사람을 대하는 사람'으로서, 따뜻한 태도와 진심 어린 마음이 전문성 위에 자연스럽게 쌓여야 한다. 위기 상황의 내담자는 감정에 휩싸이거나 타인과의 접촉 자체를 어려워할 수 있기에, 상담자의 말투, 표정, 태도 하나하나가 큰 의미로 다가온다.

좋은 위기 상담자는 세 가지 자질을 균형 있게 갖춘 사람이다. 이 자질들은 분리된 요소가 아니라, 관계 속에서 긴밀히 작동하며 내담자에게 신뢰와 안정을 전달한다^{(강진령} ^{외, 2009)}.

- **인간적 자질**: 공감, 진정성, 인내, 따뜻함은 상담자가 지닌 가장 기본적이면서도 깊은 힘이다. 내담자가 마음을 열 수 있도록 돕는 것은 기법보다 먼저 전해지는 상담자의 '사람됨'이다. 격한 감정이나 예민한 반응 앞에서도 중심을 잃지 않고 머물러 줄 수 있는 존재는 내담자에게 큰 위안이 된다.
- **전문적 자질**: 신뢰받는 상담자가 되기 위해서는 충분한 이론적 이해와 실전 감각이 필요하다. 위기 개입, 자살 위험 평가, 트라우마 이해 등 핵심 영역에 대한 지식은 기본이며, 상황에 맞게 적절한 전략을 선택하고 조율할 수 있는 유연함도 중요하다. 내담자는 상담자의 따뜻한 태도와 더불어, 그 안에 깃든 전문성을 통해 안심하게 된다.
- **윤리적 자질**: 위기 상담에서 윤리는 생명과 존엄을 지키는 기준이다. 내담자의 비밀을 지키고, 자신의 한계를 인식하며, 필요 시 외부 자원과 협력할 줄 아는 태도는 기본이다. 권위적이지 않으면서도 책임감 있게 내담자와 함께 길을 찾아가는 자세가 필요하며, 이러한 윤리적 감수성은 위기의 순간에도 신뢰를 지탱하는 힘이 된다.

결국 위기 상담자는 고통의 자리에 머무르되, 흔들리지 않고 함께할 수 있는 존재다. 따뜻한 인간미와 전문성, 윤리적 판단력이 조화를 이룰 때, 내담자는 상담 안에서 안전함을 느끼고 회복을 시작할 수 있다.

상담자는 그 회복의 시작이 조용히 움트도록 곁을 지켜주는 사람이다.

위기 상담자의 전문성: 기술 너머의 통합적 역량

위기 상담은 복잡하고 예민한 상황에서 이루어진다. 순간의 판단이 내담자의 생명, 심리적 안정, 이후 삶에 중대한 영향을 미칠 수 있기에, 상담자는 단순한 '청취자'나 '공감자'에 머무를 수 없다. 감정을 수용하면서도 휘말리지 않고, 긴장된 상황 속에서 중심을 잡으며 실질적 개입을 할 수 있는 안정된 존재가 되어야 한다.

전문성이란 단지 몇 가지 기법을 알고 있는 것이 아니다. 다양한 이론과 실제 경험, 유연한 판단력과 문제 해결력, 그리고 기술을 맥락에 맞게 적용할 수 있는 통합적 감각까지 포함한다. 위기 상담자에게 요구되는 전문성은 다음과 같은 측면에서 드러난다.

- **위기에 대한 깊은 이해:** '위기'는 단순히 힘든 상황이 아니라 기존의 대처 방식이 무력해지고 심리적 균형이 무너진 상태를 말한다. 외상, 상실, 급작스러운 변화 등으로 인한 정서 반응과 회복의 과정을 이해하는 이론적 기반은 효과적인 개입의 방향과 강도를 설정하는 데 필수적이다.
- **지식과 기술의 유연한 적용:** 위기상황은 예측할 수 없고 일률적인 접근이 통하지 않는다. 상담자는 내담자의 상태, 위기의 유형, 시간적 긴급성 등을 고려해 다양한 기법 중 가장 적절한 방식을 선택하고 조율할 수 있어야 한다. 기술은 상황에 따라 달라지는 살아 있는 도구다.
- **경험에서 나오는 실전 감각:** 현장은 언제나 이론과 다르다. 실제 위기 장면에서의 긴장감과 복잡성은 경험 없이는 다루기 어렵다. 다양한 사례를 접한 상담자는 위기 속에서도 흔들리지 않고 중심을 잡으며 내담자에게 신뢰를 줄 수 있다.
- **복잡한 문제를 정리하고 해결로 이끄는 능력:** 위기 상황은 정서, 관계, 경제, 신체 등 다양한 문제가 얽혀 있다. 상담자는 우선순위를 파악하고 내담자가 감당할 수 있는 범위 내에서 현실적인 대안을 함께 모색해야 한다. 분석력과 공감력을 균형 있게 발휘할 수 있어야 한다.

결국 위기 상담자의 전문성은 '무엇을 아는가.'보다 '어떻게 적용하고, 견디고, 판단하는가.'에 관한 통합적 역량이다. 이론과 기술, 경험과 감정, 관계와 윤리가 유기적으로 작동할 때, 상담자는 진정한 전문가로서 내담자에게 안전한 지지 기반이 된다.

④ 위기 상담자의 소진과 자기돌봄

위기 상담은 한 사람의 삶이 무너질지도 모르는 순간, 가장 가까이에서 함께하는 일이다. 상담자는 내담자의 절박한 고통 앞에서 감정을 듣고 판단하며, 때론 신속히 개입하고 때론 침묵 속에 머무는 인내를 감당해야 한다. 이러한 긴장된 상황 속에서도 상담자는 흔들림 없는 존재로 기능해야 한다.

하지만 상담자 역시 인간이다. 반복되는 고통의 이야기, 절망의 눈빛, 멈춰선 삶을 지켜보며 자신도 모르게 감정적 에너지를 소진하게 된다. 특히 위기 상담은 일반 상담보다 정서적 소모가 크고, 생명과 관련된 결정을 함께 짊어지는 만큼 더욱 깊은 내적 부담이 따른다. 이와 같은 긴장의 누적은 상담자 내면에 균열을 만들어 '소진(burnout)'이라는 형태로 나타난다.

소진은 단순한 피로가 아니라, 직업적 의미와 자기 정체감까지 흔들리게 하는 내면의 마모다. 민감성이 둔해지고, 상담의 의미가 흐려지며, 결국 내담자에게도 충분한 지지를 제공할 수 없게 된다. 상담자의 무너짐은 상담의 본래 기능에도 타격을 준다.

따라서 자기돌봄(self-care)은 위기 상담자에게 필수적이다(정여주 오, 2020). 이는 단지 휴식을 의미하는 것이 아니라, 전문성과 지속 가능성을 위한 윤리적 실천이다. 감정 상태 점검, 신뢰할 수 있는 사람과의 소통, 때때로 멈추는 용기, 자신의 한계를 인정하고 수용하는 자세가 포함된다.

동료와의 수퍼비전, 정기 교육, 상담 외 삶에서 기쁨을 찾는 활동도 자기돌봄의 중요한 방법이다. 상담자는 '누군가를 위한 존재'이기 전에 하나의 온전한 사람으로 살아가야 한다. 자기돌봄은 상담자에게 회복의 생기를 불어넣고, 내담자와 다시 깊이 연결될 수 있는 힘을 회복하게 해준다.

결국 위기 상담자의 길은 헌신과 회복 사이의 균형을 찾아가는 여정이다. 내담자를 지키기 위해 상담자 자신의 삶도 함께 돌보아야 하며, 이 단단한 기반이야말로 위기 속 내담자에게 진정한 안전이 된다.

감정 소진: '들어주는 사람'이 겪는 조용한 상처

위기 상담자는 타인의 고통에 꾸준히 귀 기울이며, 절박한 감정 앞에서도 흔들리지 않기 위해 애쓴다. 그러나 그 과정에서 말없이 쌓여가는 정서적 피로, 즉 감정 소진은 누구에게나 찾아올 수 있는 자연스러운 현상이다. 반복적으로 내담자의 절망을 마주하다 보면 처음의 깊은 공감은 점차 무뎌지고, 피로감과 무기력감이 일상에 스며든다. 상담 이후에도 감정이 가라앉지 않거나, 사소한 일에도 예민하게 반응하고, 상담 자체가 버겁게 느껴지기도 한다. 이는 능력 부족이 아니라, 타인의 고통을 오랫동안 감당해온 결과이며, 상담자가 감정적으로 지불한 대가라 할 수 있다. 감정 소진은 다음과 같은 모습으로 나타날 수 있다.

- 내담자의 이야기에도 감정적 반응이 줄어듦
- 회기 후에도 지속되는 피로감과 에너지 고갈
- 일상에서 짜증과 예민함 증가
- 상담에 대한 흥미 감소 및 회피 욕구

이러한 신호는 외면하거나 부끄러워할 대상이 아니다. '나는 지쳐 있다.'는 인식이 회복의 출발점이다. 상담자는 타인의 감정엔 민감하지만, 자기감정엔 둔감해지기 쉽다. 따라서 정기적인 자기 점검과 휴식, 동료와의 소통, 수퍼비전, 삶의 즐거움 찾기가 반드시 필요하다.

감정 소진은 멈춰야 할 실패가 아니라, 스스로를 돌봐야 할 시점임을 알려주는 신호다. 상담자의 회복은 개인을 넘어 위기 상담의 지속 가능성을 위한 기반이며, 내담자에게 더 안정적인 관계를 제공하는 힘이 된다.

그러니 이제, 자신에게도 이렇게 말해보자.

"괜찮지 않을 수 있다. 이제는 내 감정도 돌볼 시간이다."

이 다정한 말이 회복의 첫걸음이 된다.

자기돌봄: 오래 함께하기 위한 첫걸음

상담은 내담자와 함께 걷는 여정이며, 위기 상담은 그 길이 더욱 깊고 험하다. 내담자가 절망 속에서 손을 내밀 때, 상담자는 그 곁을 지키며 함께 걸어야 한다. 그러나 상담자의 에너지는 무한하지 않다. 자기돌봄(self-care)은 단순한 선택이 아니라, 지속 가능하고 전문적인 상담을 위한 필수적 태도다(Barnett, Baker, Elman, & Schoener, 2007).

자기돌봄은 '잠시 쉬는 것'에 머무르지 않는다. 감정, 신체, 관계, 삶의 균형을 회복하고 조율하는 적극적인 실천이다. 타인의 고통에 민감할수록 자신에게 무심해지기 쉬우며, 자기 관리를 소홀히 하면 결국 내담자에게도 진정한 공감을 전달하기 어렵다.

- **정기적인 쉼**이 필요하다. 짧은 산책, 호흡에 집중하는 시간, 커피 한 잔의 여유도 내면을 재정비하는 회복의 기회가 된다. 늘 누군가를 위한 시간을 사는 상담자에게, '나를 위한 시간'은 반드시 의도적으로 마련되어야 한다.
- **감정을 표현할 수 있는 통로**가 중요하다. 상담자는 타인의 이야기를 듣는 데 익숙하지만, 자신의 감정을 말하는 데에는 서툴 수 있다. 동료나 수퍼바이저와의 정직한 대화는 억눌린 감정을 풀고 에너지를 회복하는 데 큰 도움이 된다.
- **신체의 회복은 정서적 회복**과 맞닿아 있다. 충분한 수면, 운동, 건강한 식사는 단순한 건강 관리가 아닌, 상담자의 내면을 지키는 기초다. 몸이 안정되어야 위기상황을 지치지 않고 감당할 수 있다.
- **일상 속 기쁨의 순간을 소중히** 해야 한다. 음악, 글쓰기, 자연 속 시간, 여행 등은 '상담자'라는 역할을 잠시 내려놓고 '그냥 나'로 존재할 수 있는 회복의 공간이 된다. 이러한 삶의 여백은 다시 상담실로 돌아올 수 있는 힘이 된다.

자기돌봄은 자신을 보호하는 동시에 내담자에게 깊은 지지를 가능하게 하는 토대다. 상담자의 헌신은 회복과 균형 위에서만 지속될 수 있다. 결국 상담자의 존재 전체를 돌보는 일은 상담의 질을 높이는 가장 근본적인 실천이며, 오래 함께하기 위해 가장 먼저 돌아봐야 할 대상은 바로 자기 자신이다.

상담자의 성장: 위기 속에서도 함께 성장하는 여정

상담자의 자기돌봄은 단지 소진을 막기 위한 예방책에 머물지 않는다. 그것은 상담자로서의 존재를 성찰하고 확장하는 성장의 기반이 된다. 특히 위기 상담은 인간의 깊은 고통과 마주하는 자리이기에, 그 안에서 상담자도 스스로의 의미와 한계를 돌아보며 성숙해지는 과정을 겪게 된다.

위기 상담은 정해진 해답이 통하지 않는 예외적 상황에서 이루어진다. 같은 말도 내담자에 따라 전혀 다르게 해석되고, 같은 상황도 맥락에 따라 의미가 달라진다. 따라서 한 번 배운 지식이나 기법에만 의존해서는 충분하지 않으며, 끊임없는 배움과 유연한 태도가 필요하다.

상담자의 성장은 기술이나 이론의 축적을 넘어, 더 깊이 들을 수 있는 귀, 더 넓게 볼 수 있는 시선, 더 섬세하게 느낄 수 있는 감수성을 갖추는 과정이다.

이를 통해 내담자의 감정과 맥락을 더 잘 이해하고, 자신의 개입이 어떤 영향을 미치는지를 스스로 인식하게 된다. 이런 변화는 단지 전문성의 향상이 아니라, 상담자의 존재가 깊어지는 여정이다.

수퍼비전: 상담자를 위한 상담의 시간

수퍼비전은 단순한 기술 피드백이 아니다. 이는 상담자의 내면을 성찰하고 감정을 조율하며, 흔들림을 다시 중심으로 되돌리는 시간이다. 위기 상담자는 긴장된 장면을 반복적으로 마주하기에, 자신의 판단에 대한 불안과 확신 사이에서 흔들릴 수밖에 없다. 이때 수퍼비전은 심리적 안전망으로 작동한다.

수퍼비전은 다음과 같은 기능을 한다.

- **개입과 반응에 대한 성찰**: '왜 그렇게 반응했는가.', '놓친 것은 무엇인가.'에 대한 자기 이해를 돕는다.
- **내담자 상황에 대한 재조망**: 제3자의 시선으로 상황을 다시 바라보며, 새로운 개입

방향을 함께 모색한다.

　　•**감정 해소와 수용의 공간**: 위기 상담자는 '흔들리면 안 된다.'는 압박을 받기 쉽지만, 수퍼비전은 그 모든 감정을 허용하고 회복하는 장치가 된다.

　　•**윤리적 판단에 대한 나눔**: 생명과 직결된 장면에서는 순간적인 윤리적 결정이 필요하다. 수퍼비전은 균형 잡힌 판단을 함께 고민할 수 있는 자리가 된다.

　　결국 수퍼비전은 "상담자도 인간이다."라는 전제에서 출발한다. 지치고 흔들릴 수 있다는 사실을 부끄러워하지 않고 드러낼 수 있는 공간이 있을 때, 상담자는 다시 회복하고 앞으로 나아갈 수 있다.

　　상담자의 성장은 혼자만의 노력으로 완성되지 않는다. 동료와의 나눔, 배움, 그리고 수퍼비전이라는 지지 구조 안에서 점점 더 단단하고 깊어진다. 이는 단지 개입 기술의 문제가 아니라, 상담자의 존재 자체가 얼마나 건강하고 정직하게 서 있는가의 문제다. 성장은 멈추는 지점이 아니라, 끊임없는 질문과 배움 속에서 이어지는 여정이다.

　　위기 상담자의 길은 자기돌봄과 수퍼비전이라는 두 축 위에서 지속되며, 그 길 위에서 상담자는 내담자와 그리고 자기 자신과 함께 자라난다.

2부 위기 상담 유형

1 자살 이론

본 장에서는 자살에 대한 다양한 이론적 배경을 종합적으로 소개하였다. 자살은 단일 요인으로 설명되기보다 심리적, 생물학적, 사회적 요인이 상호작용하는 복합적 현상으로 이해되어야 한다.

자살

자살은 법률적, 의학적, 사회적 관점에 따라 다양하게 정의되지만, 일반적으로는 스스로 생명을 끊는 행위를 의미한다. 영어 단어 'suicide'는 라틴어 'sui(자신)'와 'cida(죽이다)'의 결합어로, '자신을 죽이는 행위'를 뜻한다. 심리학자들 사이에서도 자살에 대한 해석은 다르다. 지그문트 프로이드(Sigmund Freud)는 자살을 죽음 본능이 자기 자신에게 향한 극단적인 표현으로 보았고, 알프레드 아들러(Alfred Adler)는 타인을 통제하거나 조종하려는 목적이 내포된 행위로 해석했다. 자살은 단일 사건이라기보다는 자살 생각, 계획, 시도, 실행에 이르는 점진적이고 연속적인 과정이다.

세계보건기구(WHO)는 자살을 '치명적인 결과를 초래하는 자해행위'로 정의하고 있으며, 뒤르켐(Durkheim)은 '장차 초래할 결과를 알고서 자신에게 행하는 적극적 또는 소극적 행동으로, 직접적이거나 간접적인 죽음의 형태를 띤 자신에 대한 살인행위'라고 설명하였다. 정의에는 차이가 있지만, 공통적으로 자살의도를 강조한다. 자살의도란 생명을 끝내고자 하는 의식적인 소망이나 욕구를 가지며, 그로 인한 위험성에 대해 인지하고 있고, 목적을 달성하기 위한 방법이나 수단에 대한 지각과 지식을 동반한 상태를 의미한다 (Silverman et al., 2007).

자살에 대한 심리학적 이론

심리학자들은 각자의 이론을 바탕으로 자살의 원인과 발생 과정을 설명해 왔다. 이 장에서는 자살에 대한 주요 심리학적 이론들을 살펴보고자 한다.

- **지그문트 프로이드**(Sigmund Freud): 자살을 정신분석적 관점에서 설명하였다. 그는 저서 『애도와 우울』에서 자살을 자기애적 분노가 자아로 전치된 형태의 공격성으로 해석하였다. 즉, 자살은 사랑하거나 동일시했던 외부 대상에게 향했던 파괴적 충동이 자아 내부로 전환되어 나타나는 자기 파괴적 행위라는 것이다. 외부 대상에 대한 분노가 자아로 향하게 될 때, 이는 우울과 함께 자살로 이어질 수 있다고 보았다. 이와 같은 관점은 자살과 우울증 간의 관계를 이해하는 데 중요한 이론적 토대를 제공하였다.

- **알프레드 아들러**(Alfred Adler): 자살의 배경을 개인심리학의 틀 안에서 이해하였다. 그는 '사회적 관심'의 결여가 있으며, 타인과의 유대감 부족이 자살로 이어진다고 보았다. 개인이 대인관계 속에서 반복적인 좌절을 경험할 경우, 자살은 자신을 해치는 방식으로 나타나는 간접적 공격성의 표현일 수 있다. 다시 말해, 타인을 향한 공격성과 자기 파괴 충동이 동일시되는 방식으로 자살이 발생할 수 있다는 설명이다. 이러한 해석은 자살을 인간의 사회적 본성과의 단절로 보는 이론적 기반을 제공하였다.

- **아론 벡**(Aaron T. Beck): 인지이론에서는 자살의 주요 촉발 요인을 '절망감'으로 보았다. 우울한 사람들은 자신을 무가치하게 여기고, 세상을 부정적으로 인식하며, 미래에 대해 희망이 없다고 느낀다. 이 가운데 미래에 대한 부정적 기대는 특히 자살 위험을 높이는 핵심 요인으로 작용한다고 강조하였다. 그는 절망감이 자살을 예측하는 데 있어 단순한 우울감보다 더 직접적이고 강력한 영향 요인이 될 수 있다고 보았다.

• **토마스 조이너**(Thomas Joiner): 자살에 대한 대인관계 심리이론을 제안하며, 자살이 실제로 발생하기 위해서는 단순히 죽고자 하는 소망만으로 부족하며, 그 소망을 실행에 옮길 수 있는 능력까지 갖추어져야 한다고 보았다. '죽고자 하는 소망'은 사회적 소속감의 상실과 자신이 타인에게 부담이 된다는 지속적인 인식에서 비롯되며, '실행 능력'은 반복적인 자해 경험이나 외상 사건을 통해 자살에 대한 두려움이 감소하고, 행동으로 옮길 수 있는 심리적 내성이 생겼을 때 가능하다고 설명하였다. 그의 이론은 자살 행동이 단순한 충동이 아니라, 특정한 심리적 조건과 실행 가능성이 함께 작용할 때 발생하는 현상임을 강조하며 자살 이해에 통합적 시각을 제시하였다.

이처럼 자살에 대한 심리학자들의 해석은 각기 다른 관점에서 자살의 원인과 과정을 조명하고 있다. 자살은 단순한 선택이 아니라, 정서적 고통, 인지적 왜곡, 사회적 단절 등 다양한 요인이 복합적으로 작용한 결과로 이해되어야 한다. 따라서 자살 예방을 위해서는 내면의 심리적 고통에 대한 이해와 다차원적인 접근이 필수적이다.

자살에 대한 생물학적 이론

현대 생물학적 연구에서는 세로토닌(5-HT) 기능 저하가 자살 행동과 연관될 가능성이 보고되어 왔으며, 세로토닌은 충동성과 공격성 조절, 정서 안정에 관여하는 신경전달물질로 알려져 있다. 일부 연구에 따르면 세로토닌 기능 저하는 충동적 자해 및 자살 행동의 위험 증가와 관련될 수 있다. 이러한 생물학적 이해를 바탕으로 세로토닌 재흡수 억제제(SSRI) 등 항우울제 치료는 우울 증상 완화를 통해 자살 위험 감소에 기여할 수 있는 종합적 개입의 한 요소로 활용된다. 다만 치료 초기에는 자살 위험이 일시적으로 증가할 수 있어 세심한 모니터링이 필요하다.

자살에 대한 사회학적 및 통합적 이론

자살은 단지 개인의 내면 문제로만 보기보다, 사회적·심리적·문화적 요인이 복합적으로 작용한 결과로 이해할 필요가 있다. 이러한 다층적 관점은 현장에 있는 상담자가 내담자의 자살위험을 보다 정확하게 평가하고, 적절한 개입 전략을 세우는 데 핵심적인 토대를 제공하였다.

• **뒤르켐**(Durkheim): 자살을 사회적 통합과 규범의 균형이 깨진 상태에서 발생하는 사회병리적 현상으로 파악하며 4가지 유형으로 분류하였다.

> ### 자살의 유형
>
> • **이기주의적 자살**: 사회적 유대와 소속감이 약화될 때 발생함
> • **이타주의적 자살**: 공동체를 위해 자신을 희생할 때 나타남
> • **아노미적 자살**: 급격한 사회 변화나 경제적 위기 같은 규범의 붕괴 상황에서 발생함
> • **숙명적 자살**: 극단적인 억압과 통제로 인해 삶의 희망이 사라진 상태에서 발생함

• **듀트로**(Dutro): 슬픔과 상실을 개인의 죽음의 방식, 사망자와의 관계, 손실에 대한 경험, 지배적인 하위문화 규범과 같은 정신생리학적, 정서적·인지적·행동적 요인의 상호작용으로 설명한다. 이는 자살을 단지 '증상'이 아닌 개인의 삶의 맥락에서 통합적으로 이해할 것을 요구한다.

• **길리랜드**(Gilliland): 위기 상황에서는 개인의 대처 자원이 일시적으로 고갈되면서 감정적 불균형이 심화될 수 있고, 이러한 상태가 자살 위험으로 이어질 수 있다. 동시에 위기는 적절한 개입이 이루어질 경우 성장이 가능한 기회가 될 수도 있다.

• **중첩 모델**(Blumenthal & Kupfer): 자살 행동을 단일 원인으로 설명하기보다, 심리적 환경(지지체계), 신체적 약점, 정신적 장애(우울증, 조현병), 개인의 성향(적개심, 충동성)과 가족력(유전인자)과 같은 여러 위험요인이 중첩되어 자살 위험을 증가시킬 수 있음을 강조하였다.

• **제이콥스**(Jacobs)**의 3요인 모델**: 자살에 영향을 미치는 요인을 성향적(정신장애, 조현병, 알코올 중독), 잠재적(가족력, 정신질환 충동성, 개인적 장애), 자살 위협 촉발 요인(실직, 이별, 실패, 자살수단에 대한 접근성)의 3가지 요인으로 분류하며 이들이 상호작용하여 자살 행동을 일으킨다고 설명하였다.

• **슈나이더**(Schneider): 정신병질에 관한 10분법을 통해 인간을 10가지 유형으로 구분했고, 그 중 사소한 자극에도 지나친 반응을 보이고 폭언·폭행을 하며, 살인·상해 등 충동적 범죄를 저지르는 사람이 자살가능성도 높다고 보았다.

슈나이더의 정신병질 10가지 유형

구 분	증상 및 범죄적 특성
발양형	• 경솔하고 정서적으로 불안정하며, 감정조절 능력이 부족함 • 상습범, 사기범, 절도범
열광형	• 특정 가치나 관념에 집착하며 고집스러움 • 정치범, 종교범, 광신도
과장형	• 타인의 주목을 끌기 위해 과대 행동이나 공상적 허언을 일삼음 • 사기범
폭발형	• 사소한 자극에도 지나친 반응을 보이고, 음주시 폭언 · 폭행을 함 • 살인, 상해, 폭행, 손괴 등 충동적 범죄를 저지름(자살가능성 높음)
기분 이변형	• 기분이 쉽게 변화하며, 기분의 동요를 예측하기 곤란함 • 절도, 방화, 상해 등의 범죄를 저지르며, 방랑, 폭음, 낭비를 함
무정(無情)형	• 수치심, 명예심, 도덕심이 결여되어 잔인하고 냉혹함 • 살인, 강도, 강간, 조직범 등 강력범죄
의지박약형	• 의지가 약하고 주변에 좌우되어 나쁜 환경에 빠지면 헤어나지 못함 • 알코올이나 마약중독자
우울형	• 염세적, 회의적 인간관에 사로잡혀 우울하고 자책하는 성향 • 범죄와 거의 관련이 없으나 자살 가능성이 높음
자기불확실형	• 무능력하고 자기주장을 못하며, 주변 상황을 살피고 눈치를 봄 • 강박신경증에 걸리기 쉬우나 범죄와는 거의 관련이 없음
무력(無力)형	• 무력감에 빠져 타인의 관심이나 동정을 기대함 • 신경질적 증상이 있으나, 범죄와는 거의 관련이 없음

• **에드윈 슈나이드만**(Edwin S. Shneidman): 자살을 '극심한 정신적 고통(psychache; 심리통)으로부터의 도피'라는 개념으로 설명하며 큐빅 모델(자살의 육면체 모델)을 제안했다. '고통', '압력', '혼란'이라는 3요인이 상호작용하여 자살위험이 증가한다고 설명하였다. 이는 자살 행동이 단순히 죽음을 원하는 것이 아니라, 지속 불가능한 고통에서 벗어나려는 시도임을 시사한다.

큐빅의 3가지 단면

- **압력:** 개인으로 하여금 반응하게 만드는 부정적인 사건과 압박(모욕, 거절, 실패 등을 절망적으로 해석함)
- **고통:** 왜곡된 심리적 욕구(자율, 성취, 인정, 구원)에서 파생되는 심리적 고통(수치, 모욕)의 회피
- **혼란:** 정서적으로 불안정 상태에 도달하여 인지적·지각적 혼란을 경험함

• **바우마이스터**(Baumeister): 자기로부터의 도피 이론은 자살을 자기 자신과 관련된 자기비난, 부정적 자기개념, 인지적 붕괴가 누적된 결과로 보았다. 특히, 자기조절 자원이 고갈될 경우, 자살은 자기 자신으로부터 도망치는 극단적 선택인 도피 수단으로 설명되었다.

• **스틸리온**(Stillion)**의 자살 궤도 모델:** 자살에 대한 구체적인 의식을 촉발시키거나 '결정적인 끈' 역할을 하는 사건들에 초점을 맞춘다. 결정적인 끈에 해당하는 위험 요소들의 다양한 결합과 촉발적 사건의 존재가 자살을 불러일으킨다.

스틸리온의 결정적인 끈

- **생물학적 요인:** 유전으로 인한 우울증, 존재감, 상황대처 기술의 부족
- **심리적·인지적 요인:** 인지적 경직성과 인지왜곡
- **환경적 요인:** 부정적인 삶과 가족경험, 자살수단 접근성

• **더스펠더와 스트릭랜드**(Despelder & Strickland) : 자살의 유형을 도피처로서의 자살, 우울증과 정신장애로 인한 자살, 반의도적이고 만성적인 자살, 구원 요청으로서의 자살 등 4가지로 분류하였다.

> **더스펠더와 스트릭랜드의 4가지 자살의 유형**
>
> • **도피처로서의 자살**: 자살의 목적이 신체적·심리적 고통으로부터 해방되기 위한 것으로 이들은 자기개념과 자기정체성의 혼란을 보인다.
> • **우울과 정신장애에 의한 자살**: 우울증·조울증·조현병 등 정신질환이나 자살의 목적이 의식적으로 죽으려는 의도보다 자신을 파괴하거나 처벌하고자 하는 심리 역동에서 나타난 결과이다.
> • **구원 요청으로서의 자살**: 자살의 목적이 죽는 것이 아니라 문제 해결을 위해 도움을 요청하고자 하는 신호이다.
> • **반의도적·만성적 자살**: 자살에 대한 의도는 없지만 알코올·마약·자해 등과 같은 자기파괴적 위험성이 높은 행동을 지속적으로 실행하여 결국 자살에 이르는 경우이다.

자살은 개인의 심리 상태를 넘어 사회적 유대, 정체성, 자기개념, 삶의 의미 등 복합적이고 다차원적인 요인이 얽힌 현상이다. 따라서 상담자는 자살을 다양한 이론적 틀로 해석하고, 내담자의 삶의 맥락에 맞춘 세심한 평가와 개입을 통해 그 신호에 민감하게 반응해야 한다.

자살에 대한 다문화적 이론

자살은 전 세계적이고 보편적인 현상이지만, 자살을 바라보는 그 의미와 표현, 대처 방식은 문화에 따라 매우 다양하게 나타난다. 특히 이주배경 청소년, 성소수자, 학대 피해자, 종교적 규범에 속박된 개인들은 자신이 속한 사회문화적 환경에서 자살 위험 요인에 더 많이 노출되거나, 자살을 표현하는 방식이 일반적 분류와 다를 수 있다. 상담자는 이러한 차이를 고려하여 자살을 병리적 증상으로 단정하기보다, 문화적 맥락 속에서 내담자의 고통을 이해하고 해석할 수 있는 감수성을 지녀야 한다.

수와 수(Sue & Sue, 2016)의 다문화 상담 이론에 따르면, 상담자는 내담자의 정신건강 이슈를 해석할 때 문화적 세계관(worldview)과 경험의 틀을 함께 고려해야 한다. 자살 역시 개인 내적 요인만이 아니라, 사회적 억압, 제도적 차별, 문화적 소외 경험이 복합적으로 작용한 결과로 해석되어야 한다.

DSM-5-TR은 정신질환 평가 시 Cultural Formulation Interview(CFI) 사용을 권장하고 있다. 이 도구는 내담자의 증상 및 대처 양식을 문화적 배경과 삶의 맥락 안에서 해석하는 데 초점을 둔다. 문화는 자살의 위험 요인이 될 수도 있지만, 가족 중심주의, 종교적 신념, 공동체 의식은 중요한 보호 요인이 될 수 있다. 상담자는 내담자의 문화적 가치와 신념을 생존의 자원으로 전환하는 개입을 고려해야 한다.

무엇보다, 상담자는 자신의 가치관이 상담에 미치는 영향을 성찰하고, 윤리적이고 문화적으로 겸손한 태도로 자살을 이해해야 한다. 자살은 고통의 표현이자 사회적 침묵 속의 메시지일 수 있으며, 상담은 그 메시지를 함께 해석하고 의미를 되찾아가는 문화적 대화의 과정이다.

② 비자살적 자해(Nonsuicidal Self-Injury, NSSI)

비자살적 자해는 자살을 목적으로 하지 않고, 감정적 고통이나 스트레스를 조절하기 위해 자신의 신체를 의도적으로 손상시키는 행동이다. 비자살적 자해는 명확한 자살 의도가 없더라도 반복성과 은밀성으로 인해 고위험 행동으로 분류된다. 자해 후 일시적으로 긴장이나 불안이 해소되는 경험은 행동의 반복을 강화할 수 있다. 반면, 자살적 자해는 일회적이고 제한적으로 시도되며, 독극물 섭취 등 치명적인 수단을 사용하는 경향이 크다(Klonsky, 2007, Klonsky & Muehlenkamp, 2007). 따라서 자살의도를 동반하지 않는 비자살적 자해와 자살 시도를 포함하는 자살적 자해를 명확히 구분하고, 이에 따른 상담 개입 전략의 차별화가 필수적이다(이동귀, 함경애, 배병훈, 2016). 구체적인 진단 기준은 DSM-5-TR에 다음과 같이 제시되어 있다.

- DSM-5-TR에서는 비자살적 자해(NSSI)를 '향후 자살 의도 없이 반복적으로 자신의 신체 표면에 손상을 가하는 행동으로, 이 손상은 사회적으로 용인되지 않는 방식(예: 피부 자르기, 베기, 찌르기 등)으로 이루어지며, 일반적으로 심리적 고통을 완화하거나 감정을 조절하기 위한 목적을 가진다.'로 정의한다.

NSSI는 현재 '추가적 임상적 주의가 필요한 상태(Condition for Further Study)'로 분류되어 있으며, 다음과 같은 진단기준을 제시하고 있다.

지난 12개월 이내에 최소 5일 이상, 자살 의도 없이 고의적이고 직접적으로 신체 표면에 손상을 입히는 행동을 반복한 경우.
(예: 피부를 자르거나, 때리거나, 찌르는 행위 등)

이러한 자해는 다음 중 하나 이상을 목적으로 수행된다:
- 고통스러운 감정이나 인지 상태를 완화하기 위해
- 자신에 대한 처벌의 의미로
- 내면의 공허함, 분리감 또는 감정 마비 상태를 극복하려는 시도로 자해 전 다음 중 하나 이상의 상태가 빈번하게 나타난다.
- 부정적인 감정이나 생각(예: 우울, 불안, 분노, 자기혐오 등)
- 자해 행동에 대한 강한 충동, 강박적 사고 또는 충동성

해당 행동은 다음 중 하나 이상을 유발한다:
- 사회적, 직업적 또는 학업적 기능 영역에서의 임상적으로 의미 있는 고통이나 손상
- 타인과의 관계에서의 갈등이나 오해
- 상처 관리에 대한 어려움 또는 반복적 외상

해당 행동은 다음의 상태로 인한 것이 아니다:
- 자살 의도와 관련된 행동
- 정신병적 상태나 섬망 상태
- 문화적 또는 종교적 관습에 따른 자해 행위

자해 경로모형 (Pathway Model of NSSI)

자해 경로모형은 개인의 자해 행동이 어떻게 시작되고 유지되는지를 설명한다. 이 모형에 따르면, 초기에는 강한 감정(예: 불안, 분노, 슬픔) → 해소 수단으로 자해 시도 → 일시적 안정감 경험 → 자해에 대한 내성 증가 및 반복으로 이어진다. 점차 자해는 정서 조절의 주요 수단으로 고착되며, 대인관계 스트레스나 충동 조절 장애와도 밀접하게 관련된다.

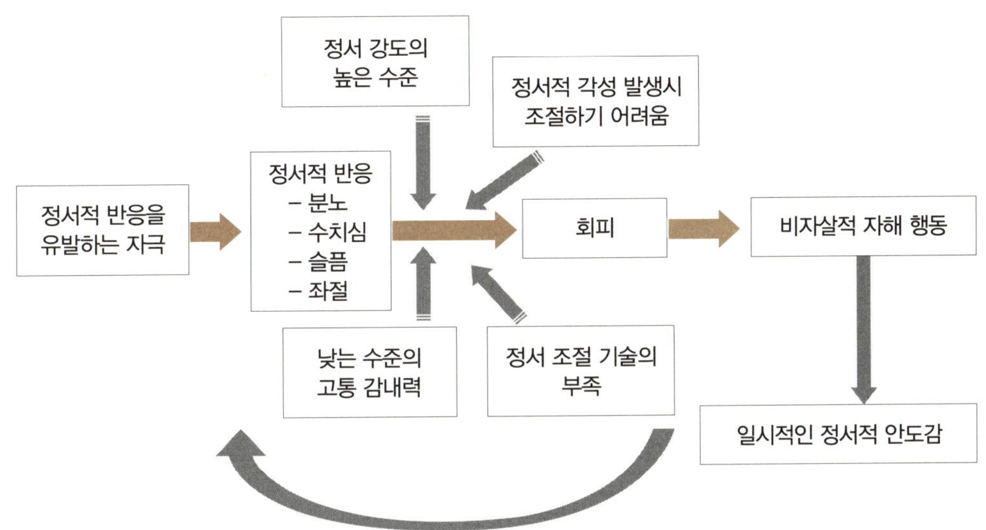

[그림 출처: 부정 정서의 경험회피 모델(Chapman, Gratz, & Brown, 2006)]

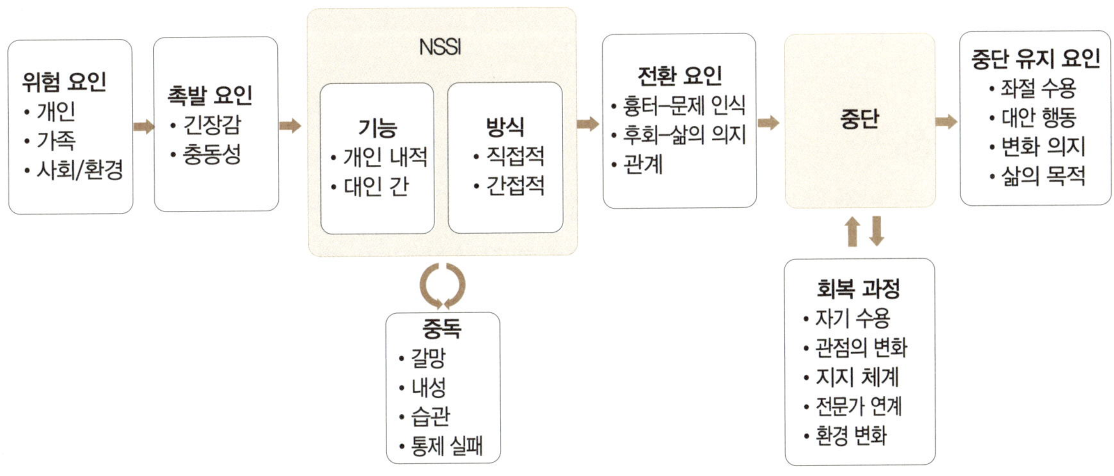

[그림 출처: 한국형 NSSI 통합 모형(김수진, 서한나, 2022)]

자살·자해 치료 접근

자살 및 자해 개입의 치료 접근으로 정신역동치료, 문제해결 접근, 인지행동 치료 (CBT), 변증법 행동치료(DBT), 가족 기반 치료 등을 중심으로 살펴보고자 한다.

1) 정신역동치료

자살·자해는 무의식적 갈등과 과도하게 경직된 방어기제 및 정서적 결핍의 표현으로 나타난다. 따라서 심리 내적 갈등을 탐색함으로써 근본적인 회복을 지향한다. 초기 단계에서는 치료자를 이상화된 부모상으로 인식하는 전이 과정을 통해 내담자가 심리적 안정감을 경험하도록 돕는다. 예를 들어, 내담자가 "선생님이 곁에 있으니까…… 조금은 덜 무서워요."라고 말할 때, 상담자는 그 감정 안에 담긴 애착 욕구와 불안을 함께 다룰 수 있다. 중기에는 과거 부모와의 관계에서 충족되지 못한 욕구와 상처를 탐색하며, 그것이 현재의 자살·자해 충동과 어떻게 연결되는지를 이해하도록 이끈다. 마지막 단계에서는 안정적인 치료 관계 속에서 자율성과 자기회복력을 회복하게 된다. 정신역동치료는 자살·자해 행동을 단순한 위기의 표현이 아닌 깊은 심리적 상처와 관계 경험의 결과로 바라보며 장기적인 변화를 이끌어낸다.

2) 문제해결 접근

문제해결 접근은 자살·자해 행동의 핵심인 절망감과 낮은 대처 능력에 주목한다. 삶의 문제를 해결할 수 없다는 무력감과 사고의 경직성이 위기 행동으로 이어지므로, 변화 가능한 문제부터 구체적으로 다루는 것이 핵심이다. 이후 다양한 해결책을 탐색하고 실행 계획을 세운다. 예를 들어, 내담자가 "아무리 해도 나아지는 게 없어요. 그냥 다 그만두고 싶어요."라고 말할 때, 상담자는 "지금 당장은 아무것도 바뀌지 않을 것처럼 느껴질 수 있어요. 그런데 이 중 하나라도 조금 움직이면, 그게 시작이 될 수 있어요. 같이 살펴볼까요?”라고 응답하며 가능성을 제시한다. 문제해결 접근은 자살·자해 행동을 감정의 통제 실패가 아닌 상황 대처의 실패로 보고 내담자가 삶의 주도권을 회복하도록 돕는다.

3) 인지행동치료(CBT)

인지행동치료는 자살·자해 행동에 영향을 미치는 자동적 사고, 비합리적 신념, 인지 왜곡 등을 파악하고 변화시키는 데 초점을 둔다. 자살 위기 상태에서는 “나는 쓸모없다.”, “아무도 나를 도와줄 수 없다.”와 같은 극단적 사고가 반복되며 정서적 고립과 충동을 심화시킨다. CBT에서는 이러한 생각을 관찰하고, 그것이 어떤 감정과 행동으로 이어지는지를 함께 탐색한다. 이후 근거를 바탕으로 사고를 재구성하거나 대안적 사고를 시도하며, 일상에서의 긍정적 행동 활성화를 통해 감정 조절 능력을 높인다. 자살·자해 행동의 경우, 위기 상황에서의 반추적 사고와 감정 과잉반응을 줄이는 데 효과적이며, 내담자가 삶을 다르게 해석할 수 있는 인지적 틀을 제공함으로써 회복의 기반을 마련한다.

4) 변증법적 행동치료(DBT)

변증법적 행동치료는 자살 시도 및 반복적인 자해 행동을 보이는 내담자에게 매우 효과적인 치료 접근으로, 특히 감정 조절에 어려움을 겪는 경계선 성격 특성을 지닌 이들에게 많이 활용된다. DBT는 수용과 변화라는 두 축을 동시에 다루며, 지금의 고통스러운 감정 상태를 그대로 인정하면서도, 동시에 삶을 유지하고 바꿔나갈 수 있는 구체적 행동 전략을 제시한다. 자살·자해 위험이 높은 내담자는 흔히 “이 고통은 절대 끝나지 않을 거예요.”처럼 절망감에 사로잡혀 있다. 이때 치료자는 “그 말은 지금의 고통이 너무 크다는 뜻이겠죠. 하지만, 지금 우리가 하는 이 작업이 그 고통을 줄이는 첫 걸음일 수 있어요.”라며 감정을 수용하면서도 변화 가능성을 함께 제시하는 방식으로 접근한다. DBT는 크게 네 가지 핵심 영역으로 구성된다.

- **정서조절 기술** : 감정을 있는 그대로 인식하고, 그것이 행동으로 폭발하지 않도록 관리하는 법을 배운다.

• **고통감내 기술** : 자해 충동이나 자살 생각이 강할 때, 즉각적인 행동으로 이어지지 않도록 '지금 이 순간'을 견디는 대안적 전략(예: 얼음 쥐기, 차가운 물 마시기 등)을 제시한다.

• **마음챙김 기술** : 지금-여기의 감각에 집중함으로써 불안, 분노, 공허감 등에 휘둘리지 않도록 연습한다.

• **대인관계 기술** : 특히 가까운 관계에서 생기는 갈등 상황을 자해나 극단적 언어 없이 표현하고 해결하는 방법을 익힌다.

DBT는 상담자와의 주 1회 개별상담뿐 아니라, 집단기술훈련, 전화 코칭, 상담자 수퍼비전 등으로 구성되어 구조적이고 체계적인 개입을 제공한다. 또한 내담자가 위기 상황에서도 삶을 유지하도록 돕는 '생존 전략'을 명확히 제시하고 반복적으로 훈련하기 때문에, 자살·자해 행동의 빈도와 강도를 감소시키는 데 매우 효과적이다. DBT는 기술 전달 개입을 넘어, "내가 이 삶을 계속 살아갈 이유가 있을까?"라는 질문을 던지는 내담자에게 "지금은 힘들지만, 당신이 살고자 하는 이유를 함께 찾아가자."는 태도로 동행한다는 점에서, 위기 상담의 본질과도 깊이 닿아 있다.

5) 가족 기반 치료

자살·자해 행동은 개인의 고통뿐 아니라 가족 갈등이나 애착 문제와 밀접하게 연결된다. 가족 기반 치료는 내담자를 가족 체계의 일부로 보고, 정서적 상호작용과 관계 구조를 함께 다룬다. 특히 청소년기나 초기 성인기에는 부모와의 소통 단절, 과도한 통제, 애정 결핍 등이 자해 행동의 배경이 되며, 이때 가족 간 감정 표현과 역할 구도를 점검하는 것이 핵심이다. 예를 들어, 가족 세션 중 부모가 "나는 그저 아이를 걱정해서 한 말이었어요."라고 하면, 내담자가 "그건 늘 명령처럼 들렸어요."라고 반응하며 서로의 인식 차이를 마주하게 되는 순간이 치료적 전환점이 되기도 한다. 치료는 내담자의 고통을 가족이 이해하도록 돕고, 가족의 혼란과 두려움도 함께 다루며 정서적 공감대를 형성한다. 가족 간 의사소통, 경계 설정, 지지적 상호작용을 재조정해 위기 행동의 재발을 예방하며, 내담자가 더 이상 혼자 고통을 짊어지지 않아도 된다는 안정감을 제공한다.

자살 · 자해 위기 상담에서의 상담자 태도 지침

자살 또는 자해 위기에 놓인 내담자와 상담할 때, 상담자의 정서적 반응과 태도, 질문 방식, 비언어적 행동은 내담자의 신뢰 형성과 위기 완화에 결정적인 역할을 한다. 이러한 위기 상담은 단순한 상담을 넘어 심리적 응급개입(psychological first aid)이며, 상담자는 이 과정을 통해 내담자의 생명 보존과 정서 안정, 위기에서의 회복 가능성을 도모해야 한다.

1) 비판 없이 수용하는 태도

내담자의 자살 사고나 자해 경험을 들었을 때, 상담자는 놀라거나 당황하거나 혹은 지나치게 위로하거나 설득하려는 반응을 피해야 한다. "죽고 싶다는 말 절대 하면 안 돼요."와 같은 반응은 내담자에게 판단받는다는 인상을 주어 이후 더 이상 이야기를 나누기 어렵게 만든다. 대신, "지금은 너무 힘들어서 그런 생각이 드는 거예요."와 같이 조건 없이 수용하는 반응은 내담자로 하여금 자신이 안전하고 지지받는 공간에 있다는 신뢰를 형성하게 한다.

"지금 그런 생각이 드는 걸 말씀해주셔서 고마워요. 여기선 어떤 이야기도 괜찮아요."

2) 자살 사고에 대한 직접적이고 구체적인 질문

많은 상담자들이 자살에 대해 직접 묻는 것을 꺼리지만, 자살 사고에 대해 구체적으로 묻는 것은 자살을 유발하지 않으며, 오히려 예방에 도움이 된다는 연구가 다수 존재한다(Nock et al., 2010). 내담자의 말에 따라 자살 사고의 유무, 구체성, 계획, 수단 보유 여부 등을 단계적으로 파악해야 한다.

"죽고 싶다는 생각을 한 적이 있으세요?"
"그 생각을 구체적으로 실행하려고 계획해보신 적이 있으신가요?"
"혹시 자해나 자살에 사용할 만한 도구나 약을 가지고 계신가요?"

3) 감정에 대한 공감적 반응과 언어화 돕기

자살 및 자해는 단지 죽고 싶은 마음이 아니라 지속될 수 없는 정서적 고통에 대한 반응이다. 내담자가 느끼는 절망, 공허감, 자기혐오, 통제감 상실 등의 감정을 함께 '느끼고', '말로 표현할 수 있게 돕는 것'이 개입의 출발이다.

"그런 마음이 얼마나 무거웠을지 상상이 가요. 그 감정을 꾹 참고 살아오셨던 거군요."

4) 생존 이유와 보호 요인에 초점 맞추기

자살 사고가 있는 내담자에게 생존 이유를 질문하는 것은 죽음과 삶 사이의 균형을 되찾도록 돕는 핵심 기제이다. 자녀, 가족, 종교, 미완의 목표, 책임감 등 보호 요인을 스스로 떠올릴 수 있게 도와야 한다.

"이런 상황에서도 여전히 마음을 붙들고 있는 이유가 있다면 무엇일까요?"

5) 위험 신호를 놓치지 않고 구조와 안전 확보로 연결하기

내담자가 자살 계획을 세웠고, 수단이 있으며, 현재 격렬한 감정 상태라면, 즉각적인 보호 조치(예: 병원 연계, 보호자 연락, 안전계약)가 필요하다. 이때 상담자는 개입의 필요성을 설득력 있게 설명하고, 내담자의 의지를 최대한 존중하되 명확한 경계를 제시해야 한다.

"당신의 생명을 지키는 게 지금 가장 중요해요. 그래서 이 시점에선 병원과 연결하는 게 꼭 필요해요."

6) 상담자의 자기돌봄과 윤리적 기준 유지

상담자는 자살위기 개입 이후 수퍼비전, 동료지원, 휴식, 필요한 경우 전문 상담을 받을 준비가 되어 있어야 한다. 또한 비밀보장의 예외, 위기 대응 프로토콜, 위임 기준 등을 숙지하고 있어야 한다.

자살 및 자해 위기 상담에서의 상담자의 태도는 내담자의 생명에 도움을 줄 수 있는 가장 직접적인 개입 수단이다. 상담자는 내담자의 고통을 언어로 수용하고, 정확한 질문으로 위험을 사정하며, 치료적 관계를 통해 희망의 실마리를 연결하는 존재적 동행자다.

자살 위기개입 및 자살 위기 상담의 단계

자살 위기개입은 자살 위험이 높거나 자살 행동이 임박한 상황에서 생명 보호를 최우선으로 하여 단기간에 집중적인 심리·사회적 지원을 제공하는 구조화된 상담 과정이다. 이는 단순한 경청을 넘어, 즉각적인 안전확보, 정서 안정, 위험 요인 최소화, 보호체계 연계 등을 신속하고 체계적으로 수행하는 심리적 응급처치의 성격을 갖는다.

개인적 특성 파악: 위험 수준 평가

자살 위기개입의 초기 단계는 내담자의 위험 수준(risk level)을 구조화된 방식으로 사정하는 것이다. 주요 평가 요소에는 다음이 포함된다(APA, 2022; Beck et al., 1985; Joiner, 2005).

자살 위험 수준 평가 요인

- 계획의 구체성과 수단의 접근성
- 자살 의도의 강도
- 자살을 억제하는 보호 요인(예: 가족, 종교적 신념, 미래 기대 등)
- 과거의 자살 시도 및 정신건강 이력

자살 생각 질문 예시

- 요즘 들어 죽고 싶다는 생각을 자주 하시나요?
- 실제로 자살을 계획하거나 준비한 적이 있으신가요?
- 자살을 막아주는 중요한 이유(예: 가족, 신념, 책임감 등)가 있나요?
- 자해에 사용될 수 있는 위험한 도구나 약물을 현재 소지하고 계신가요?

(출처: Columbia-Suicide Severity Rating Scale [C-SSRS], Beck Hopelessness Scale 등)

자살 위기 다루기: 감정 · 인지 개입 전략

자살 위기개입은 내담자의 정서적 고통을 단순히 수용하는 것에 그치지 않고, 감정과 인지, 행동 사이의 연계성을 고려한 다차원적 접근이 필요하다(Nock, 2010; Linehan, 1993). 내담자가 경험하는 절망, 고립감, 무기력함은 종종 극단적인 사고로 이어지기 쉬우므로, 그 감정의 핵심을 정확히 이해하고 구체적인 개입 전략을 통해 회복의 여지를 마련해주는 것이 중요하다.

1) 절망감 다루기

자살을 생각하는 내담자는 대개 깊은 무가치감, 고립감, 그리고 삶에 대한 통제력을 상실한 상태에 놓여 있다. 이때 상담자는 내담자의 고통을 있는 그대로 인정하고, 판단 없이 공감하는 자세로 감정 표현을 유도해야 한다. 감정을 언어화하고 수용받는 경험은 내담자의 정서 안정에 큰 영향을 미친다. 이는 슈나이드만(Shneidman)이 제안한 '심리적 고통(psychache)'의 개념과도 밀접하게 연결된다.

"그렇게까지 힘들고 고통스러웠던 마음, 아무에게도 말 못 하고 혼자 견뎌온 게 느껴져요. 지금 이 자리에서 그 감정을 같이 들여다봐도 괜찮을까요?"

2) 조망능력 확장

내담자가 자살 외에는 다른 해결 방법이 없다고 느낄 때, 상담자는 상황을 재구조화하여 다양한 선택지를 볼 수 있도록 돕는다. 흑백논리적 사고에서 벗어나도록 유도하며, 지금은 그렇게 느껴지지만, 조금 다른 길도 있을 수 있다는 가능성을 함께 찾아가는 과정이 필요하다.

"지금은 자살만이 유일한 해답처럼 느껴지실 수 있어요. 그런데 우리가 같이 찾을 수 있는 '아직 시도해보지 않은 길'이 있다면, 그 이야기를 조금 해볼 수 있을까요?"

3) 현실 문제 다루기

자살 사고는 종종 심리적 고통뿐만 아니라 현실적인 문제에서 비롯되기도 한다. 경제적 어려움, 대인관계 갈등, 학업 또는 직장 문제, 법적 분쟁 등 내담자가 스스로 해결하기 어렵다고 느끼는 문제들을 함께 구체화하고, 작고 실현 가능한 수준의 해결 전략부터 수립해 나가야 한다.

"당장의 빚 문제나 가족 갈등이 너무 무겁게 느껴지실 수 있어요. 하지만 오늘 이 자리에서, 당장 첫걸음으로 해볼 수 있는 작은 목표부터 함께 생각해볼 수 있어요."

4) 환경 변화 유도

내담자가 처한 환경이 위기를 반복적으로 유발하거나 악화시키는 요인일 경우, 일시적인 물리적 거리두기나 자극 회피를 통한 환경 조정이 필요하다. 학대, 가정폭력, 학교 또는 직장에서의 지속적인 갈등 등은 내담자의 안전과 회복에 직접적인 영향을 주기 때문이다.

"요즘 계속해서 그 사람과 마주하는 일이 반복되면서 감정이 더 힘들어지신 것 같아요. 잠시라도 그 환경에서 벗어나 쉴 수 있는 방법을 함께 찾아볼 수 있을까요?"

이러한 감정 · 인지 개입 전략은 내담자가 자살 충동에서 한걸음 물러설 수 있도록 돕는 심리적 공간을 제공한다. 내담자의 고통을 충분히 이해하고, 즉각적인 해결보다는 작은 회복의 단서부터 함께 찾으려는 상담자의 태도가 무엇보다 중요하다. 자살이 '죽고 싶은 마음'의 표현이 아니라 '살기 힘든 마음'이라는 것을 전제로, 회복의 실마리를 함께 엮어나가는 과정이 핵심이다.

자살 위기 상담의 5단계: 구조적 개입 모델

자살 위기 상담은 위기 상황에 빠진 내담자에게 즉각적으로 개입하고, 단계적으로 안전과 회복을 도모하기 위한 구조화된 접근이 필요하다. 러드(Rudd, 2006) 및 길리랜드와 제임스(Gilliland & James, 2001)의 이론을 종합하면, 자살 위기 상담은 다음과 같은 5단계의 구조적 개입으로 설명될 수 있다.

- **1단계 자살 위기 진단:** 상담의 첫 단계는 내담자의 현재 자살 위험 수준을 면밀히 진단하는 것이다. 이를 위해 자살 사고의 존재 여부, 구체적인 계획의 유무, 실행 가능한 수단의 접근성, 자살을 억제하는 보호 요인(예: 가족, 종교, 미래 목표 등), 정신과 병력, 자살 시도 및 가족력 등을 종합적으로 파악한다. 이 과정을 통해 위기 수준을 경미-중간-심각 단계로 세분화하고, 이후 개입 전략을 설정하는 기초를 마련한다.
- **2단계 안전 확보:** 내담자의 생명 보호는 위기개입의 가장 우선적인 목표다. 자해나 자살에 사용할 수 있는 도구를 치우거나 제거하고, 내담자를 신뢰할 수 있는 보호자나 지지 인물과 연결시킨다. 필요할 경우, 응급실이나 정신건강의학과 전문기관과의 연계를 통해 즉각적인 안전망을 구성해야 한다. 이 단계에서 상담자는 단호하면서도 공감적인 자세로 생명 보호의 필요성을 설득해야 한다.
- **3단계 위기개입:** 정서적 안정과 기능 회복을 위한 개입 단계이다. 내담자가 겪고 있는 감정을 판단 없이 수용하며, 단기적·실천가능한 행동 목표를 설정한다. 긍정적인 대처 기술을 안내하고, 스트레스를 완화할 수 있는 구체적인 방법을 제공한다. 변증법 행동치료나 수용전념치료 등의 기법을 활용해 내담자의 감정 조절과 현실 대처를 돕는다.
- **4단계 상담 종결:** 내담자의 자살 사고가 뚜렷하게 줄어들고, 일상 기능이 일정 수준 회복된 것이 확인되면 종결을 고려한다. 종결은 내담자와의 충분한 협의를 통해 이루어져야 하며, 위기 재발 가능성에 대비해 경고 신호를 인식하는 법, 대응 전략, 비상 시 연락망 등을 함께 점검하고 교육한다.
- **5단계 추수지도:** 상담이 종료된 후에도 일정 기간 내담자와 연결을 유지한다. 정기적인 연락으로 일상 적응 상태를 확인하고, 지지체계가 유지되고 있는지, 약물 복용은 잘 이루어지고 있는지를 살핀다. 특히 연속적 돌봄을 통해 내담자가 상담 후에도 혼자가 아니라는 느낌을 갖도록 하는 것은 자살 재시도를 예방하는 데 중요한 역할을 한다.

자살 위기개입은 자살을 단순히 '막는 것'이 아니라, 심리적 고통을 이해하고 인간적 연결을 복원하는 과정이다. 상담자는 자살위험 평가 능력뿐 아니라, 공감, 구조화된 개입, 다학제적 연계에 능숙해야 하며, 내담자가 스스로 살아갈 이유를 재발견하고 자원을 회복하도록 돕는 촉진자가 되어야 한다.

④ 자살 위기 상담 사례와 개입

성적 강박과 완벽주의에 시달리는 고3 여학생의 자살 시도

윤서(가명)는 서울의 한 명문 사립 여고에 다니는 3학년 여학생이다. 또래 친구들에 비해 조용하고 말수가 적으며, 평소에도 누군가와 어울리기보다는 혼자 있는 시간이 많았다. 학급 친구들 사이에서 '공부만 하는 애'라는 이미지로 통했으며, 스스로도 "친한 친구는 딱 한 명 있으면 충분하다."고 말하곤 했다. 윤서의 아버지는 대학병원에서 일하는 의사이고, 어머니는 대학교 교수로 재직 중이다. 집안은 경제적으로 부족함이 없었지만, 윤서는 늘 '성공한 집안의 자녀답게' 살아야 한다는 강한 압박감을 느껴왔다. 어린 시절부터 윤서는 부모의 기대를 당연한 듯 받아들이며 자라왔다. 가족 모임에서는 늘 사촌들과 비교되었고, 사촌 대부분은 서울대나 연세대, 고려대 등 이른바 '상위권 대학'에 진학한 상태였다. 그녀는 스스로도 '인서울은 당연하고, 서울대가 목표'라는 인식 속에서 하루하루를 버텨냈다.

고등학교 3학년이 되면서 윤서는 점점 더 강박적인 모습으로 변해갔다. 학교 수업 외에도 학원, 과외, 자습 등으로 하루 일과가 꽉 차 있었고, 자율학습 시간에도 늘 교과서를 펴놓고 진도를 나가며 다른 학생들이 이야기하는 것을 불편해했다. 틀린 문제는 다시 반복해서 풀고, 자신이 부족하다고 느낀 과목은 혼자 새벽까지 붙들고 있었다. 자신에게 "괜찮아."라는 말을 한 적이 없었다. 하지만 최근 모의고사와 중간고사 성적이 급격히 떨어졌다. 특히 수학과 탐구 과목에서 큰 폭으로 하락한 점수는 윤서에게 엄청난 충격이었다. 오랜 시간 공들인 노력이 성과로 이어지지 않는다는 사실은 그녀의 자기효능감과 정체성 자체를 흔들었다. 성적표를 손에 든 채 집으로 돌아가는 길, 그녀는 이미 마음이 무너져 있었다. 그날 밤, 윤서는 용기를 내어 성적표를 어머니에게 보여주었다. 어머니는 말없이 성적표를 바라보다가, 차갑게 이렇게 말했다.

"너는 집안의 수치야. 이렇게 부끄러운 딸인 줄 몰랐어."

그 말은 마치 날카로운 칼처럼 윤서의 마음을 찔렀고, 이미 금이 가 있던 자존감은 산산이 부서졌다. 그날 이후 윤서는 거의 입을 다물고 지냈다. 친구와의 연락도 끊었고, 수업 중에도 멍하니 창밖을 바라보는 일이 많아졌다. 수면 시간이 줄어들고 식사도 거의 하지 않았다. 밤이면 스마트폰으로 '우울증 카페'를 들락거렸고, 비슷한 감정을 나누는 사람들과 SNS 메시지를 주고받으며 위태로운 정서를 간신히 이어가고 있었다. 자신을 향한 분노와 자책이 한계에 다다른 것은, 비가 억수같이 내리던 어느 날 밤이었다. 부모님 모두 늦게까지 외출한 틈을 타, 윤서는 집안 약통에서 해열진통제를 꺼내와 망설임 없이 알약을 한 움큼 입에 털어 넣었다. 총 30알. 처음에는 아무 생각이 없었다. 그저 이대로 잠들고 싶다는 마음뿐이었다. 하지만 시간이 지나며 속이 메스꺼워졌고, 갑작스레 두려움이 밀려들었다. 스스로 119에 전화할 용기는 나지 않았지만, 마지막으로 SNS에서 가장 자주 대화를 나누던 친구에게 "미안해. 이제 그만하고 싶어."라는 짧은 메시지를 보냈다. 다행히 그 친구가 위급함을 감지하고 즉시 윤서의 부모에게 연락했고, 부모가 돌아와 곧바로 병원으로 이송되었다. 위세척을 받고, 생명에는 지장이 없었지만 윤서는 이후 정신건강의학과 전문의의 진료를 받게 되었고, 학교에서도 상담을 시작하였다.

상담목표

1) 일상활동의 재개를 포함하여 위기 이전의 기능 수준으로 회복한다.

2) 정서적·신체적 불편감을 감소시킨다.

3) 삶과 미래에 대한 의미를 되찾는다.

4) 일상생활에서의 안전감을 회복하고 건강한 관계를 다시 맺는다.

치료적 개입

윤서는 자살 시도 이후 정신건강의학과 진료 및 학교 상담을 병행하고 있으며, 초기 면접 시 극심한 무기력, 죄책감, 자존감 저하, 사회적 고립 등의 증상을 보였다. 이에 따라 상담 초기에는 정서적 안정과 신체적 안전을 확보하는 것을 핵심 목표로 삼고, 신뢰 형성을 통해 치료적 관계를 우선적으로 구축한다.

1) 안전 확보 및 치료적 관계 형성

첫 회기에서는 내담자의 정서적 긴장도를 낮추기 위해 상담자는 중립적이고 수용적인 태도로 개입한다. 자살이라는 주제에 대해 회피하거나 과도하게 반응하지 않고, 자연스럽고 일상적인 대화의 연장선으로 접근함으로써 내담자가 자신의 생각과 감정을 검열 없이 표현할 수 있는 분위기를 조성한다. 자살 시도에 대한 비난이나 감정적 반응 없이 "그때 어떤 마음이었는지 이야기해 줄 수 있을까?"와 같은 개방형 질문을 통해 내담자가 감정 표현을 시작할 수 있도록 돕고, 치료적 라포를 형성한다.

2) 자살 사고 및 행동 탐색

내담자의 자살 사고 빈도, 강도, 구체적 계획 여부, 시도 당시의 심리 상태 등을 면밀히 평가한다. 내담자는 명확한 계획하에 자살을 시도하였으며, 현재는 자살 충동이 약화되었으나 여전히 반복적인 자책과 무가치감이 지속되고 있었다. 자살 사고를 단순히 제거 대상이 아닌, 그 사고에 담긴 심리적 메시지를 해석하는 과정을 통해 내담자의 고통에 의미를 부여하고, 정서적 지지를 강화하였다. 이 과정에서 "죽고 싶다."라는 표현이 단순한 충동이 아니라 '살고 싶지만 견딜 수 없는 상태'임을 재해석하며, 내담자가 자신의 상태를 언어화하고 통제 가능하다고 느낄 수 있도록 한다.

3) 자살 재시도 방지를 위한 안전망 구축

내담자의 보호자(부모), 신뢰할 수 있는 친구, 담임교사와의 연계를 통해 다층적 안전망을 구성한다. 상담자는 내담자와 함께 위기 상황 시 연락 가능한 대상과 기관을 목록화하고, 위기 대응 계획을 수립한다. 또한 정기적인 정신건강의학과 진료와 학교 상담 유지에 대한 동의를 확보하고, 위기 상황 발생 시 24시간 자살 예방 핫라인, 정신건강위기센터 등 외부 자원을 연결한다. 부모에 의한 정서적 상처가 큰 상황이므로, 단기적으로는 부모와의 거리 유지, 중장기적으로는 가족 상담 연계를 고려한다.

4) 자살 욕구를 유발한 심리·환경적 요인 탐색

내담자의 자살 사고는 단기적 사건(성적 하락, 어머니의 비난)과 장기적 스트레스(완벽주의적 성향, 가족 내 기대치, 만성적 비교 경험)에 의해 복합적으로 유발되었다. 이에 따라 자살 사고를 단순한 병리적 증상으로 보기보다는, 생애사적 맥락 속에서 이해하고 해석하는 개입이 필요하다. 상담자는 내담자의 생애사 전반(성장 과정, 가족 관계, 학업 성취 경험, 또래 관계 등)을 탐색하며, 자살 욕구 이면에 존재하는 무력감, 외로움, 자기 비난, 존재 무가치감 등의 정서를 구조화한다. 또한 내담자 스스로 삶의 의미와 자존감을 재정립할 수 있는 자원(음악, 글쓰기, 정서일기 등)을 확인하고 활용 가능성을 평가한다.

5) 생존 계획 수립 및 기능 회복 개입

자살 위기 이후 생존 계획수립을 통해 재발 방지를 목표로 한 회복 중심 개입을 실시한다. 내담자의 회복 수준에 맞춰 단기적 목표(수면 및 식사 습관 회복, 일상생활 리듬 정착 등)와 중기적 목표(자기 수용 증진, 부정적 사고 교정, 감정 조절 능력 향상 등)를 설정한다. 특히, '성적이 곧 존재 가치'라는 경직된 사고에 대해 인지 재구조화를 실시하며, 비합리적 신념('실패하면 가치 없는 사람이다.')을 현실 기반 사고('실패는 성장의 일부이고, 나는 노력하고 있다.')로 전환하기 위한 인지적 훈련을 병행한다. 또한, 내담자가 고립 상태에서 벗어나 타인과 정서적 연결을 시도할 수 있도록 안전한 대인관계 환경을 모색한다. 학교 내 정서지원 프로그램, 상담 동아리 등 또래 기반 지지체계에의 참여 가능성을 타진하였으며, 정서적 신뢰감을 느끼는 친구와의 관계 회복을 중재하도록 한다.

종합적으로, 본 사례의 치료적 개입은 자살 위기라는 단기적 위험 요소를 다루는 데서 그치지 않고, 내담자가 자신의 삶과 정체성을 재구성할 수 있도록 다층적 심리·사회적 개입을 연속적으로 설계한다. 향후 회기에서는 회복된 기능 수준의 유지, 자기 효능감의 안정적 확장, 가족과의 관계 조율 등을 중심으로 개입을 지속하도록 한다.

5장

상실과 애도 상담

① 상실과 애도

상실(Loss)의 개념

살다 보면 누구나 무언가를 잃게 된다. 그게 사랑하는 사람의 죽음일 수도 있고, 오랫동안 함께한 연인과의 이별일 수도 있다. 결혼이 끝나거나, 아이를 유산하는 일처럼 삶을 송두리째 흔드는 상실도 있고, 갑작스러운 실직이나 오랜 병으로 몸이 예전 같지 않게 되는 경험도 있다. 반려동물과의 이별처럼 가까운 존재를 떠나보내는 일도 상실에 해당한다. 하지만 상실은 꼭 눈에 보이는 사건만을 뜻하지는 않는다. 겉으론 아무 일도 없어 보이지만, 누군가에게는 "내가 소중하게 생각하던 어떤 감정이나 의미"를 잃어버리는 것도 상실이 된다. 예를 들어, 늘 당연했던 우정이 어느 날 멀어졌을 때, 열심히 준비했던 시험에서 떨어졌을 때, 아이가 자라며 부모로서의 역할이 줄어들 때처럼 말이다.

이처럼 상실은 '무언가 없어졌다.'는 일이 아니라, 그걸 잃음으로써 마음이 무너지고, 내가 누구인지 흔들리고, 세상이 달라 보이기 시작하는 경험이다. 예전엔 잘하던 일에 자신감이 사라지고, 사람을 믿기 어려워지고, 내가 통제할 수 있다고 믿었던 삶이 더 이상 내 뜻대로 움직이지 않는다는 사실을 절감하게 된다. 어떤 때는 '내가 이걸 잃고도 괜찮은 사람일까?'라는 질문 앞에 서게 되기도 한다. 그래서 상실은 단순히 '힘든 일'이 아니라, 내가 누구였고, 지금은 어떤 상태이며, 앞으로 어떻게 살아야 할지를 다시 묻게 만드는 존재의 변화다. 그만큼 깊고, 복잡하며, 때로는 오랜 시간이 지나서야 비로소 드러나기도 한다.

애도(Grief)의 개념

애도는 이처럼 중요한 무언가를 잃은 뒤, 자연스럽게 따라오는 마음의 반응이다. 흔히 슬픔이라고 말하지만, 실제로는 슬픔만으로는 설명되지 않는다.

울고 싶은 마음
아무 감정도 느껴지지 않는 공허함
'왜 그랬을까?' '내 탓인가?' 하는 죄책감
'왜 나만 이런 일을 겪어야 해?'라는 분노
그리고 때로는 아무도 모르게 찾아오는 안도감

애도는 슬픈 감정만을 쏟아내는 것이 아니라, 상실을 받아들이고 그 의미를 되새기며, 그 빈자리를 안고 살아갈 방법을 찾아가는 과정이다. 일정한 순서 없이 오르내리는 감정의 흐름이며, 사람마다 표현 방식도 다르다. 누군가는 울고, 또 누군가는 아무렇지 않은 듯 지내지만, 그 슬픔의 깊이를 단정할 수 없다. 애도는 각자의 속도와 방식으로 진행되는 개인적인 여정이다.

상실은 무언가를 잃은 '사건'이고, 애도는 그 상실에 대한 내면의 정서적 반응이다. 상실은 한순간이지만 애도는 시간의 흐름을 따라 이어지며, 때로는 오랜 시간이 지난 후에야 비로소 시작되기도 한다. 상담자는 내담자가 겪은 상실의 종류뿐 아니라, 그 상실을 어떻게 받아들이고 어떤 감정을 느꼈는지, 그리고 아직 정리되지 않은 감정이 있는지를 함께 살펴야 한다. 말로 표현되지 않았지만 여전히 마음속에 남아 있는 '애도되지 않은 상실'이 있을 수 있기 때문이다. 상실은 누구에게나 일어난다. 그러나 애도는 그 상실을 어떻게 품고 살아가는지에 대한 마음의 이야기이며, 상담자는 그 이야기를 조심스럽게 꺼내어 듣고 함께 정리해 줄 수 있는 동반자가 되어야 한다.

애도반응

상실을 경험한 뒤 겪는 다양한 감정과 반응을 '애도반응'이라고 부른다. 애도는 정서,

인지, 행동, 신체, 사회적 차원에서 복합적으로 나타나는 전인격적인 반응이다. 다음은 애도반응에서 주로 나타나는 다섯 가지 차원이다.

1) 정서적 반응

애도에서 가장 두드러지게 나타나는 것은 정서적 반응이다. 슬픔, 외로움, 분노, 죄책감, 공허감, 무기력, 불안, 때로는 안도감까지. 상실 앞에서 인간이 경험하는 감정은 결코 단순하지 않다. 예를 들어, 부모님의 죽음을 경험한 내담자가 슬픔과 동시에 '이제 더 이상 고생하지 않으셔도 돼서 다행이다.'라는 안도감을 느끼는 경우도 있다. 이는 모순된 감정처럼 보이지만, 오히려 자연스럽고 인간적인 반응이다. 애도에서는 이러한 복합 감정이 교차하며 반복된다.

2) 인지적 반응

상실은 사고와 지각, 기억에도 영향을 준다. 애도 중인 사람들은 흔히 집중이 잘되지 않거나, 멍해지거나, 현실감이 떨어지는 느낌을 말한다. 때로는 '이게 정말 일어난 일이 맞나?' 하는 생각이 계속 맴돌기도 한다. 고인의 환청이나 환시 같은 망상적 사고가 나타나는 경우도 있으며, 시간의 흐름을 잘 인식하지 못하거나, 과거와 현재가 뒤섞이는 경험도 있다. 이런 인지적 혼란은 애도 초기에 특히 자주 나타나는 반응이다.

3) 행동적 반응

애도는 행동의 변화로도 드러난다. 울거나, 말이 줄거나, 누군가와 대화를 회피하거나, 혹은 상실된 대상과 관련된 장소나 물건을 자꾸 찾게 되는 등 다양한 모습으로 나타난다. 수면과 식욕에도 변화가 생기기 쉽다. 잠이 오지 않거나 지나치게 많이 자고, 밥맛이 없거나 폭식을 하기도 한다. 누군가는 장례식이 끝난 뒤에도 고인의 물건을 정리하지 못한 채 그대로 두고, 또 누군가는 반대로 그것들을 빨리 치워버리려 한다. 어떤 행동이든, 그것은 각자의 방식으로 애도하고 있다는 신호다.

4) 신체적 반응

상실은 몸에도 영향을 준다. 피로감, 두통, 소화불량, 가슴 답답함, 근육통, 면역력 저하처럼 신체적인 증상으로 이어지기도 한다. 특히 애도기간 동안 긴장이 지속되면 만성적인 통증이나 불면이 나타날 수 있다. 내담자 중에는 "몸이 아프진 않은데 자꾸 지치고 숨이 막힌다."고 말하는 경우도 있다. 이처럼 몸은 마음이 아픈 것을 자신만의 언어로 표현하고 있는 것이다.

5) 사회적 반응

애도는 인간관계에도 영향을 미친다. 어떤 사람은 혼자 있고 싶어지고, 누구와도 말하고 싶지 않은 고립감을 느낀다. 또 다른 사람은 '이런 마음을 누가 이해하겠어.'라는 생각에 스스로 관계를 끊어내기도 한다. 가족이나 친구와의 갈등이 심해지는 경우도 있고, 이전에 자연스럽게 했던 역할(예: 부모, 배우자, 직장인) 수행이 힘들어지는 경우도 있다. 특히 사회적으로 인정받지 못하는 상실(예: 유산, 불륜 관계의 이별, 반려동물 상실)은 비공인 애도로 이어져, 더욱 고립되고 수치심이 깊어질 수 있다. 이런 경우 상담자는 내담자의 슬픔이 존중받지 못한 경험을 다룰 수 있도록 섬세하게 접근해야 한다.

애도반응은 매우 다양하고 개인마다 다르게 나타난다. 그러나 중요한 것은, 이러한 반응들이 대부분 '정상적인 애도'의 일부라는 점이다. 상담자는 내담자의 반응을 병리적으로 해석하기보다는, 그 반응 속에 담긴 슬픔과 의미를 이해하고 존중해야 한다. 물론 어떤 경우에는 애도반응이 지나치게 장기화되거나 일상생활을 심각하게 방해할 정도로 악화되기도 한다. 이런 상태를 우리는 복합애도나 지속성 애도장애로 이해하며, 다음에서 그에 대해 자세히 다루게 된다.

복합애도와 지속성 애도장애

애도는 상실을 겪은 누구에게나 나타나는 자연스럽고 건강한 반응이지만, 때로는 그 과정이 지나치게 길어지거나 일상 기능을 방해할 정도로 심화될 수 있다. 슬픔이 가라앉지 않고 더 커지며, 시간이 지나도 회복되지 않고 삶의 중심을 흔드는 경우, 이를 복합애도(complicated grief) 또는 지속성 애도장애(Prolonged Grief Disorder, PGD)라고 한다. 이러한 상태에서는 상실의 충격에서 벗어나지 못한 채 과거에 머무르게 되며, 고인을 여전히 살아 있는 것처럼 느끼거나 상실을 현실로 받아들이지 못한다. 이로 인해 자살 사고, 자기 무가치감, 일상생활의 붕괴, 대인관계 회피, 감정 둔마 등이 함께 나타날 수 있다.

DSM-5-TR에서는 상실 후 12개월(아동은 6개월) 이상 슬픔과 그리움이 지속되고 일상 기능이 방해되는 경우 지속성 애도장애로 진단한다. 복합애도는 종종 우울증, PTSD, 공황장애, 중독 문제로 이어질 수 있으므로 조기 개입이 중요하다. 그러나 슬픔이 오래 지속된다는 이유만으로 병리화해선 안 되며, 개인마다 애도의 속도와 강도는 다르다는 점을 상담자는 인식해야 한다. 복합애도를 겪는 사람에게는 빠른 위로보다 충분한 공감과 의미를 함께 찾아가는 시간이 필요하다. 상담자는 내담자가 자신의 슬픔을 표현하고, 상실의 의미를 재정립하며, 삶의 새로운 방향을 찾도록 지지하는 동반자가 되어야 한다. 이러한 과정이 곧 치유의 시작이다.

콜(Parkes)의 애도의 특성

파크스(Colin Murray Parkes)는 영국의 정신과 의사로 현대애도이론의 중요한 기반을 마련하였다. 그는 애도란 슬픔이라는 감정의 문제가 아니라, 사랑하는 사람과의 애착이 끊어졌을 때 일어나는 심리적 · 생리적 적응 과정이라고 보았다. 그의 이론은 볼비(John Bowlby)의 애착이론에 뿌리를 두고 있으며, 우리가 상실을 어떻게 받아들이고, 그 상처를 삶 속에 통합해 가는지를 매우 현실적이고 인간적인 시선으로 바라본다. 파크스(Parkes)는 애도의 특성이 사람마다 다르게 나타난다는 것을 다섯 가지 관점에서 설명한다.

1) 애도는 정상적이고 필연적인 반응이다

무언가를 잃은 후 느끼는 깊은 슬픔, 공허감, 분노, 죄책감 같은 감정들은 병리적인 것이 아니다. 오히려 그것은 사랑하고 애착했던 대상이 있었기 때문에 생겨나는 인간적인 반응이다. 애도란 단지 슬픔이라는 하나의 감정이 아니라 다양한 감정이 서로 엉켜 있다. 때로는 슬프면서도 안도감을 느끼고, 미안하면서도 화가 나는 마음이 공존한다. 이처럼 애도는 복잡하지만 그 자체로 자연스러운 것이다.

2) 애도는 애착의 반응이다

애도는 단순한 심리적 충격이 아니라, 애착 대상의 상실에 따른 적응 반응이다. 우리가 누군가와 깊이 연결되어 있을수록, 그 사람이 떠났을 때 느끼는 감정은 훨씬 더 강렬하다. 사랑했던 사람이 사라졌을 때, 우리는 본능적으로 그 사람을 다시 찾으려 한다. 머리로는 없다는 걸 알지만, 마음은 아직 받아들이지 못한다. 그래서 상실 직후에는 고인의 모습이 자꾸 떠오르거나, 마치 그 사람이 곁에 있는 것 같은 환상이나 기억이 반복되기도 한다. 이러한 '탐색 행동(searching behavior)'은 상실을 현실로 받아들이기까지 필요한 심리적 시간이라고 볼 수 있다.

3) 애도는 단계적이며 순환적인 과정이다

파크스는 애도 과정을 네 가지 단계 즉, 충격과 마비 단계, 그리움과 탐새 reks계, 혼란과 절망 단계, 재구성과 회복 단계로 설명한다. 하지만 이 네 단계는 마치 계단처럼 일방적으로 올라가는 것이 아니라, 상황에 따라 되돌아가기도 하고, 반복되기도 하는 순환적인 흐름이라고 보았다. 이 단계들은 사람마다 순서도 다르고, 어떤 단계는 오래 머무르고 어떤 단계는 빨리 지나가기도 한다. 그래서 파크스는 애도를 일직선의 길이 아니라, 마음속을 반복해서 순환하는 여정으로 이해했다.

4) 애도는 존재의 통합을 요구하는 작업이다

사랑하는 사람을 잃고 나면, 단순히 '그 사람이 없다.'는 사실만 받아들이는 것이 아니다. 오히려 더 깊은 질문들이 찾아온다. 이런 질문들이 애도 과정의 핵심이다. 슬픔을 넘어서, 삶의 의미와 정체성을 다시 세워 나가는 과정, 이 질문들에 답을 찾는 것이 바로 심리적 통합이 이루어지는 시점이다.

"왜 이런 일이 내게 일어난 걸까?"

"그 사람이 없는 나는 이제 누구일까?"

"앞으로 나는 어떻게 살아야 하지?"

5) 애도는 사회적·문화적 환경의 영향을 받는다

애도는 결코 개인 안에서만 이루어지는 것이 아니다. 슬픔을 어떻게 표현하고, 누구에게 털어놓을 수 있으며, 주변에서 어떤 반응을 해주는지는 애도 여정에 큰 영향을 미친다. 슬픔을 표현하는 것이 자연스럽고 허용되는 문화에서는 감정을 건강하게 통합할 가능성이 높지만 슬픔을 참고 견뎌야 한다거나, '이제 그만 잊어야지. 같은 반응을 받는 환경에서는 오히려 억눌린 애도나 병리적인 감정으로 이어질 수 있다. 애도는 단순히 슬픔의 감정이 아니라, 존재의 붕괴와 재구성을 오가는 깊은 내면의 작업이다.

상담자는 내담자의 애도 반응을 단정하거나 재촉해서는 안 되며, 그 슬픔을 '없애야 할 고통'이 아니라 '통합해야 할 이야기'로 바라봐야 한다. 그 여정을 함께 걸으며 의미를 찾아가는 동반자가 되는 것, 그것이 바로 진정한 애도 상담의 시작이다.

상실의 유형에 따른 애도반응의 특수성

애도는 사람마다 다르게 나타나며, 그 반응의 양상은 상실의 성격이나 맥락에 따라 크게 달라진다. 어떤 상실은 주위 사람들의 공감을 쉽게 얻을 수 있지만, 어떤 상실은 말조차 꺼내기 어려운 경험으로 마음 깊은 곳에 숨겨지기도 한다. 그래서 상담자는 '무엇을 잃었는가'만 보는 것이 아니라, '어떻게 잃었는가.', '그 상실이 어떤 의미였는가.'를 함께 살펴야 한다. 대표적인 몇 가지 상실 유형과 그에 따른 애도반응의 특수성을 살펴보면 다음과 같다.

• **갑작스러운 상실**(사고사, 심장마비, 자살 등): 예고 없이 일어난 죽음은 내담자에게 강한 충격과 혼란, 그리고 현실감 상실을 가져온다. "방금까지 멀쩡했는데.", "어제 통화했는데." 같은 말은 현실을 받아들이지 못하는 마음을 보여준다. 특히 자살과 같은 극단적 선택

은 주변 사람에게 죄책감과 분노, 그리고 "내가 뭔가를 놓친 건 아닐까?" 하는 자기비난으로 이어지기 쉽다. 갑작스러운 상실은 종종 외상후 스트레스 반응을 동반하기 때문에, 초기 상담에서 충격을 완충해줄 수 있는 안정화 작업이 중요하다.

• **호한 상실**(실종, 치매, 의식 없는 상태 등): 사람은 사라졌지만, 완전히 떠났다고 말할 수 없는 상실이 있다. 예를 들어 치매로 인해 부모가 더 이상 나를 알아보지 못할 때, 실종된 가족을 수년째 기다리는 경우처럼, 관계는 끝났지만 죽음이 확정되지 않은 상태는 모호한 상실(ambiguous loss)이라 불린다. 이런 상실은 정서적 종결이 어려워, 지속적인 혼란과 갈등을 유발한다. 고인을 애도하려 해도 '혹시 살아 있을지도 모른다.'는 생각이 놓아주는 것을 막고, 슬퍼하지도, 잊지도 못하는 감정의 교착 상태로 이어지기 쉽다.

• **비공인 애도**(사회적으로 인정받지 못한 상실): 사람들에게 쉽게 이야기할 수 없는 상실도 있다. 불륜 관계에서의 이별, 동성 연인의 사망, 유산이나 낙태, 반려동물의 죽음처럼, 사회적으로 '그 정도는 슬퍼할 일이 아니야.'라고 여겨지는 상실을 겪은 사람은 슬퍼할 권리조차 박탈당한 것 같은 외로움을 느끼게 된다.

> ### 비공인 애도: 팻로스 증후군(Pet Loss Syndrome)
>
> 팻로스 증후군(Pet Loss Syndrome)은 반려동물 상실 후 나타나는 심리적·정서적 고통과 애도 반응을 말한다. 반려동물은 정서적 유대의 대상이기에 이별은 인간 애도와 유사한 깊은 슬픔을 동반하며, 우울·죄책감·고립 등 다양한 반응이 나타날 수 있다.
>
> **"당신이 잘 있으면, 나도 잘 있습니다."**
>
> 40대 여성 내담자는 12년을 함께한 반려견 '예랑이'의 죽음 이후 깊은 슬픔과 무기력에 빠졌다. 주변에서는 "동물인데 왜 그래?"라는 반응이 돌아왔고, 그녀는 자신의 감정을 말할 곳조차 없어 점점 더 외로워졌다. "내가 이상한 걸까요?"라는 질문으로 상담을 시작한 내담자에게, 상담자는 반려동물의 죽음일지라도 그 상실과 슬픔을 결코 축소하거나 소홀히 하지 않으며, '존중받아야 할 이별'로 존중받아야 함을 함께 확인해 주었다. 상담 과정에서는 예랑이에게 편지 쓰기, 기억 산책, 반려견 장례식 등으로 내면의 유대를 정리하고 감정을 표현하도록 도왔고, 내담자는 "그 아이 덕분에 내가 잘 살아냈다."는 고백과 함께 처음으로 웃으며 울 수도 있었다. 이후 그녀는 반려동물 보호소에서 봉사를 시작하며, 상실을 품고 새로운 연결을 만들어 가는 삶을 선택했다.

• **반복되는 상실**(누적된 상실 경험): 짧은 시간 안에 여러 상실을 반복해서 경험한 사람은 슬퍼할 틈조차 없이 다음 상실을 맞이하게 된다. 예를 들어 부모의 죽음을 겪은 직후 반려동물도 잃고, 또 얼마 지나지 않아 직장마저 그만두게 되는 경우, 감정의 처리와 회복이 따라가지 못한 채 감정이 얼어붙거나 무감각해지는 반응이 나타나기도 한다. 이처럼 누적된 상실은 만성 애도(chronic grief)로 이어질 수 있고, '왜 자꾸 나한테만 이런 일이 생기지.'라는 무력감과 운명론적인 사고가 자리 잡기도 한다. 상담자는 내담자가 경험한 상실의 수와 흐름, 그리고 그 감정을 다뤄본 적이 있었는지를 함께 살펴야 한다.

• **자아 정체성과 역할의 상실**: 죽음이 아닌 상실도 깊은 애도를 유발한다. 오랜 시간 정체성의 일부였던 '엄마', '배우자', '교사'라는 역할을 잃게 될 때, 혹은 정년퇴직 후 더 이상 사회적으로 필요하지 않다고 느낄 때 사람은 존재의 상실감을 경험한다. 이런 경우 내담자는 "나는 이제 누구지?", "내가 사라진 것 같다."는 식의 존재론적 질문과 상실감을 겪는다. 이는 단지 어떤 사람이나 직업을 잃은 것이 아니라, 자신의 일부를 잃은 경험으로 받아들여져 깊은 슬픔과 혼란을 초래한다. 이러한 상실은 다른 사람들이 알아차리기 어려워 충분한 지지를 받지 못하는 경우도 많다. 상담자는 내담자가 그동안 쌓아온 자기개념, 역할, 존재의 의미를 함께 탐색하며, 새로운 자아정체성과 삶의 방향을 재정립할 수 있도록 돕는 것이 중요하다.

이처럼 상실의 유형에 따라 애도반응의 특성은 매우 다양하게 나타난다. 단순히 '슬픔의 유무'를 기준으로 하기보다, 그 상실이 어떤 맥락에서 일어났고, 그 사람에게 어떤 의미였는지를 깊이 있게 살펴야 애도 상담이 진정으로 효과를 가질 수 있다.

<h2>② 애도 상담의 모형</h2>

애도 상담은 슬픔을 덜어주는 기술이 아니다. 내담자가 겪은 상실의 의미를 이해하고, 그 상실을 삶 안에서 어떻게 품고 살아갈 수 있을지를 함께 탐색하는 작업이다. 이를 위해 우리는 다양한 애도 상담 모형들을 참고할 수 있다. 상실을 어떻게 받아들이고, 애도 과정을 어떻게 이끌어갈 수 있는지를 설명해 주는 이론들은 상담자의 개입 방향에 중요한 길잡이가 된다. 아래에 소개하는 모형들은 각기 다른 접근을 취하지만, 모두 상실 이후의 회복을 돕는 데 큰 역할을 한다.

프로이드의 단절모형 (Detachment Model)

지그문트 프로이드는 최초로 애도를 정신역동적으로 해석한 인물이다. 그는 1917년 「애도와 우울(Mourning and Melancholia)」에서, 애도란 잃어버린 대상과의 정서적 유대를 끊는 심리적 작업이라고 설명했다(프로이드, 1917/2003). 프로이드에 따르면, 사랑했던 대상이 사라지면 그 대상에 연결되어 있던 리비도(libido: 심리적 에너지)를 점차적으로 철수시켜야 한다. 즉, 상실된 대상과의 심리적 연결을 완전히 해제하고, 그 에너지를 새로운 대인관계나 활동에 재투자하는 것이 건강한 애도의 핵심이라는 것이다. 이러한 관점은 '잊고 놓아주어야 치유가 가능하다.'는 단절 중심의 애도 이론으로 분류된다. 현재는 이러한 견해에 대한 비판도 많지만, 애도 과정에서 내담자가 지나치게 과거에 머물러 있거나 현실 적응에 어려움을 겪는 경우, 프로이드의 이론은 애착 전이 해소와 감정 분리의 측면에서 여전히 상담적 시사점을 제공한다.

퀴블러로스의 애도 5단계 모형(Kübler-Ross's Five Stages of Grief)

엘리자베스 퀴블러 로스는 죽음을 앞둔 말기 환자들과의 인터뷰를 통해, 사람들이 상실 앞에서 경험하는 심리적 반응이 일정한 흐름을 따른다는 것을 발견했다. 그녀는 이를 다섯 가지 단계로 정리했다(Kübler-Ross, 1969/2002).

- **부정**(Denial): "이건 진짜가 아니야." 현실을 인정하지 못하고 거부한다.
- **분노**(Anger): "왜 하필 나야?" 상황에 대한 분노가 표출된다.
- **타협**(Bargaining): "제발 다시 살게만 해준다면……." 신과의 거래를 시도하는 마음이 생긴다.
- **우울**(Depression): 상실의 현실을 받아들이며 슬픔이 깊어진다.
- **수용**(Acceptance): 비로소 현실을 받아들이고 마음의 평온을 찾는다.

이 모델은 그동안 대중적으로도 많이 알려졌지만, 모든 사람이 이 순서를 그대로 따르는 것은 아니다. 또한, 단계를 건너뛰거나 순서가 달라질 수도 있으며, 어떤 단계에서는 오랫동안 머물기도 한다. 그럼에도 불구하고 이 모형은 애도 과정이 일회성 감정의 폭발이 아니라 시간에 따라 변화하는 정서의 흐름임을 보여주며, 상담자가 내담자의 현재 상태를 이해하고 반응할 때 유용한 틀을 제공한다.

볼비의 애도 4단계 모형 (Bowlby's Four Phases of Mourning)

존 볼비는 애착이론의 창시자로, 상실을 겪은 후의 애도 반응을 애착 체계의 붕괴와 재조정이라는 관점에서 바라보았다. 그는 특히 어린 시절의 애착 경험이 상실 후의 심리적 반응에 큰 영향을 미친다고 강조했다.

그는 애도 과정을 네 가지 단계로 구분하였다(볼비, 1980/2003)

- **마비와 부정**: 감정이 차단되고, 현실이 비현실적으로 느껴지는 초기 상태
- **그리움과 분노**: 상실된 대상을 되찾고자 하는 강한 욕구, 분노와 슬픔이 교차함
- **절망과 혼란**: 상실을 인식하고 방향성을 잃은 상태, 심리적 붕괴
- **재구성과 회복**: 현실을 받아들이고 삶을 재조직해가는 단계

볼비의 이론은 상실 반응의 감정적 깊이와 애착적 뿌리를 설명하는 데 매우 설득력 있다. 특히, 애도 과정에서 내담자의 분리불안, 애착불안이 강하게 드러날 때, 상담자는

이 이론을 바탕으로 정서적 반응의 의미를 재해석하고 지지할 수 있다.

월든의 애도 4가지 과업 모델 (Worden's Four Tasks of Mourning)

월든은 애도를 과정이 아니라 '과업'으로 보는 관점을 제시했다. 즉, 애도는 자동적으로 해결되는 것이 아니라, 내담자가 적극적으로 수행해야 할 심리적 과업이라는 것이다. 그가 제시한 네 가지 과업은 다음과 같다(Worden, 2009/2014).

상실의 현실을 받아들이기

상실에 따른 고통을 경험하고 다루기

고인이 없는 삶에 적응하기

상실된 사람과의 정서적 유대를 재정립하고, 삶을 이어가기

이 모델은 특히 상담 현장에서 유용하다. 내담자가 어느 한 과업에 머무르고 있거나, 다음 단계로 넘어가지 못하고 있다면, 상담자는 그 지점을 함께 짚으며 애도 과정을 도와줄 수 있다. 예컨대, 고인의 물건을 정리하지 못하고 있다면 '고통을 회피하고 있는 것'일 수 있고, 새로운 사회적 활동을 꺼려한다면 '새로운 환경에 적응하지 못하고 있는 것'일 수 있다.

애도의 이중과정모델(Dual Process Model of Coping with Bereavement)

이중과정모델은 스트룹(Stroebe)과 슈트(H. Schut)가 제안한 이론으로, 애도 과정이 단일하고 일방적인 흐름이 아니라 두 가지 방향을 오가며 반복되는 복합적인 조절 과정이라는 점에 주목한다. 이 모형은 기존의 단절 중심 애도이론이나 고통 감정만을 강조하던 전통적 접근과 달리, 회복 탄력성과 적응성에 주목한 것이 특징이다. 이 모델에서는 두 가지 과정을 제시한다(Stroebe & Schut, 1999).

• **상실지향 반응**: 상실 자체를 직면하고, 슬픔을 느끼며, 고인을 기억하고 그리워하는

감정적 작업

- **회복지향 반응**: 일상생활에 적응하고, 새로운 관계를 만들고, 삶의 변화를 수용해 가는 행동 중심의 작업

이 두 과정은 병렬적으로 작용하며, 사람은 이 둘 사이를 '왕복'하며 애도를 경험한다. 예를 들어, 어떤 날은 고인을 떠올리며 눈물을 흘리고, 또 다른 날은 친구를 만나 웃거나 출근하며 일상을 유지한다. 이 두 흐름을 반복하면서 사람은 상실을 자기 삶 속에 서서히 통합해 간다. 이 이론은 특히 애도 상담에서 '내담자가 울지 않거나 슬퍼하지 않는다고 해서 문제가 있는 것이 아니다.'라는 관점을 제공해준다. 회복지향 반응도 애도의 일부이며, 그것 또한 회복으로 가는 중요한 길임을 이해해야 한다.

의미재구성 모델 (Meaning Reconstruction Model)

의미재구성 모델은 네이마이어(Neimeyer, 2001)가 제안한 이론으로, 상실의 고통을 견딜 수 있는 가장 중요한 자원이 '의미'라는 점에 주목한다. 사람은 단지 죽음을 애도하는 것이 아니라, 그 사람의 죽음이 자신에게 어떤 의미였는지, 그리고 그 상실이 자기 존재에 어떤 영향을 미쳤는지를 이해하려는 존재라는 것이다. 그는 애도를 "이야기의 붕괴와 재창조"라고 표현했다. 상실 이후 사람들은 다음과 같은 질문에 맞닥뜨린다.

"왜 이런 일이 내게 일어났을까?"
"그 사람이 내 삶에 어떤 의미였지?"
"그 사람 없이 나는 누구일까?"

이러한 질문들에 답을 찾아가면서 사람은 삶의 내러티브를 다시 써나가게 된다. 이때 상담자는 내담자의 이야기를 경청하고, 파편화된 기억 속에서 새로운 의미의 실마리를 함께 엮어주는 역할을 해야 한다. 의미재구성 접근은 특히 '상실을 겪은 이후, 삶이 더 이상 예전 같지 않다.'고 말하는 내담자에게 유용하다. 단지 슬픔을 덜어주는 것을 넘어서, 존재적 회복을 지향하는 상담 개입을 가능하게 한다.

지속유대이론 (Continuing Bonds Theory)

과거의 이론은 상실된 대상과의 애착을 '끊어내는 것'을 건강한 애도의 목표로 보았다. 하지만 지속유대이론은 이런 관점을 정면으로 뒤집는다. 이 이론은 사람은 죽은 이와의 관계를 완전히 끊는 것이 아니라, 새로운 방식으로 그 유대를 지속할 수 있다는 가능성을 제시한다(Klass, Silverman, & Nickman, 1996/2010).

고인이 남긴 편지를 자주 꺼내 읽는다든지, 생일마다 조용히 혼자 추모한다든지, 마음속으로 계속 대화를 이어나간다든지 하는 방식으로, 살아 있는 사람은 자기만의 방식으로 관계를 유지해 나간다. 중요한 것은, 이런 행동이 과거에 머물러 있는 것이 아니라 현재의 삶을 살아가기 위한 심리적 자원이 될 수 있다는 점이다. 상담자는 내담자가 이러한 유대 방식을 부끄러워하거나 비정상적으로 여기지 않도록 지지하고, 그 연결이 치유적 경험이 될 수 있도록 도와야 한다.

란도의 애도 6단계 모형 (Rando's "R" Process Model)

란도(Rando, 1993/2020)는 애도 과정을 단순한 감정 흐름이 아니라, 체계적이고 점진적인 6단계의 적응 과정으로 제시하였다. 그녀는 각 단계를 기억하기 쉽게 6개의 'R'로 요약했다.

> **란도의 애도 6단계**
>
> - **Recognize the loss**: 상실을 인식하고, 그 현실을 받아들이는 단계
> - **React to the separation**: 감정적으로 반응하고, 슬픔과 분노, 그리움을 경험하는 단계
> - **Recollect and re-experience the deceased**: 고인과의 기억을 되새기며 관계를 정리해 가는 단계
> - **Relinquish old attachments**: 이전의 정체성이나 역할을 내려놓는 단계
> - **Readjust to move adaptively into the new world**: 새로운 환경과 관계에 적응을 시도하는 단계
> - **Reinvest**: 삶의 의미나 새로운 애착 대상으로 정서 에너지를 다시 투입하는 단계

이 모델은 특히 단계 간의 감정적 교차와 회복의 흐름을 시각적으로 이해하기 쉬워 상담 장면에서 유용하게 활용된다. 내담자가 어느 단계에서 멈춰 있는지를 살펴고, 필요한 정서 작업을 돕는 데에 좋은 틀이 된다.

멕케나(McKenna)의 애도 6단계 모형

멕케나(McKenna, 1998/2011)는 애도 과정을 인간의 심리 · 행동적 전환의 관점에서 여섯 단계로 구분했다. 특히 상실 이후 변화된 삶에 적응해 가는 과정을 강조했다는 점에서 회복 중심 애도 접근에 가깝다. 이 모델은 특히 자기 정체성과 삶의 방향성 재설정에 초점을 둔다는 점에서, 청소년기, 성인 초기의 내담자나 인생 전환기를 겪는 사람들에게 효과적으로 적용될 수 있다.

멕케나(McKenna)의 애도 6단계

- **충격**: 상실 직후 감정이 마비되고 현실감이 떨어지는 상태
- **혼란**: 감정이 요동치고, 방향을 잃고, 자신에 대한 의문이 생기는 시기
- **수용**: 상실의 현실을 조금씩 받아들이는 단계
- **재구성**: 자신의 삶과 정체성을 다시 세우려는 시도
- **재결정**: 변화된 상황 속에서 의미를 찾고 결정해 나가는 시기
- **성장**: 상실의 경험을 삶의 일부로 품고, 내면적으로 성장해 가는 단계

이상으로 대표적인 애도 상담 모형들을 살펴보았다. 애도 상담에서 중요한 것은 이별이 아닌 통합을 목표로 하는 것이다. 상담자는 내담자의 상태에 따라 다양한 이론을 융합하며, 그 여정을 함께하는 동반자가 되어야 한다.

③ 애도 상담의 원리와 기법

애도 상담의 정의

애도 상담은 상실을 경험한 내담자가 슬픔과 혼란을 건강하게 표현하고, 감정과 삶을 재정비할 수 있도록 돕는 전문적 상담 개입이다. 단순한 슬픔 해소를 넘어, 잃어버린 존재의 의미를 되새기고 상실을 삶 안에 통합해 가는 심리적 여정을 함께한다.

다양한 애도의 얼굴들 – 비정형적 상실도 애도이다

애도 상담에서는 일반적인 죽음 외에도 다양한 상실의 형태들이 상담의 주제가 된다. 사회적으로 인정받는 상실(예: 부모, 배우자의 죽음)뿐 아니라, 눈에 보이지 않거나, 설명하기 어려운 상실들도 분명히 존재하며, 그 역시 진지하게 다루어져야 한다. 예를 들어, 실종은 사람이 사라졌지만, 죽음을 확정할 수 없는 상태이기에 슬퍼할 수도, 끝낼 수도 없는 모호한 애도로 이어지며, 치매로 인한 상실은 육체는 남아 있으나 인격이 사라지는 경험을 동반하기 때문에, 생존과 죽음의 경계에서 감정이 계속해서 흔들린다. 애완동물 상실은 특히 반려동물을 가족처럼 여겼던 사람에게는 진심 어린 애도를 요구하지만, 사회적으로는 그 감정을 과소평가하기 쉽다. 이혼은 단지 관계의 끝이 아니라 정체성, 가족의 형태, 미래의 기대까지 무너지는 복합적 상실로 작용한다.

이처럼 비정형적 상실은 사회적 인정이 부족한 경우가 많아, 내담자가 감정을 숨기거나 죄책감, 수치심을 동반한 애도를 경험할 수 있다. 상담자는 다양한 상실이 존재한다는 것을 인식하고, 내담자의 슬픔을 정당한 것으로 인정하는 자세가 필요하다.

애도 상담의 3요인 모델

애도 상담에서 무엇보다 중요한 것은 상담자의 태도와 접근 방식이다. 상담자가 어떤 마음으로 그 자리에 존재하고, 어떤 방식으로 내담자의 이야기를 듣고, 무엇을 함께 나누는지를 통해 애도 상담의 깊이가 결정된다. 특히 애도 상담에서는 다음의 세 가지 핵심 요소가 조화를 이루는 것이 중요하다.

- **현존하기**: 상담자는 내담자의 슬픔과 함께 머물 준비가 되어 있어야 한다. 말을 많이 하거나 조언하려 하기보다, 그 자리에 말없이 존재하며 내담자의 감정을 견디는 태도가 우선이다. 내담자가 처음으로 슬픔을 꺼내놓을 수 있는 '심리적 그릇'이 되어주는 것이다.

- **죽음** 내러티브 다시 이야기하기: 상실의 사건은 종종 고통스럽고 단편적인 기억으로 남는다. 내담자가 그 상실의 이야기를 다시 말하고, 다시 구성하며, 자신의 언어로 풀어낼 수 있도록 돕는 것이 중요하다. 상담자는 고인의 삶, 죽음, 그리고 그와의 관계에 대해 차분히 질문하며, 내담자가 잃은 것뿐 아니라 남은 것에도 주목하도록 돕는다.

- **이면의 이야기 듣기 + 안내된 저널링 쓰기**: 내담자가 겉으로 표현하는 슬픔 이면에 숨겨진 감정(예: 분노, 수치, 배신감, 안도감)을 들을 수 있어야 한다. 이를 위해 감정일기나 안내된 저널링을 활용하면, 감정의 흐름과 내러티브 재구성에 효과적이다. 글쓰기를 통해 내담자는 자신만의 애도 방식을 발견할 수 있고, 상담자는 그 안에 담긴 복합 감정을 함께 읽어갈 수 있다.

애도 상담의 순서

애도 상담은 일반적인 단기개입모델처럼 정해진 틀로 작동하진 않지만, 다음과 같은 자연스러운 흐름을 따라가는 것이 일반적이다.

- **1단계** (관계 형성과 안정화): 상담자는 내담자의 슬픔을 존중하며, 감정 표현이 안전하게 이루어질 수 있는 공간을 만들어야 한다. 상담에 대한 기대와 걱정을 나누고, 내담자의 현재 상태를 파악한다.

- "이 공간에서는 어떤 감정을 느끼시든, 편하게 표현하셔도 괜찮아요. 지금 느끼는 감정을 솔직하게 나눠주셔도 돼요."

“상담을 받으시기로 결정하신 데에는 어떤 바람이나 기대가 있으셨을까요? 혹시 걱정되거나 망설여졌던 점도 있으셨나요?”

“요즘 마음이 어떠신지, 하루하루를 어떻게 보내고 계신지 들어보고 싶어요. 특별히 힘들게 느껴지는 순간이 있으셨을까요?”

• **2단계** (상실의 이야기 탐색): 내담자가 겪은 상실의 사건, 관계, 죽음의 맥락, 남은 감정들을 천천히 풀어낸다. 이 과정에서는 죽음의 의미, 고인과의 미해결된 관계, 말하지 못한 감정 등이 자연스럽게 등장한다.

“그때 하지 못했던 말이나 표현하지 못했던 감정이 남아 있다면, 지금 이 자리에서 조금씩 나눠보셔도 괜찮아요.”

“이 상실이 당신 삶에 어떤 의미로 다가왔는지, 또 어떤 변화를 느끼셨는지도 들려주실 수 있을까요?”

• **3단계** (애도의 흐름 따라가기): 슬픔, 분노, 죄책감, 후회, 공허함, 안도감 등 다양한 감정들을 있는 그대로 표현할 수 있도록 지지한다. 이 시기에는 지속유대 작업이나 기억 의례, 글쓰기, 상징 작업 등이 효과적이다.

“지금 느끼시는 감정이 슬픔이든, 분노이든, 심지어 안도감이든…… 어떤 감정도 다 자연스러운 거예요. 그 마음 그대로 괜찮습니다.”

“그분께 편지를 써본다면 어떤 이야기를 전하고 싶으실까요? 마음속에 남은 말을 꺼내 보는 것도 도움이 될 수 있어요.”

“그분과의 연결이 완전히 끊어졌다고 느끼시기보다는, 지금도 어떤 방식으로든 이어지고 있다면…… 어떤 모습일까요?”

• **4단계** (삶의 재구성): 고인의 죽음이 나에게 어떤 영향을 주었는지, 그 상실을 어떻게 통합할 수 있을지를 함께 탐색한다. 새로운 정체성, 역할, 삶의 방향을 모색하는 대화가 이어진다.

“이번 상실을 겪으시면서, 당신의 삶이나 가치관에 어떤 변화가 생겼다고 느끼시나요?"

"이제 '그분 없이 살아가는 나'는 어떤 모습일까요? 앞으로 어떤 삶을 살아가고 싶으신지도 함께 이야기해볼 수 있어요."

"그분과의 이야기가 지금의 삶 속에서 어떤 방식으로 이어질 수 있을지…… 그 의미를 함께 찾아볼 수 있을까요?"

- **5단계** (종료와 이별 준비): 애도 상담을 마무리하며, 상담자와의 이별이 또 하나의 '작은 상실'이 될 수 있음을 인정한다. 상담관계 속에서 형성된 유대를 되돌아보며, 자기 안의 치유 자원과 애도 역량을 재확인하는 작업이 필요하다.

"상담이 마무리된다는 것이 또 하나의 작은 이별처럼 느껴질 수도 있을 거예요. 이 과정에서 어떤 감정이 드시나요?"

"이 시간 동안 기억에 남는 순간이나, 스스로에게 의미 있었던 변화가 있다면 함께 나눠주실 수 있을까요?"

"앞으로 힘든 순간이 올 때, 지금까지 나눴던 이야기나 당신 안의 자원을 어떻게 떠올리고 활용하실 수 있을까요?"

애도 상담의 기법

애도 상담에서는 내담자의 반응에 따라 다양한 기법을 탄력적으로 적용할 수 있다. 다음은 상담에서 자주 활용되는 실천 기법들이다.

- **감정 이름 붙이기**: 내담자가 복합적인 감정을 구체적으로 표현하도록 돕는다.
- **상징 작업**: 고인을 상징하는 물건, 그림, 음악 등을 통해 감정을 불러오고 표현한다.
- **편지 쓰기**: 고인에게 하고 싶은 말을 직접 써보게 하여, 미해결된 감정을 해소하도록 한다.
- **의미 회상**: 고인과의 긍정적인 추억을 떠올리며, 상실을 단절이 아닌 연결로 재구성하도록 돕는다.

- **타임라인 작업**: 상실 이전, 당시, 이후의 삶을 시각적으로 정리하면서 회복과 통합의 흐름을 그려본다.
- **심상기법**: 눈을 감고 고인의 얼굴을 떠올리거나, 고인과 함께 있었던 장면을 상상하며 감정을 표현하게 한다.
- **자기 돌봄 계획 세우기**: 상담 말미에는 일상에서 실천 가능한 자기돌봄 전략을 함께 구성한다.

애도 상담은 무엇보다 내담자의 속도와 방식을 존중해야 하는 상담이다. 애도의 표현이 크든 작든, 빠르든 느리든, 상담자는 그 모든 과정을 진심으로 경청하고 함께 머물 준비가 되어 있어야 한다. 애도는 지나가는 감정이 아니라, 삶을 새롭게 배치하는 과정이기 때문이다.

4 애도 위기 상담 사례와 개입

미움과 그리움 사이에서 흔들리는 딸

수진(가명), 40세 여성은 최근 아버지를 여의었다. 아버지는 당뇨 합병증으로 몇 달간 병원에 입원해 있었고, 아버지의 마지막 시간을 가까이에서 지켜봤다. 겉으로는 무덤덤하게 장례를 치렀지만, 그 이후부터 일상이 무너지기 시작했다. 출근을 미루기 시작했고, 혼자 있는 시간이 많아졌으며, 밤이 되면 깊은 잠에 들지 못하고 뒤척이며 눈시울을 적시는 날이 늘어갔다.

수진은 어려서부터 아버지를 그리 따뜻한 존재로 기억하지 않았다. 성실하지 못했고, 경제적으로 가장의 역할을 제대로 하지 못했기에 어머니는 늘 생활전선에 뛰어들어 고생을 도맡았다. 어린 시절의 수진에게 아버지는 '엄마를 힘들게 하는 사람'이었다. 일자리를 자주 바꾸고 무능력했던 아버지가 어머니에게 손찌검을 하던 장면은 오랫동안 마음속에 상처로 남아 있었다.

그녀는 자라면서 자연스럽게 '남자는 믿을 수 없는 존재'라는 생각을 품게 되었고, 결혼을 하지 않기로 결심했다. 그 결심은 직장생활을 하면서 남자 상사와 부딪치면서 더욱 단단해졌고, 남자직원들과의 갈등으로 대인관계도 점점 좁아졌다. "나 하나 잘살면 된다."는 말이 입버릇이 되었지만, 정작 마음속 깊은 곳에는 자꾸만 자신을 비교하고, 불안해하고, 외로움을 피하지 못하는 또 다른 자신이 있었다.

수진에겐 세 살 어린 남동생이 있었다. 어릴 땐 부모 모두에게 예쁨을 받았지만, 남동생이 공부를 잘하게 되면서 분위기가 달라졌다. 늘 남동생이 중심이었고, 수진은 언제나 뒤로 밀려나 있는 느낌이었다. 생일도, 학교 행사도, 진로 고민도 제대로 들어주는 사람 없이 자라온 세월은, 그녀에게 '나는 애초에 주목받을 자격이 없는 사람'이라는 신념을 남겼다.

그러다 어느 날, 아버지가 병원에 입원하게 되었다는 연락을 받았다. 당뇨가 악화되어 혼수상태가 올 수 있다는 말도 들었다. 병실에 앉아 아버지를 바라보는 시간이 낯설기만 했다. 늘 목소리 크고 무심한 사람이었던 아버지가, 아무 말 없이 누워 있는 모습은 왠지 모르게 쓸쓸해 보였다. 그럼에도 수진은 무언가 말을 건넬 수 없었다. 서먹함, 거리감, 그리고 여전히 풀리지 않은 감정이 너무 많았다.

병원비가 필요하다는 어머니의 말에 마음이 불편했다. 갑자기 목돈을 준비할 수 없었던 상황도 있었지만, 남동생이 아닌 자신이 그 역할을 해야 하는가에 대한 분노와 저항감도 있었다. '왜 이제 와서 또 내가 책임져야 하지?'라는 마음이 올라왔다. 결국, 병원비 일부를 동생이 부담했고, 나머지는 수진이 적금을 깨서 모두 지불했다.

며칠 후, 아버지는 세상을 떠났다. 새벽에 조용히 심장이 멈췄다는 병원의 전화를 받은 순간, 수진은 얼어붙은 듯 멍해졌다. 울음도, 감정도 나오지 않았다. 장례식장에서 조문객을 맞이하며 어머니 곁을 지켰지만, 마음속엔 복잡한 감정들이 휘몰아쳤다. 어릴 때의 미움, 남겨진 말들, 하지 못한 행동들, 그리고 이제는 돌이킬 수 없다는 현실이 뒤엉켜 버렸다. 장례가 끝난 후, 수진은 그때부터 어딘가로 가라앉기 시작했다. 입맛도 없고, 칭빛만 멍하니 바라보는 날이 많아졌다. 음악을 들어도, 영화를 봐도 감정이 느껴지지 않았고, 때때로 자신이 무슨 감정을 느

상담목표

1) 신체적 심리적 불편감을 감소시킨다.

2) 일상 활동 재개를 포함하여 위기 이전의 기능수준으로 회복한다.

3) 건강한 애도과정을 개발한다.

4) 아버지에 대한 죄책감과 동생, 어머니와의 감정을 정리한다. 즉, 건강한 가족 및 타인과의 사회적 관계를 새롭게 형성한다.

치료적 개입

수진은 아버지의 사망 이후 정서적 혼란과 무기력, 불면, 감정 둔마 등의 반응을 보이며 정상적인 애도 과정을 겪지 못하고 있다. 이에 따라 상담 초기에는 내담자가 감정을 안전하게 표현할 수 있도록 치료적 환경을 조성하고, 애도 반응을 정상적인 과정으로 이해할 수 있도록 돕는 것이 핵심 목표가 된다.

1) 안전 확보 및 치료적 관계 형성

초기 상담에서는 내담자가 정서적으로 안전하다고 느낄 수 있도록 상담자는 비판 없이 공감적으로 반응하며, 감정을 검열 없이 표현할 수 있도록 돕는다. 수진은 아버지에 대한 복합적인 감정을 경험하고 있으며, 미움과 후회, 무력감과 죄책감이 교차하는 상태이다. 상담자는 이러한 감정이 애도 과정에서 흔히 나타나는 반응임을 설명하고, 내담자가 스스로를 비난하지 않도록 정서적 지지를 제공한다. 내담자가 감정을 억누르거나 회피하는 경우, 장례식 이후 겪었던 정서적 변화를 탐색하며 자연스럽게 감정을 이끌어낸다. "장례식 이후, 감정의 변화가 있었나요?"와 같은 개방형 질문을 통해 감정 표현을 유도하며, 상담자가 안전한 공간을 제공하고 있다는 느낌을 가질 수 있도록 한다.

2) 애도 반응 탐색 및 감정 표현 촉진

내담자가 아버지의 사망과 관련된 감정을 충분히 표현할 수 있도록 돕는다. 수진은 아버지의 병실을 방문했을 때 거리감을 느꼈고, 장례식에서도 감정을 드러내지 못했으며, 이후 불면과 감정 둔마를 경험하고 있다. 상담자는 이러한 반응이 상실의 충격으로 인한 방어기제일 수 있음을 설명하고, 감정을 차단하는 것이 아니라 점진적으로 직면할 수 있도록 개입한다. 이를 위해 아버지와의 마지막 순간, 장례식에서의 경험, 사망 소식을 접했을 때의 감정을 되돌아보게 한다. 또한, 내담자가 아버지에게 표현하지 못한 감정(미움, 원망, 그리움 등)을 자유롭게 이야기할 수 있도록 유도한다. 만약 직접적인 표현이 어려운 경우, 편지 쓰기, 역할극, 빈 의자 기법 등을 활용하여 내담자가 내면에 묻어둔 감정을 표출할 수 있도록 돕는다.

3) 죽음과 상실에 대한 인지적 재구조화

내담자가 죽음에 대해 갖고 있는 편향된 신념이나 왜곡된 자기 대화를 탐색하고 수정하도록 돕는다. 수진은 아버지에 대한 미움과 동시에 '내가 더 잘했어야 했을까?'라는 죄책감을 경험하고 있으며, '왜 이제 와서 내가 책임져야 했나.'라는 분노도 존재한다. 상담자는 내담자가 자책하거나 부정적인 사고 패턴에 머물지 않도록 하면서도, 복합적인 감정을 충분히 경험할 수 있도록 균형 잡힌 개입을 진행한다. 특히, '나는 애초에 주목받을 자격이 없는 사람이다.'라는 사고가 가족 관계에서 형성된 핵심 신념으로 작용하고 있음을 고려하여, 이에 대한 인지적 재구조화를 시도한다. 상담자는 내담자가 과거 가족 내 경험을 객관적으로 바라볼 수 있도록 돕고, 아버지와의 관계가 자신이 가진 관계 패턴에 어떤 영향을 미쳤는지 탐색하도록 한다.

4) 신체적 건강 및 일상 기능 회복 개입

애도 과정에서 수면 장애, 식욕 저하, 무기력 등의 신체적 반응이 나타날 수 있으므로, 내담자가 기본적인 생활 리듬을 회복할 수 있도록 돕는다. 상담자는 규칙적인 식사, 적절한 수면 습관, 가벼운 신체 활동이 애도 과정에서 정서적 균형을 유지하는 데 중요한 역할을 한다는 점을 설명한다. 이완 기술, 호흡 훈련, 수면 위생 교육 등을 통해 내담자가 신체적 긴장을 완화하고, 불면 증상을 개선할 수 있도록 개입한다. 또한, 애도 반응으로 인해 일상생활에서 즐거움을 찾기 어려운 상태이므로, 작은 활동부터 다시 시작할 수 있도록 목표를 설정하고 점진적으로 기능 회복을 유도한다.

5) 가족 관계 조정 및 사회적 지지망 활용

아버지의 사망 이후, 어머니와 동생과의 관계가 내담자에게 새로운 갈등 요인이 될 가능성이 크므로, 가족 내 상호작용을 조정하는 개입이 필요하다. 상담자는 내담자가 가족과 감정을 나눌 수 있는 환경을 조성하고, 상실 이후 가족 구성원들이 어떻게 변화했는지 탐색하도록 한다. 또한, 내담자가 지역사회 내 지지체계를 활용할 수 있도록 돕는다. 상담자는 애도 과정에서 가족뿐만 아니라 친구, 동료, 상담 기관 등의 지지가 필요함을 설명하고, 내담자가 사회적 고립을 피할 수 있도록 한다. 필요할 경우, 애도 상담 그룹 또는 심리치료 그룹에 대한 정보를 제공하고 참여를 권유한다. 아버지의 사망을 계기로 형성된 감정과 사고 패턴이 대인관계 전반에 영향을 미칠 수 있으므로, 장기적으로 남성과의 관계에서 부정적인 인지 도식을 완화할 수 있도록 추가 상담을 연계하는 방안을 검토한다.

종합적으로, 본 사례의 치료적 개입은 단순히 슬픔을 완화하는 데 초점을 맞추기보다는, 내담자가 애도 반응을 건강하게 경험하고 자신의 삶을 재구성할 수 있도록 다층적인 접근을 적용한다. 초기에는 감정 표현을 촉진하고 신체적·정서적 안정을 도모하며, 중기적으로는 상실의 의미를 재구성하고 관계 패턴을 점검하는 개입을 진행한다. 향후 회기에서는 애도 반응이 자연스럽게 통합될 수 있도록 지속적인 정서적 지지를 제공하며, 내담자가 자신의 삶을 다시 설계할 수 있도록 지원하는 개입을 지속적으로 수행한다.

6장 재난 및 PTSD 상담

❶ 재난

재난은 인간의 생명과 재산을 위협하는 돌발적인 사건으로, 자연재난과 사회재난으로 나뉜다. 자연재난은 태풍, 홍수, 지진, 화산 폭발, 가뭄, 폭설, 혹서 등과 같이 자연현상에서 비롯되어 생명과 물질적 피해를 초래한다. 사회재난은 화재, 붕괴, 폭발, 교통사고(항공·해상 포함), 에너지·통신·의료·금융 등 기반 시설의 취약성으로 발생하는 사고들로, 많은 경우 제도적 대비 부족으로 인한 인재(人災)의 성격을 지닌다. 사회재난의 피해자는 단순한 충격을 넘어 상실감과 분노를 오래 겪을 수 있다. 이처럼 외상적 사건은 특정 사람만의 예외적인 일이 아니라, 누구나 일생 중 한 번쯤 겪을 수 있는 보편적 경험이라 할 수 있다. 따라서 재난은 단순한 사건이 아닌 심리적 회복과 사회적 지원이 함께 요구되는 복합적 위기로 이해될 필요가 있다.

재난 심리지원의 실제

재난 발생 시 피해자에게 효과적인 심리적 개입을 제공하기 위해서는 체계적인 지원 시스템과 상담자의 전문성이 필수적이다. 상담자는 다양한 접근법 중 상황에 맞는 개입을 유연하게 적용해야 한다. 위기자의 스트레스 수준, 사회적 지지, 외상 정도에 따라 심리적 요구는 다양하게 나타난다. DSM-5-TR에 따르면 PTSD는 급성, 만성, 지연성으로 구분된다. 증상은 우울감, 약물 남용, 성격 변화 등으로 다양하게 나타날 수 있어 경과 예측이 어렵다. 호로비츠(Horowitz, 2001)는 외상 경험을 충격, 회피, 동요, 전이, 통합 단계로 설명하였으며, 이 과정에서 시기별로 적절한 심리적 지원이 필요하다. 초기에는 심리적 응급처치(PFA), 심리적 디브리핑, 구조화된 개입이, 이후 단계에서는 심리교육이나 인지행동적 접근이 효과적이다. 약물치료는 제한적 효과를 보이기 때문에 심리치료와 병행하는 것이 중요하다.

② 재난 위기 상담의 유형

　재난 위기는 초기 개입이 중요한데, 심리적 응급처치(Psychological First Aid)와 심리적 디브리핑(Psychological Debriefing)은 외상 사건을 겪은 직후, 개인이 경험한 정서와 인지적 반응을 자연스럽고 건강하게 표현하도록 돕는 단기적 개입 방식이다. 이는 외상 반응을 정상적인 범주로 이끌고, 적응적인 회복을 촉진하기 위한 목적을 가진다. 그 중 심리적 디브리핑 기법은 다양한 위기개입 모델에 적용되고 있으며, 대표적인 세 가지 유형으로는 미첼(Mitchell)이 제안한 CISD(Critical Incident Stress Debriefing) 모델, 이를 기반으로 체계적 관리 체계를 강화한 CISM(Critical Incident Stress Management) 모델, 그리고 과정 중심의 접근을 강조하는 PD(Process Debriefing) 모델이 있다(Raphael & Wilson, 2000; Everly & Mitchell, 1997).

심리적 응급처치(Psychological First Aid, PFA)

　재난이나 참사, 갑작스러운 사고 앞에서 사람들은 흔히 감정의 균형을 잃는다. 이때 가장 먼저 필요한 것은 '심리적 안정'이다. 심리적 응급처치는 바로 그 지점에서 시작된다. 이는 정식 치료가 아니라, 긴박한 상황 속에서 즉각적으로 정서적 지지를 제공하기 위한 구조화된 초기 개입 방식이다. 심리적 응급처치는 외상 사건에 직접 노출된 피해자나 구조 인력을 대상으로, 현장에서 바로 적용할 수 있도록 설계되었으며, 전문가가 아니어도 일정 훈련을 받은 사람이라면 누구나 수행할 수 있도록 만들어진 개입법이다. 감정을 억지로 끌어내거나 깊이 탐색하지 않고, 일단 당장의 혼란과 두려움을 완화하고, 기본적인 욕구를 확인하며, 필요한 정보를 제공하는 것이 그 핵심이다.

"지금 당장 뭘 해야 할지 몰라도 괜찮습니다. 지금은 멈춰도 됩니다. 숨 한번 크게 쉬고, 천천히 시작해도 됩니다."

PFA는 정서적 회복뿐만 아니라, 생존자의 현실적이고 실질적인 필요를 놓치지 않는다. 안전한 공간, 가족과의 연락, 기본적인 의식주, 의료적 필요 등 가장 기초적인 요소들이 우선적으로 고려되며, 이후 상황에 따라 더 전문적인 연결이 가능하도록 돕는다. 이 개입은 하나의 정해진 절차가 아니라, 현장과 대상의 상태에 따라 유연하게 조정될 수 있는 구조를 가진다. 일반적으로는 심리적 안정화, 지지적 경청, 정보 제공, 실질적 도움 연결, 사회적 지지 자원의 확인 등 8가지 핵심 영역을 중심으로 구성되며, 이를 통해 생존자가 위기 이후에도 일상을 회복할 수 있도록 초기 기반을 마련하는 것이 궁극적인 목표이다.

> **PFA의 여덟 가지 핵심 행동과 목표**
>
> - 접촉과 관계 형성(contact and engagement)
> - 안전과 평안함(safety and comfort)
> - 진정하기(stabilization)
> - 정보수집(information gathering)
> - 실제적 지원 제공(practical assistance)
> - 사회적 지원과의 연결(connection with social support)
> - 대처지원에 관한 정보제공(information on coping support)
> - 협력서비스 기관들과의 연계(linkage with collaborative service)

심리적 디브리핑(Psychological Debriefing)

심리적 디브리핑은 재난이나 외상 사건을 경험한 개인에게 사건 직후 비교적 빠른 시점에 제공되는 단기 개입 방식으로, 외상 후 반응이 PTSD로 발전하는 것을 예방하기 위한 목적으로 활용된다. 특히 응급 구조대원, 의료진, 경찰, 군인 등 고위험 직업군에서 자주 적용되며, 동일 사건을 공유한 집단을 대상으로 진행되기도 한다. 이 개입은 감정에 대한 단순한 표현을 넘어서, 사건에 대한 인지적 이해와 의미 정리를 포함한다. 또한, 적절한 정보 제공과 심리교육을 통해 개인이 자신의 반응을 '이상하거나 비정상적인 것'으로 오해하지 않도록 돕는다.

CISD(Critical Incident Stress Debriefing) 모델

심리적 디브리핑의 원리를 적용하여 개발된 CISD는 외상 사건 후 심리적 고통을 경감시키고, 전문적 치료가 필요한 개인을 조기에 식별하며 지지를 제공하는 것을 목표로 한다. 이후에는 자연재해나 인재와 같은 사건의 생존자, 희생자 가족, 관련자들에게까지 확대 적용되었다. CISD는 외상 사건 발생 후 24~72시간 이내에, 단회기(23시간 이내)로 실시되며, 총 7단계의 구조화된 절차를 따른다. 이 개입은 주로 동질적인 집단을 대상으로 하며, 반응의 정상화를 도와주는 동시에 필요 시 전문적 치료로의 연결을 가능하게 한다.

CISD(위기상황 스트레스 해소) 개입 방법 7단계

순서	단계	목적
1단계	도입 단계	CISD 과정과 목적을 설명하고 기대되는 결과를 설정한다. 또한 이 단계에서는 CISD가 외상 사건 이후 경험되는 스트레스 반응들을 경감시키는 방법이라는 것을 소개한다.
2단계	사실 단계	참여자들로 하여금 그들이 보고 들었던 경험과 무엇이 발생했는지에 관해 사실적으로 묘사하도록 한다.
3단계	사고 단계	외상적 사건에 대한 참여자들의 가장 두드러진 인지적 반응을 표현하도록 한다.
4단계	정서 반응 단계	참여자들로 하여금 외상 사건 발생 당시와 디브리핑 동안에 느꼈던 정서를 표현하게 함으로써 카타르시스를 경험하도록 한다.
5단계	증상 단계	외상 사건 혹은 그 이후에 경험했던 신체적, 심리적, 인지 및 행동적 증상 등 다양한 증상들을 표현하도록 격려하게 되는데, 이는 참여자들이 외상 스트레스 반응을 인식하는 것을 목표로 한다.
6단계	교육 단계	'증상단계'에서 언급된 외상관련 반응들이 전형적이고 정상적임을 강조하고, 바람직한 대처방안과 스트레스 관리방법을 교육한다.
7단계	종결 단계	지금까지 다루어진 이슈들을 모호함 없이 명확히 하고, 질문에 답하고, 보다 전문적인 치료를 위한 의뢰 필요성을 평가하며 회기를 마무리한다.

"계속 그 장면이 떠오르고, 아무 일도 아닌데 자꾸 깜짝깜짝 놀라요."

"당신이 느끼는 반응은 매우 자연스러운 것이며, 많은 사람들이 비슷한 경험을 겪습니다."

CISM(Critical Incident Stress Management) 모델

CISM 모델은 위기 상황에서 발생한 스트레스를 줄이고 조절하기 위해 고안된, 통합적이고 포괄적인 다요인적 위기중재 프로그램이다. 이 모델은 위기중재 이론에 기반하며, 피해자들에게 심리적ㆍ신체적 회복을 지원하고, 외상 후 반응의 조기 발견과 치료로 이어지게 하는 데 목적이 있다.

"그땐 너무 정신이 없어서 뭘 어떻게 해야 할지도 몰랐어요. 그냥 누가 와서 괜찮다고 해주기만을 기다렸던 것 같아요."

"그 혼란 속에서도 누군가 나를 중심 잡아주길 바라는 마음, 누구나 그렇습니다. 그래서 지금 우리가 이 과정을 함께하는 겁니다."

CISM은 단순한 디브리핑을 넘어, 준비교육, 현장개입, 생활기반 위기 상담, 정보제공, 가족지원, 추수지도(follow-up)까지 포함하는 다단계 개입 체계로 구성된다.

- 외상 사건 전, 스트레스 반응과 관리법에 대한 사전 교육을 통해 초기 대응력을 높인다.
- 개인 위기 상담은 피해자의 실제 생활 현장에서 이루어지며, 현실감 있는 개입을 중심으로 한다.
- 응급 구조 인력과 간접 피해자에게는 음식, 휴식, 정보 제공 등을 통해 회복 기반을 조성한다.
- 위기관리 브리핑(Crisis Management Briefing)은 집단 응집력과 회복 의지를 높이기 위한 심리교육적 개입이다.
- 진정시키기(Defusing)는 사건 직후 1~2시간 내에 실시되어 초기 스트레스 반응을 빠르게 안정화하고, 정상 회복 과정을 촉진한다.
- 가족 지원 서비스는 단절된 정서적 연결을 회복하고, 회복 자원을 확장하는 데 중

요한 역할을 한다.

- 추가적으로 전문 상담자에게 연계하여 장기적 치료로 이어지게 한다.

PD(Process Debriefing) 모델

디레그로브(Dyregrov, 1997)가 고안한 PD 모델은 심리적 디브리핑의 원칙을 적용한 또 다른 형태의 위기개입 방식으로, CISD 모델의 구조를 토대로 구성된 7단계 반구조화 (debriefing) 방식의 개입 모델이다. 이 모델은 외상 사건의 직접적인 피해자를 주요 대상으로 하며, 사고 직후의 감각적 인상을 다루는 단계를 포함함으로써 외상 경험에 대한 이해를 돕고, 반응의 정상화를 강조하는 특징을 지닌다. PD 모델은 외상 당시와 그 이후에 경험한 감정과 반응을 구체적으로 표현하도록 돕는 데 초점을 맞추며, 이를 통해 심리적 회복을 촉진한다. 일반적으로 12~15명 규모의 집단을 대상으로 하며, 한 회기당 약 3시간~3시간 30분 정도 소요되는 개입 방식이다. 이 개입은 외상 사건이 발생한 후 3일에서 14일 사이에 진행되는 것이 권장된다.

CISD(위기상황 스트레스 해소) 개입 방법 7단계

단계별	중재	단계	수행	목표	구성
1단계	위기상황 대비	위기 전 단계	위기예측	기대설정, 대응능력 향상 스트레스 관리 교육	집단조직
2단계	집단진정 집단정보제공	위기 직후	사건중심	정보제공, 심리적 억압 해제 스트레스 관리 전략	대규모 집단
3단계	스트레스 분산	위기 후 12시간 이내	증상중심	증상완화, 종료유도 중증도 분류	소집단
4단계	위기상황 스트레스 해소	위기 후 12시간 이내	증상중심 사건중심	심리적 안정 촉진 증상완화, 중증도 분류	소집단
5단계	개인중재	수시	증상중심	증상완화, 가능한 근무 복귀 필요 시 전문치료 및 의뢰	개인
6단계	가족위기상황 스트레스 관리	수시	증상중심	의사소통 촉진 증상완화/가능한 종료	가족
7단계	추후관리 의뢰	수시	증상중심	정신건강수준 사정 전문적인 관리	개인 가족

개입이 이루어지는 집단 디브리핑 과정에서 치료자는 참여자들이 자신의 경험과 감정을 자유롭게 표현할 수 있도록 안전한 분위기를 조성하고, 그 흐름을 자연스럽게 이끄는 촉진자의 역할을 수행한다. 한편, 디레그로브(Dyregrov)는 집단 내 개입 과정에서 유의해야 할 점들도 함께 제시하였다. 예를 들어, 한 구성원의 강렬한 정서 표현이 전체 집단에 과도한 영향을 주거나, 논의된 내용이 집단 외부로 노출되어 2차 외상이 발생할 수 있는 가능성, 또는 부정적 정서가 제대로 다루어지지 않은 채 남는 경우 등을 부정적 결과로 지적하며 이에 대한 신중한 접근이 필요함을 강조하였다.

③ PTSD의 증상과 치료적 개입

외상후 스트레스 장애(PTSD)는 외상 사건을 직접 또는 간접적으로 경험한 뒤 다양한 심리적 고통을 겪게 되는 상태를 말한다. PTSD는 우울감, 불안, 죄책감, 신체적 과각성, 비현실적 사고나 행동 등의 증상을 동반하며, 대인관계 단절과 삶의 기능 저하로 이어질 수 있다. 이러한 심리적 위기는 개인뿐 아니라 가족, 사회 전반에도 부정적인 영향을 미친다. DSM-5-TR의 PTSD 진단기준은 성인, 청소년, 6세를 넘은 아동에게 적용된다.

DSM-5-TR 기준 PTSD 주요 증상

- **재경험과 침습증상**: 외상 기억이 원치 않게 떠오르며(반복적인 악몽, 플래시백 현상) 고통을 반복적으로 유발함
- **회피 및 감정 둔화**: 외상과 관련된 기억·생각·느낌 또는 사람·장소·대화·행동·사물·상황을 회피 또는 회피하려는 노력
- **과각성**: 항상 긴장 상태에 놓여 있고, 자극에 민감하게 반응함(분노폭발, 과장된 놀람 반응, 집중력의 문제, 수면 교란, 자기파괴적 행동)
- **인지와 기분의 부정적 변화**: 해리성 기억상실 또는 자기·타인·세상에 대한 부정적 신념 '이 세상은 전적으로 위험하다.', '누구도 믿을 수 없다.', '나는 나쁘다.', '나의 전체 신경계는 영구적으로 파괴되었다.'

아동 · 청소년의 PTSD

아동 · 청소년의 PTSD는 성인의 진단 기준과 구분하여 다루어진다. 성인은 외상 사건을 고통스럽고 반복적인 기억으로 떠올리는 경우가 많지만, 아동은 이러한 기억이 고통을 수반하지 않거나, 시간의 흐름에 따라 정리되지 않은 감각적 단편(이미지, 소리, 냄새 등)으로 외상을 기억하는 경향이 있다.

외상에 대한 반응은 아동에게서 행동으로 표현되는 경우가 많다. 학대받은 아동과 유사하게, 또래에 비해 눈에 띄는 행동 변화가 나타날 수 있으며, 대표적으로 퇴행 행동(손가락 빨기, 야뇨 등)이나, 부모에게 과도하게 집착하거나 떨어지는 것을 두려워하는 모습을 보일 수 있다. 또한 수면을 회피하거나 반복적인 악몽, 외상 사건을 부정하고 존재하지 않았던 일처럼 상상하려는 경향도 나타날 수 있다. 감정적으로는 울음을 터뜨리거나 갑자기 고함을 지르며 불안을 표현하고, 때로는 몸이 얼어붙는 듯한 정적인 반응도 보인다. 이러한 외상 반응은 학교생활 전반에도 영향을 미쳐, 등교 거부, 수업 중 집중력 저하, 문제행동 증가 등 학습 및 사회적 기능 저하로 이어질 수 있다. 아동 · 청소년의 PTSD는 성인과 증상의 양상, 표현 방식에서 뚜렷한 차이가 있기 때문에, 그 특성을 충분히 이해한 맞춤형 진단과 개입이 필요하다.

> ### DSM-5-TR에서 6세 이하 아동 PTSD 특징
>
> - 성인 기준의 '공포감·무력감' 대신 아동에게 자주 나타나는 짜증, 분노, 과민 반응 등이 포함된다.
> - 성인은 외상 사건과 관련된 고통스러운 기억을 반복적으로 떠올리며 심리적인 고통을 호소하는 경우가 일반적이지만, 아동은 반드시 이러한 기억이 '괴롭다.'고 인식되거나 표현되지는 않는다. 대신 외상 경험을 직접 언급하기보다는 일상적인 놀이 활동 중에 자연스럽게 재현하는 경우가 많다(예: 블록이나 인형을 이용한 역할놀이 속에 외상 상황이 담기기도 하며, 겉보기에 평범해 보이는 놀이가 실제로는 외상의 반복적 재경험일 수 있음).
> - 외상 사건과 직접적으로 관련이 없는 내용이거나, 구체적인 의미를 파악하기 어려운 무서운 꿈을 꾸는 경우도 많아 성인의 플래시백이나 반복 악몽과는 다른 형태를 보인다.

복합 외상후 스트레스 장애(Complex PTSD, C-PTSD)

복합 외상후 스트레스 장애(C-PTSD, 이하 '복합-PTSD')는 단일 사건에 의해 유발되는 일반적인 PTSD와는 다르게, 장기간 반복적으로 지속된 외상적 경험에서 비롯된다. 특히 아동기

와 같이 발달 초기 시기에 시작된 신체적 · 정서적 고통과 스트레스가 누적되면서 형성 되며, 이러한 영향은 성인기까지 이어질 수 있다. 복합-PTSD는 개인의 성격 결함이나 의지 부족 때문이 아니라, 장기간 외상에 반복적으로 노출된 결과로서, 스트레스에 적응 하기 위한 심리적 방식이 고착된 일종의 학습된 반응이라 할 수 있다(김현아 외 공역, 2021).

복합-PTSD는 생후 첫 해와 같이 매우 이른 시기의 관계 경험에서 비롯될 수 있다. 이 시기에 형성된 외상적 기억은 명확한 이미지나 언어로 저장되지 않기 때문에, 훗날 정서적으로 설명되지 않는 불안, 몸의 감각으로 느껴지는 불편함 등의 형태로 나타나게 된다. 이러한 반응은 개인이 나중에 자라면서 구체적인 사건으로 기억되지 않고, 이해할 수 없는 감정과 신체감각으로만 남게 되는 경우가 많다. 복합-PTSD는 정서적 고통과 인지적 왜곡뿐 아니라, 다양한 심리적 · 행동적 증상과 신체적 반응으로도 나타난다.

- **인지 왜곡**: 자신, 타인, 세상에 대한 부정적이고 비합리적인 신념을 지속적으로 유지하는 것으로, "나는 무가치하다"거나 "세상은 위험하다"는 식의 왜곡된 믿음으로 이어진다.
- **정신적 혼미**: 과거 외상과 관련된 감정, 생각, 신체감각이 현재와 뒤섞이며, 시간의 흐름을 구분하기 어려워지고 현실감을 상실하는 혼란 상태가 지속된다.
- **일상 기능의 저하**: 주의 집중이 어렵고 일상생활을 유지하는 데 어려움이 따르며, 직장생활이나 학업 수행에도 부정적인 영향을 미친다.
- **정서적 고통**: 불안, 절망, 수치심, 외로움, 자살 충동 등 강렬하고 복합적인 감정이 나타나며 신체화 증상으로 이어지기도 한다. 감정 조절의 어려움은 초조감, 분노의 폭발, 충동적 행동으로 이어질 수 있다. 이로 인해 자해를 시도하거나 무모한 행동을 반복하는 모습이 나타나기도 한다. 상황 판단이 흐려지고, 위험을 인식하지 못한 채 충동적인 성행동을 할 수 있다. 이러한 행동은 자기 통제력 저하와 깊은 관련이 있다. 또한 감정적 공허감을 채우기 위한 방식으로 중독 행동이 뒤따르기도 한다. 알코올, 약물, 도박뿐 아니라 음식에 집착하는 감정적 섭식도 그 예에 해당한다.
- **과잉 경계 상태**: 주변 자극에 과민하게 반응하며, 생존을 위한 방어 반응이지만 타인과의 관계 형성을 방해하고 긴장과 불안을 심화시킨다.

• **회피 행동**: 불편한 감정과 기억을 피하려는 행동으로 억압, 부정, 해리, 중독 등의 방어기제로 나타나며, 감정 직면을 어렵게 하고 회복을 지연시킨다.

• **대인관계의 어려움**: 불신, 거리두기, 거절 등 방어적인 관계 패턴이 반복되며, 이는 아동기 역기능적 환경에서 형성된 방식이 성인기까지 지속되는 경향이 있다.

• **두뇌 발달 문제**: 아동기 학대나 방임은 감정 조절, 사회성, 학습 능력에 영향을 미치는 뇌 발달을 저해하며, 이는 성인기 학업과 사회 적응력에도 영향을 준다.

• **신체 건강 문제**: 장기화된 외상 경험은 면역력 저하, 만성 통증, 성인기 만성 질환 등으로 이어지는 데 이는 정신건강과 신체건강이 밀접하게 연결되어 있음을 보여준다.

트라우마의 치료적 접근

트라우마 치료는 크게 약물치료와 심리치료로 나눌 수 있다. PTSD를 예방하거나 증상을 완화하는 데 있어 사전 심리적 개입과 항불안제 혹은 과민각성 조절 약물의 사용은 상당한 효과를 보이는 것으로 여러 연구에서 보고되었다(Bryant, 2008). 이 중에서도 인지행동치료는 가장 많은 과학적 근거를 확보한 접근 중 하나로, PTSD와 급성 스트레스 장애의 예방 및 치료에 효과적인 방법으로 널리 활용되고 있다.

인지행동치료의 치료적 특징

• 치료적인 관계를 구축하고 유지하기

• 외상과 PTSD에 관한 심리교육

• 정서조절 및 스트레스 관리

• 외상과 관련한 사고, 정서, 행동을 구별하고 연결시키기

• 외상과 관련된 자아와 세상에 관한 유용한 이야기를 발전시키기

• 외상 기억들과 그 기억들을 떠오르게 하는 것들에 대한 적절하고 점진적인 노출 격려하기

• 외상에 대한 인지적·정서적 처리과정

• 건강한 대인관계에 관한 교육 및 개인의 안전기술훈련

• 잠재적으로 추후 외상을 상기시키고 유발시키는 요인들에 대해 예측하고 이에 대처하기

• 재발방지

인지행동치료는 다양한 기법을 통해 외상 반응을 다각도로 다루며, 치료자의 전문성과 내담자의 특성에 따라 탄력적으로 구성·적용된다. 다음에서는 이들 기법 중 일부 주요 요소를 살펴보고자 한다.

심리교육

심리교육은 외상 경험을 겪은 사람들을 대상으로 대부분의 치료자들이 기본적으로 제공하는 초기 개입 절차 중 하나이다. 이 과정의 핵심 목적은 외상 이후 나타나는 다양한 심리적 반응에 대한 정보를 제공함으로써, 내담자가 자신의 반응을 정상적인 것으로 인식하도록 돕는 데 있다.

"저만 이렇게 불안하고 잠도 못 자는 줄 알았어요. 이게 흔한 반응이라니…… 조금은 안심이 돼요."

즉, 외상 사건 이후 경험하게 되는 불안, 분노, 무력감, 수면 장애 등 여러 증상이 대부분의 사람들이 겪는 일반적인 반응임을 알려주는 것이다. 심리교육은 치료의 초기 단계에서 활용되는 경우가 많지만, 필요에 따라 치료 전반에 걸쳐 반복적으로 제공될 수 있다. 특히 외상에 노출되었을 때 일부 증상이 일시적으로 악화될 수 있다는 점을 미리 안내하면, 치료 과정에서 내담자가 겪는 불편함을 덜 위협적으로 느끼게 하며, 치료자의 안내를 더 신뢰하게 되는 효과도 있다. 이런 과정을 통해 내담자는 자신의 반응을 보다 수용하게 되고, 치료자와의 관계에서도 안정감과 신뢰가 형성되며 치료적 동맹이 강화된다.

지속노출치료

지속노출치료는 외상 이후 흔히 나타나는 회피 반응을 줄이고, 내담자가 외상 기억에 직면할 수 있도록 돕는 핵심적인 치료법이다. 치료의 목표는 고통스러운 기억을 없애는 것이 아니라, 그것과 마주할 수 있는 힘을 기르는 데 있다. 외상 관련 자극에 점진적으로 노출되면서, 두려움과 불안을 감내하고 극복할 수 있는 자기조절력을 회복하게 된다.

노출은 실제 상황 혹은 상상을 통해 이루어진다. 예를 들어, 외상과 관련된 장소나 활동, 특정 감각(냄새, 소리 등)을 회피하던 내담자가 점차 그 환경에 다시 노출되도록 돕는다. "거긴 절대 가고 싶지 않아요. 그냥 그 앞에만 서도 숨이 막혀요." 이러한 말이 나올 정도로 강한 회피 반응을 보이더라도, 치료자는 내담자가 스스로 통제감을 되찾을 수 있도록 단계적으로 접근한다. 실제로 외상이 일어났던 장소를 천천히 다시 방문하거나, 회피했던 일상 활동에 다시 참여하게 하며, 과거의 기억과 현재의 현실 사이의 간극을 감정적으로 받아들이도록 돕는다.

반면 상상 노출은 내담자가 직접적인 재현이 어려운 경우 사용된다. 내담자는 눈을 감고 외상 당시의 상황을 생생하게 떠올리며, 느꼈던 감정, 생각, 신체 반응까지 가능한 한 구체적으로 묘사하게 된다. 치료자 앞에서 큰 소리로 그 경험을 반복해서 말하는 과정을 통해, 고통스러운 기억은 점차 감정적 강도를 잃게 된다.

"이걸 자꾸 떠올리는 게 더 나빠지는 거 아닌가요?"

내담자들이 흔히 하는 이 질문에 대해, 치료자는 반복적 노출을 통해 두려움이 점차 사라지고 감정적 거리두기가 가능해진다는 점을 설명한다. 지속노출치료의 핵심은 외상 기억이 '지금의 위협'이 아니라 '이미 지난 과거의 사건'임을 감정적으로 이해하게 만드는 것이다. 이 과정을 통해 외상 생존자는 세상과 자기 자신을 보다 안전하고 현실적인 시각으로 다시 바라볼 수 있게 된다.

물론 이 치료는 초기 단계에서 불안을 유발할 수 있으며, 내담자가 일시적으로 정서적 고통을 호소하는 경우도 많다. 하지만 수많은 임상 경험과 연구를 통해 그 효과가 입증된 치료법이며, 내담자가 충분한 준비와 지지를 받은 상태에서 접근할 경우, 회복의 촉진제가 될 수 있다. 무엇보다 중요한 것은, 노출 이전에 신뢰와 안정의 기반을 마련하는 것이다. 치료자는 내담자가 안전하다고 느끼는 환경에서, 공감적이고 비판단적인 태도로 치료를 이어가야 하며, 서두르지 않고 내담자의 속도에 맞춰야 한다. 그렇게 할 때, 지속노출치료는 단순한 기술을 넘어, 외상에서 회복하는 강력한 경험으로 작동하게 된다.

단계	주제	내용
1단계	외상후 일반적 반응에 대한 심리교육	외상 생존자들은 치료자와 함께 외상 경험 후 특징적으로 경험하는 일반적인 외상 반응 형태들에 대해서 논의함
2단계	호흡 재훈련	긴장 시 호흡법을 교육함
3단계	실제상황 노출	참자가들에게 불안과 정서적 고통을 유발시키는 외상 경험들을 기억하도록 하거나 현실에서 피하고 싶은 상황이나 활동들을 실제상황 노출을 통해 반복하도록 함.
4단계	상상노출	상상을 통해 외상 사건을 떠올리도록 함

안구운동 둔감화 및 재처리 치료(EMDR, Eye Movement Desensitization and Reprocessing)

EMDR은 임상심리학자 프랜신 샤피로(Francine Shapiro)가 개발한 외상 치료 기법이다. 이 치료는 고통스러운 기억을 떠올리는 동시에 좌우 안구운동을 유도하여, 뇌의 정보처리 시스템을 자극하고 외상 기억에 수반된 부정적인 정서와 신체 반응을 약화시키는 것을 목표로 한다.

"그 기억만 떠오르면 숨이 막혔는데…… 눈동자를 움직이면서 떠올리니까 두려움이 조금 사라졌어요."

EMDR 치료에서 내담자는 치료자의 손가락 움직임이나 빛, 소리 등을 따라 양쪽으로 눈을 움직이며 과거의 기억에 직면하게 된다. 이 과정을 통해 단순한 회피가 아닌, 감당 가능한 방식의 정서적 통합과 기억 재구성이 가능해진다. 반복적인 안구운동은 뇌의 자기치유 기능을 활성화시켜, 기억의 고통을 줄이고 심리적 안정과 자기 효능감, 현실 감각 회복을 촉진한다. 일부 내담자들은 처음에는 이 방식이 어색하게 느껴질 수도 있다. 하지만 치료가 진행될수록, 내면의 변화가 분명하게 체감되기도 한다. EMDR은 PTSD뿐 아니라 복합외상, 불안장애, 애도 반응, 자존감 손상, 수치심과 관련된 심리 문제 등에도 적용할 수 있으며, 다양한 외상 후 반응을 다루는 효과적인 치료 접근으로 인정받고 있다.

사피로의 PTSD 8단계 표준 프로토콜

① **환자 과거력 및 치료계획**: 치료자는 과거 환자를 힘들게 했던 기억, 사건 등 특정한 외상 상황에 대한 과거력을 조사한 후 각각에 대해 주관적 불편감을 점수로 나타내도록 한다.

② **준비 단계**: EMDR의 이론, 진행 과정, 치료 후 변화 등을 포함한 교육과 추후 단계의 안정적 진행을 위해 이완 기법, 스트레스 감소 전략 등을 교육한다.

③ **평가 단계**: 치료를 위한 표적 기억을 선택하여 연관된 부정적인 믿음과 긍정적인 믿음 수준을 확인하고, 기억과 관련된 부정적인 감정과 불편감을 평가한다.

④ **민감소실 및 재처리 단계**: 표적기억의 반응과 힘들었던 감정들이 해소되는 모든 반응을 포함하는데, 이와 같은 주관적 불편정도(SUD)가 0–2점으로 감소될 때까지 반복적으로 안구운동을 지속한다.

⑤ **긍정적 인지주입 단계**: 환자의 부정적인 인지를 긍정적인 것으로 대체하고 강화하는데, 인지타당도척도(VOC)가 7점에 이를 때까지 양측성 자극을 시행한다.

⑥ **신체 검색 단계**: 긍정적인지 주입이 완료된 후 표적기억을 떠올렸을 때 신체에 남아있는 신체감각적인 불편감이 있는지를 확인하는데, 신체적으로 불편감이 전혀 느껴지지 않아야 완전히 치료되었다고 할 수 있다.

⑦ **종결 단계**: 표적기억의 주관적 불편감(SUD 0점)과 인지타당도 점수(VOC 7점) 목표가 달성되었는지 확인한다.

⑧ **재평가 단계**: 회기가 시작될 때마다 이전 회기에서 얻었던 긍정적인 결과들이 잘 유지되는지 확인하고 치료가 필요한 새로운 영역이 있는지 확인한 후 추가적으로 밝혀진 외상적 기억에 대한 처리를 계획한다.

일반적으로 3회기에서 12회기 사이로 진행되며, 각 회기는 약 90분 정도 소요된다. 이 중 1단계와 2단계는 첫 회기에 주로 이루어지고, 이후 매회기 시작 시에는 8단계에 해당하는 '재평가'를 실시한다. 3단계부터 7단계까지는 EMDR의 핵심 치료 과정으로, 회기마다 반복적으로 적용되는 주요 단계이다.

이완법

이완법은 외상으로 인한 신체 긴장과 정서 불안을 완화하고, 자율신경계의 균형을 회복하는 데 효과적인 기법이다. 복합 외상후 스트레스 장애(C–PTSD) 치료를 포함한 다양한 심리치료에서 기초 개입으로 자주 활용된다. 대표적인 이완 기법으로는 점진적 근육이완, 심상이완, 복식 호흡이 있다.

• **점진적 근육이완**은 신체의 주요 근육군을 순차적으로 긴장시켰다가 풀면서, 긴장과 이완의 차이를 스스로 인식하도록 돕는다.

"이렇게 손을 꽉 쥐고 있다가 천천히 풀면…… 진짜 힘이 빠지는 게 느껴져요. 그게 이상하게 마음까지 풀어주는 느낌이에요."

• **심상이완**은 편안한 장면이나 기억을 떠올리며 정서적 안정을 유도하는 방법으로, 복식 호흡과 함께 진행하면 그 효과가 더욱 커진다.

상담자: "지금 편안하다고 느낄 수 있는 장소를 하나 떠올려볼까요? 실제로 가봤던 곳이어도 좋고, 상상 속의 공간이어도 괜찮아요."

내담자: "음…… 해가 지는 바닷가가 떠올라요. 파도 소리도 들리는 것 같고요."

상담자: "좋아요. 그 풍경을 더 선명하게 그려보세요. 바람의 감촉, 햇살의 따뜻함, 발밑의 촉감까지…… 지금 그곳에 머무는 것처럼 천천히 숨 쉬면서 느껴봅니다."

내담자: "몸이 조금 풀리는 느낌이에요. 머릿속이 조용해졌어요."

• **복식 호흡**은 배를 이용한 느리고 깊은 호흡으로, 스트레스 반응을 진정시키고 불안을 조절하는 데 매우 유용하다.

"숨을 들이마시고…… 천천히 내쉬는 것만 반복해도 답답한 마음이 조금은 가라앉는 것 같아요."

이러한 이완법들은 외상 치료 초기의 불안 조절뿐 아니라, 자기조절력을 회복하고 심리적 회복력을 키우는 데 핵심적인 역할을 한다.

인지재구조화(인지재구성: Cognitive Restructuring)

인지 재구조화는 외상 경험으로 인해 형성된 비합리적이고 부정적인 사고를 점검하고, 보다 현실적이고 적응적인 사고로 전환하도록 돕는 치료 기법이다. 외상 이후 자신을 무가치하게 여기거나 세상을 위협적으로 인식하는 왜곡된 사고 패턴은 불안, 회피 행동을 유발하고 외상 회복을 방해한다. 이 기법은 내담자가 가진 부정적 믿음의 타당성을 검토하고, 외상 사건의 의미를 새로운 관점에서 재평가할 수 있도록 돕는다. 치료자는 내담자가 사건에 부여한 왜곡된 해석을 점진적으로 수정하고, 그 기억을 현실적인 맥락 안에서 통합하도록 지원한다. 실제 치료에서는 내담자가 대안적 사고를 녹음해 반복적으로 듣거나, 핵심 외상 장면을 중심으로 문제 사고를 탐색하는 방식이 활용된다. 이러한 과정을 통해 외상 사건에 대한 인지적 해석이 변화하고, 정서적 안정과 자기 인식 회복이 가능해진다. 이는 외상 기억에 대한 회피를 줄이고, 삶의 전반적인 기능 회복에도 긍정적 영향을 미친다.

신체기반 심리치료

신체기반 심리치료는 전통적인 대화 중심의 치료와 달리, 내담자의 인지나 감정보다는 신체의 감각과 반응에 초점을 맞추는 치료 접근이다. 이 치료는 외상 경험이 단지 기억이나 사고의 수준에 머무르지 않고, 신체적 긴장과 생리적 반응 속에 깊이 새겨져 있다는 전제를 바탕으로 한다. 외상은 종종 말로 설명되지 않는 몸의 반응으로 남아 있기 때문에, 치료 역시 몸을 통해 시작되어야 한다는 관점이다.

대표적인 신체기반 심리치료 모델로는 피터 레빈(Peter Levine)의 신체경험 치료(Somatic Experiencing)와 팻 오그든(Pat Ogden)의 감각운동 심리치료(Sensorimotor Psychotherapy)가 있다. 이들 치료는 외상 사건이 신경계에 남긴 흔적을 해소하고, 생물학적으로 정지된 반응을 회복하기 위한 개입을 목표로 한다. 신체의 감각에 대한 세심한 주의를 기울이며, 신체를 통한 회복이 가능하다는 이론적 토대 위에 구성되어 있다. 심리적 외상을 경험하면 호흡은 얕아지고, 근육은 긴장하며, 몸 전체가 생존 반응 모드로 들어가게 된다. 이러한 반응은 말이나 사고만으로는 쉽게 다뤄지지 않으며, 반응의 대부분은 자율신경계 수준에서 무의식적으로 이루어진다. 신체기반 치료는 바로 이 자율적 반응을 인식하고 해소함으로써, 몸과 마음의 통합적인 치유를 가능하게 한다.

• **안정화 작업**: 몸이 지금 '여기'에 존재한다는 감각을 회복하는 데 목적이 있다. 바닥을 딛는 느낌, 의자에 앉은 감각, 피부에 닿는 공기나 옷의 촉감 등 오감을 활용해 현재에 집중하게 하여, 자율신경계의 과잉 각성을 진정시키고 자신이 안전한 공간에 있다는

인식을 회복하게 한다. 이 감각 기반 자기조절 전략은 외상 반응이 활성화되었을 때 내담자가 스스로를 안정화시킬 수 있는 핵심 자원이 된다.

상담자: "지금 발바닥이 바닥에 닿는 느낌 어때요?"

내담자: "딱딱한데…… 묵직하게 눌리는 느낌이 들어요. 이상하게 그게 좀 안심돼요."

• **그라운딩 기법**(Grounding): 위기자자가 현재의 시간, 공간, 감각에 주의를 집중하도록 유도하여, 압도적인 감정이나 기억에서 잠시 벗어나 현실감을 회복하게 돕는 기술이다. 감각 기반 자극(예: 손바닥 문지르기, 냉수 마시기, 발바닥 눌러보기 등)을 통해 몸과 연결감을 느끼게 하고, 인지 기반 과제(예: 지금 보이는 것 5가지 말하기 등)를 통해 현재의 공간에 머물 수 있도록 한다.

상담자: "지금 불안이 올라오는 게 느껴지시죠? 괜찮아요. 제가 도와드릴게요. 지금 여기 방 안에 있는 것 다섯 가지를 말해볼까요?"

내담자: "책상, 의자, 시계, 창문…… 그리고, 물컵이요."

상담자: "좋아요. 이제 손바닥을 서로 문질러보고, 그 따뜻한 감각을 느껴보세요. 지금 여기에 있다는 걸 천천히 느껴보는 거예요."

• **센터링 기법**(Centering): 위기자가 불안이나 해리에 휩쓸리지 않고 자신의 중심을 다시 찾을 수 있도록 돕는 기법이다. 복식호흡, 자세 정렬, 내적 구호("나는 지금 안전하다"와 같은 자기 진술) 등을 통해, 마음과 몸의 중심을 회복하고 통제감을 되찾는 데 초점이 있다.

내담자: "지금도 숨이 가빠지고, 막 떠밀리는 것 같은 기분이에요."

상담자: "그럴 땐 몸을 곧게 세우고, 배로 천천히 숨을 들이마셔 보세요. 숨을 내쉴 때, '나는 지금 여기 있어. 안전하다.'라고 속으로 말해볼까요?"

내담자: "조금…… 숨이 가라앉는 것 같아요. 몸도 덜 흔들리는 느낌이고요."

그라운딩과 센터링은 위기 상담의 초기 개입에서 내담자의 불안 반응을 빠르게 안정시키고, 상담의 집중도를 회복하는 데 필수적인 도구이다. 내담자가 감정을 통제할 수 있다는 감각을 다시 갖게 되는 데 큰 도움을 준다는 점에서, PTSD 개입에서 매우 실용적인 기법으로 간주된다.

1) 신체경험 치료(Somatic Experiencing, SE)

신체경험 치료(Somatic Experiencing, SE)는 트라우마 전문가 피터 레빈(Peter Levine)이 개발한 외상 회복 접근으로, 자율신경계의 생물학적 균형 회복에 초점을 맞춘다. 그는 외상이 단지 마음의 문제가 아니라, 신체 안에 '해소되지 못한 생존 반응'이 그대로 남아 있을 수 있다고 보았다. 투쟁(fight), 도피(flight), 동결(freeze) 반응이 중단된 채 신체에 머무르면, 이후에도 불안, 과민 반응, 무기력 등으로 이어질 수 있다는 것이다. 신체경험 치료는 외상 사건 자체를 반복적으로 떠올리거나 감정을 격하게 다시 경험하게 하지는 않는다. 대신, 현재 신체에서 감지되는 감각(떨림, 조임, 따끔거림 등)을 세심하게 알아차리고 천천히 느껴보도록 돕는다.

상담자: "지금 이야기하면서 몸 어디에 가장 감각이 느껴지세요?"
내담자: "가슴이 답답하고, 어깨가 자꾸 움츠러들어요."
상담자: "좋아요. 그 어깨 감각을 서두르지 말고, 그냥 가만히 지켜보세요. 괜찮아요. 우리는 지금 서두르지 않아요."

이처럼 감각 중심의 접근은, 언어보다 신체를 먼저 신뢰하는 방식이다. 말로 설명하기 어려운 고통이나 복잡한 기억을 굳이 끄집어내지 않아도, 신체 감각을 통해 안전하게 트라우마 반응을 다룰 수 있게 한다. 치료 과정은 내담자의 속도에 맞춰 진행되며, '지금 여기'에서 일어나는 작은 변화에 집중하는 것이 핵심이다. 긴장이 축적된 부위를 부드럽게 탐색하고, 자율신경계가 스스로 긴장을 풀 수 있도록 안내한다.

내담자: "방금…… 숨이 한 번 깊게 쉬어졌어요. 뭔가 풀리는 느낌이 잠깐 있었어요."
상담자: "아주 좋아요. 그 변화가 바로 몸이 회복하고 있다는 신호예요. 그런 작은 감

각이 중요한 길잡이가 됩니다."

　신체경험 치료는 PTSD, 복합외상, 만성 불안, 정서적 무기력 등 몸과 감정이 동시에 얼어붙은 듯한 내담자들에게 특히 효과적이다. 강한 감정을 억지로 직면하게 하지 않으면서도, 신체에 남은 외상 반응을 해소하고 자기조절력을 되찾게 해주는 안전하고 점진적인 치료법이다.

2) 감각운동 심리치료(Sensorimotor Psychotherapy, SP)

　감각운동 심리치료는 팻 오그든(Pat Ogden)이 개발한 외상 치료 접근으로, 신체 감각, 운동 반응, 정서, 인지를 통합적으로 다룬다. 이 치료는 외상이 단지 기억 속 사건이 아니라, 신체적 수준에서 먼저 저장되고 남아 있는 경험이라는 전제에 기반한다. 그래서 말보다 먼저, 몸의 반응부터 읽고 조율하는 것이 핵심이다. 예를 들어, 내담자가 이야기 중에 어깨를 움츠리거나 숨을 얕게 쉬는 반응을 보인다면, 치료자는 그 움직임 자체를 하나의 '정보'로 다룬다.

　상담자: "방금 어깨가 살짝 올라간 거 느껴지셨어요?"
　내담자: "네? 몰랐어요. 그냥 계속 긴장돼서요……"
　상담자: "좋아요. 그 긴장된 어깨를 잠시 그대로 두고, 그 안에 어떤 느낌이 있는지 천천히 살펴볼 수 있을까요?"

　• **신체 자각**: 현재 몸 안에서 일어나는 감각과 정서적 반응을 인식하고, 그것을 억제하거나 판단하지 않고 그대로 느끼도록 안내하는 것이다. 예를 들어 강한 불안이나 긴장을 느낄 때, 그 감정이 몸 어디에 머물고 있는지, 어떤 느낌으로 나타나는지를 관찰하는 것만으로도 정서 조절의 시작이 될 수 있다. 단순한 호흡의 흐름, 근육의 긴장 정도에 주의를 기울이는 것만으로 몸은 조금씩 반응을 바꾸기 시작한다.

　"계속 머릿속이 복잡했는데…… 지금 가슴이 조여오는 게 느껴져요. 예전엔 막연히 마음이 그냥 불안했는데, 몸에서 이렇게 느껴지는 거였네요."

　　• **시퀀싱**(순차적 몸 자각): 몸의 중심에서 말단으로 이완이나 긴장의 흐름을 따라가며, 체내에 남아 있던 투쟁–도피 또는 얼어붙음 반응의 에너지가 자연스럽게 빠져나가도록 돕는 과정이다. 몸이 외상 반응을 충분히 표현하고 해소하지 못했을 때 남아 있던 긴장은, 시퀀싱을 통해 완결된 움직임으로 마무리되며 심리적 안정으로 이어질 수 있다.
　　상담자: "지금 그 떨림이 허벅지에서 시작돼서 발끝으로 흘러나가는 것, 느껴지세요?"
　　내담자: "네…… 뭔가 밑으로 빠져나가는 느낌이에요. 그동안 계속 안에서 맴돌았던 것 같아요."

　　이처럼 SP에서는 내담자의 몸짓, 자세, 근육 반응 등을 관찰하고, 그 안에 담긴 정서적 경험과 방어 패턴을 함께 탐색한다. '움츠림'이나 '도피 움직임' 같은 본능적 반응을 의식화하고, 그 움직임을 치료적 맥락 안에서 조절하거나 완성시키는 방식으로 진행된다. 이를 통해 신체가 느끼는 감정의 미완의 궤적을 회복시킨다. 예를 들어, 과거 위협을 받았을 때 도망치지 못한 경험이 있는 내담자에게, 지금 이 자리에서 "뛰어가려는" 동작을 천천히 표현해보도록 요청할 수 있다.

　　내담자: "그때 도망치고 싶었는데, 몸이 굳어서 아무것도 못 했어요."
　　상담자: "그 움직임을 다시 떠올리며, 이번엔 몸이 어떻게 반응하는지 천천히 따라가 볼까요? 지금 이 순간은 안전하니까요."

　　이런 식으로, '그때 하지 못했던 반응'을 현재의 안전한 환경 안에서 완성해가는 것이 감각운동 심리치료의 핵심이다. SP는 말로 감정을 설명하기 어려운 내담자, 해리 경험이 있는 내담자, 감정과 신체감각이 분리된 사람들에게 특히 효과적이다. 자기 인식과 조절의 능력을 회복하고, 몸과 마음을 함께 회복시켜 나가는 다층적 통합 치료로서 점점 더 주목받고 있다.

# 트라우마 위기 상담 사례와 개입

진우(가명)는 46세의 평범한 가장이다. 중소기업에서 영업팀장으로 일하며, 바쁜 와중에도 가족과의 시간을 소중히 여겨 왔다. 아내와는 결혼한 지 15년이 넘었고, 하나뿐인 딸은 올해 초등학교 5학년에 올라가던 참이었다. 주말이면 근교로 나들이를 다녔고, 특별한 날엔 가족 여행을 계획하곤 했다. 가족은 진우의 인생에서 가장 큰 자부심이자 삶의 이유였다. 모든 것이 평범하고 감사했던 어느 날, 진우는 가족과 함께 여행을 떠나기로 했다. 평소보다 일찍 일어나 짐을 챙기고, 좋아하는 간식을 준비해 기분 좋게 고속도로에 올랐다. 차 안에서는 아내와 딸이 음악에 맞춰 노래를 부르고, 진우는 조용히 운전을 하며 그 모습을 흐뭇하게 바라보았다. 하지만 그 평온한 시간은 순식간에 끔찍한 기억으로 바뀌었다.

고속도로 중간 지점, 앞 차량의 급정거로 인해 연쇄적인 3중 추돌사고가 발생했다. 진우의 차량은 중앙선 부근에서 심하게 충돌했고, 그 충격으로 딸은 현장에서 크게 다쳐 결국 숨을 거두었다. 진우는 가벼운 부상만 입었고, 아내는 병원으로 옮겨져 치료를 받았지만, 정신적으로 완전히 무너진 상태였다. 사고 이후 진우의 삶은 정지된 듯 멈춰버렸다. 자신이 운전대를 잡았던 그 순간이 머릿속에서 반복 재생되었다. 사고 장면은 마치 동영상처럼 생생하게 떠오르고, 낮에는 멍해진 채 무기력하게 시간을 흘려보내고, 밤이면 딸의 울음소리를 듣는 듯한 꿈에 시달렸다. "아빠, 나 아파."라는 꿈속 딸의 목소리는 진우의 잠을 앗아갔고, 새벽이면 식은땀으로 이불을 적신 채 눈을 떴다. 딸의 방은 여전히 그날 아침 떠나기 전 그대로였다. 인형도, 이불도, 머리끈도 그대로 놓여 있었고, 진우는 감히 그 방의 문을 열 수 없었다. 아내는 딸의 물건을 하나씩 정리하자고 했지만, 진우는 손을 내밀 수 없었다.

"정리하면 정말 떠난 것 같아서…… 아직 못 하겠어요."

사고 이후, 진우와 아내의 관계에도 균열이 생겼다. 처음엔 서로를 안으며 울었지만, 시간이 지날수록 말수가 줄고, 눈을 마주치기도 어려워졌다. 아내는 점점 차가워졌고, 말끝마다 진우에게 원망을 내비쳤다. "당신이 그날 운전을 안 했더라면……."이라는 말이 직접 나오진 않았지만, 무언의 침묵 속에서 진우는 그 비난을 매일 듣는 기분이었다. 그러다 결국 아내는 "우리 이렇게는 못 살겠어."라는 말을 꺼냈고, 이혼에 대한 이야기가 나오기 시작했다. 그날 이후 진우는 점점 바깥세상과의 연결을 끊어갔다. 출근은 간신히 하고 있었지만, 집중은커녕 사소한 소리에도 깜짝 놀라고, 사람 많은 공간에서는 숨이 막혔다. 무엇보다 운전이 가장 큰 문제였다. 출근을 위해 차 키를 들고도 한참을 주차장에 서 있어야 했고, 간신히 운전석에 앉아도 가슴이 뛰고 손이 떨려 다시 집으로 올라오는 일이 반복되었다.

"사람들은 다 지나간 일이라고 해요. 근데 저한텐 아직도 그날이 끝나지 않았어요. 그냥…… 그날에 갇힌 느낌이에요."

시간은 흘렀지만, 그의 마음은 사고 당일에 머물러 있었다. 그는 여전히 딸을 잃은 그 순간의 고통 안에서 벗어나지 못한 채, 죄책감과 상실감, 가족관계의 단절과 반복되는 외상기억 속에서 하루하루를 버티고 있었다.

상담목표

1) 안정화를 통해 PTSD 증상을 완화한다.

2) 트라우마 사건이 삶의 여러 측면에서 미친 부정적인 영향을 감소시키고, 트라우마 이전 기능 수준으로 회복한다.

3) 정상적인 책임을 수행하고 관계에 건설적으로 참여할 수 있는 효과적인 대처 기술을 개발하여 적용한다.

4) 트라우마 관련 자극으로 인한 침습적 이미지와 기능 저하, 활동 수준의 변화를 감소시킨다. 또한, 도피와 부정을 지속하는 파괴적인 행동을 중단하고 치료를 촉진하며, 과거 사건을 수용하고 책임 있는 삶을 살아갈 수 있도록 돕는다.

5) 사망한 딸에 대한 애도 작업을 수행하여 상실을 건강하게 수용할 수 있도록 한다.

치료적 개입

진우는 교통사고로 딸을 잃은 후 극심한 외상 후 스트레스 반응(PTSD), 죄책감, 감정 조절의 어려움, 대인관계 회피, 신체적 반응(수면 장애, 공황 반응) 등을 보이고 있다. 이에 따라 상담 초기에는 심리적 안전을 확보하고, 외상 반응을 조절할 수 있도록 안정화에 초점을 맞춘다. 이후 외상 사건에 대한 인지 · 정서적 재처리를 진행하며, 장기적으로는 관계 회복과 삶의 의미 재구축을 목표로 개입을 진행한다.

＊ 트라우마 상담의 절차: 안정화, 트라우마 기억재처리, 재통합

1) 안정화 및 치료적 관계 형성

초기 개입에서는 상담자와의 신뢰 형성을 최우선으로 하며, 내담자가 자신의 감정을 안전하게 표현할 수 있도록 돕는다. 진우는 사고 이후 심한 충격을 받아 반복적인 침습적 기억(플래시백), 불면, 무기력감, 운전 공포 등의 증상을 보이고 있으며, 이에 대한 심층적인 평가가 필요하다. 상담자는 PTSD 심각도를 평가하기 위해 표준화된 심리검사(예: 외상 후 스트레스 장애 척도)를 실시하고, 이를 바탕으로 개별적인 치료 계획을 수립한다. 내담자가 현재 겪고 있는 PTSD 증상을 이해하고, 정상적인 반응임을 인식할 수 있도록 심리교육

을 제공한다. "사고 장면이 계속 떠오르는 것은 이상한 것이 아니라, 뇌가 충격을 처리하는 과정입니다."와 같은 설명을 통해 불안과 혼란을 줄인다. 또한, 불면, 공황 반응, 과각성 상태를 완화하기 위해 필요할 경우 정신건강의학과와 협력하여 약물 치료를 병행하도록 안내한다.

2) 신체적·정서적 안정화 및 대처 기술 습득

내담자가 사고 이후 극도의 신체적 긴장과 정서적 불안을 경험하고 있으므로, 신체 이완 기법을 활용하여 자율신경계를 안정화한다. 호흡 이완 훈련과 근육 이완 훈련을 실시하여 불안과 긴장을 조절할 수 있도록 돕고, 내담자가 일상생활에서 활용할 수 있도록 연습을 유도한다. 또한, 사고 이후 지속되고 있는 왜곡된 사고("내가 운전을 안 했더라면 딸이 죽지 않았을 거야.", "나는 나쁜 아버지다.")를 탐색하고, 이를 보다 현실적인 사고("사고는 나의 의도와 무관하게 발생했다", "내가 할 수 있는 최선을 다했다.")로 수정할 수 있도록 인지 재구조화 기법을 적용한다. 이를 통해 내담자가 자기 비난에서 벗어나도록 돕는다.

3) 트라우마 기억 노출 및 재처리

내담자가 사고 장면과 관련된 플래시백과 악몽을 지속적으로 경험하고 있으므로, 점진적인 기억 노출을 통해 트라우마 기억을 재처리하는 개입이 필요하다. 상담자는 안전한 환경에서 사고 당시의 기억을 회상하도록 하되, 내담자가 감당할 수 있는 수준에서 접근하며, 회상 중 발생하는 감정과 신체 반응을 조절할 수 있도록 돕는다.

또한, 사고 이후 형성된 편향된 자기 대화("나는 무능한 아버지다.", "나는 사랑하는 사람을 지킬 수 없는 존재다.")를 점검하고, 이를 보다 균형 잡힌 자기 대화("나는 최선을 다했고, 사고는 나의 통제 범위를 벗어난 일이었다.")로 교체하도록 인지적 개입을 실시한다. 이 과정에서 유발 자극(운전, 고속도로, 교통사고 뉴스 등)을 확인하고, 내담자가 현실 기반의 사고를 유지하며 적절한 대처 전략을 사용할 수 있도록 훈련한다.

4) 현실 노출 훈련 및 감정 조절

진우는 사고 이후 운전에 대한 극심한 불안을 경험하고 있으며, 운전 자체를 회피하는 행동 패턴을 보이고 있다. 따라서 점진적인 노출 훈련을 통해 운전에 대한 두려움을 완화하고, 일상생활로의 복귀를 촉진하는 개입이 필요하다. 처음에는 차 키를 잡고 1분간 있는 연습부터 시작하고, 점진적으로 운전석에 앉기, 짧은 거리 주행하기, 고속도로 운전하기 등의 단계로 진행한다. 각 단계에서 불안 반응이 발생할 경우 이를 조절할 수 있도록 심상 노출과 사고 중지 기법을 적용한다. 또한, 침습적 사고("딸이 괴로워할 거야.", "나는 운전하면 또 사고를 낼 거야.")가 나타날 때, 사고를 현실적으로 재해석하는 훈련을 병행한다.

감정 조절 개입에서는 사고 이후 지속되고 있는 분노, 죄책감, 무기력감을 탐색하고, 이를 조절할 수 있는 방법을 제공한다. 특히, 내담자가 부인과의 관계에서 거리감을 느끼고 있으며, 이로 인해 정서적 소외감을 경험하고 있으므로, 건강한 의사소통 기술을 습득하고 관계 회복을 위한 개입을 진행한다.

5) 자존감 회복 및 애도 작업

사고 이후 진우는 삶의 의미를 상실한 상태이며, 자책감과 상실감으로 인해 자신을 무가치한 존재로 인식하고 있다. 상담자는 내담자가 자신의 강점과 회복력을 재발견할 수 있도록 돕고, 현재 감당할 수 있는 작은 목표부터 설정하여 점진적인 성취 경험을 쌓도록 유도한다. 또한, 딸의 죽음을 수용하고 건강한 방식으로 애도할 수 있도록 지원한다. 이를 위해 내담자가 딸에 대한 기억을 정리하고, 딸을 기리는 의미 있는 활동(추모 행사 기획, 딸을 위한 편지 쓰기, 기부 활동 등)을 수행할 수 있도록 돕는다. 이 과정을 통해 상실의 고통을 완화하고, 딸과의 관계를 새로운 방식으로 지속할 수 있도록 한다. 마지막으로, 상담의 종결 단계에서는 내담자가 재발 방지 전략을 학습하고, 향후 유사한 스트레스 상황에서 건강한 대처 방식을 적용할 수 있도록 훈련한다. 지속적인 사회적 상호작용과 신체 활동을 유지하도록 독려하며, 부부 관계 회복을 위해 추가적인 부부 상담을 연계하는 방안을 고려한다.

　　종합적으로, 본 사례의 치료적 개입은 PTSD 증상의 완화를 중심으로 안정화, 트라우마 기억 재처리, 애도 과정 지원, 기능 회복을 단계적으로 진행한다. 초기에는 심리적 안정과 신체적 반응 조절을 최우선으로 하고, 이후 트라우마 기억을 재구성하며, 장기적으로는 관계 회복과 삶의 의미 재구축을 목표로 개입을 지속한다. 향후 회기에서는 내담자가 사고 이전의 기능 수준을 회복하고, 상실을 수용하며, 보다 균형 잡힌 삶을 살아갈 수 있도록 지속적인 정서적 지원과 현실적 개입을 병행한다.

7장 | 중독 상담

① 중독의 유형과 특성

중독의 의미

중독(addiction)은 라틴어 addicere 또는 addicene에서 유래된 말로, 원래는 '자신의 권리를 타인에게 양도하다.', '노예가 되다.'는 의미를 가지고 있다. 고대에는 채무를 갚지 못해 노예로 전락한 사람을 일컬을 때 사용되었으며, 이는 중독이 인간의 자율성과 통제력을 상실한 상태라는 점을 상징적으로 보여준다.

중독은 특정 물질이나 행동에 탐닉하는 것을 넘어서, 생물학적·심리적·사회적·정신적 기능 전반에 부정적인 영향을 미치는 복합적인 문제로 이해된다. 초기에는 주로 마약이나 알코올 같은 물질 중심의 의학적 문제로 인식되었으나, 최근에는 도박, 게임, 스마트폰, 인터넷 사용 등 다양한 행동에도 중독 개념이 적용되면서 그 범위가 넓어졌다.

심리학적으로는 중독을 '자신의 감정이나 삶의 어려움을 해소하기 위한 반복적이고 통제되지 않는 행동 양식'으로 보며, 중독 상태에서는 의지력, 판단력, 감정 조절 기능이 저하되고 심리적 의존과 강박성이 나타난다. 반복적인 중독 행동은 일시적으로는 쾌감을 제공하지만, 점차 삶의 영역을 잠식하고 관계, 일상, 자아감에 심각한 손상을 초래한다.

중독의 유형

중독은 크게 물질중독(substance addiction)과 행위중독(behavioral addiction)으로 나눌 수 있다. 물질중독은 알코올, 니코틴, 마약류, 카페인 등 신체에 직접적으로 작용하는 물질을 반복적으로 사용하면서 발생하는 중독이다. 이들 물질은 뇌의 보상회로를 자극하여 강력한 쾌감과 의존성을 유발하고, 내성과 금단 증상을 동반한다. 물질중독은 중독의 생물학적 측면을 이해하는 데 있어 중요한 사례이며, 약물 남용, 알코올 중독 등이 대표적이다.

행위중독은 특정 물질을 섭취하지 않더라도 반복적인 행동에 집착하고 그것에 점점 의존하게 되는 중독이다. 도박, 게임, 인터넷과 스마트폰, 쇼핑, 운동, 성 행동 등이 대표적인 예이다. 이런 행동들은 일상 속에서 자주 나타나고 쉽게 지나쳐지기 때문에 문제로 인식되기까지 시간이 오래 걸리는 경우가 많다. 하지만 이들 중독은 즐거움이나 자극, 현실에서 벗어나고자 하는 욕구를 채워주며 뇌의 보상 체계를 반복적으로 자극해 결국 물질 중독과 비슷한 경로로 중독 상태에 이르게 되고, 회복 과정 또한 길고 복잡할 수 있다.

중독의 대상은 시대와 환경에 따라 계속 변화하고 있으며, 중독은 단일 요인이 아닌 생물학적 민감성, 심리적 결핍, 환경적 스트레스가 복합적으로 작용하여 나타나는 문제임을 이해하는 것이 중요하다.

중독의 특징: 반복성과 강박성

중독은 다양한 형태와 원인을 지니고 있지만, 공통적으로 다음과 같은 특징들이 나타난다. 이는 중독을 중독되게 만드는 핵심적인 요소들이기도 하다.

- **내성**: 같은 자극으로는 더 이상 만족을 느낄 수 없게 되며, 점점 더 강하고 자극적인 행동이나 물질을 추구하게 된다. 이로 인해 중독 행위의 빈도와 강도가 점차 증가한다.
- **금단 증상**: 중독 행동을 중단하거나 제한할 경우, 신체적·정서적으로 불안정한 상태가 나타난다. 예를 들어 불면, 두통, 불안, 우울, 짜증, 식욕 변화 등이 대표적이다. 이는 다시 중독 행동을 하게 만드는 '악순환'의 고리를 형성한다.
- **자기기만**: 중독자는 자신의 행동이 문제가 있음을 알고 있으면서도 다양한 방식으로 부정하거나 회피한다. 심리학에서는 이를 방어기제로 설명하는데, 부정, 합리화, 전가 등이 흔히 나타난다.
- **의지와 통제력의 상실**: 중독의 핵심은 멈추고 싶어도 멈출 수 없는, 의지력과 자기통제의 상실이다. 처음에는 자신이 통제할 수 있다고 믿지만 반복된 실패는 자존감을 떨어뜨리고, 변화 가능성에 대한 믿음도 무너진다. 이는 무력감과 패배감을 심화시키며 악순

환을 반복하게 한다. 이러한 통제력 상실은 뇌의 전전두엽 기능 저하와 관련되며, 충동이 판단을 앞서는 상태로 이어진다.

　• **주의력 왜곡**: 중독 대상에 대한 과도한 주의집중은 주변 활동, 인간관계, 일상생활을 무기력하게 만든다. 이는 중독 행동 외의 즐거움이나 보람을 무감각하게 만들며, 삶의 균형을 잃게 한다.

이와 같은 중독을 '나쁜 습관'이 아니라 치료와 회복이 필요한 상태로 인식하게 만드는 중요한 기준이다. 이러한 특성을 이해하는 것은 중독자를 판단하기보다, 공감하고 도와줄 수 있는 출발점이 된다.

② 중독의 생물학적·심리적 요인

중독의 생물학적 요인: 뇌와 보상회로

중독은 단순한 의지력 부족이 아니라, 뇌의 보상시스템이 비정상적으로 작동하면서 발생하는 신경생물학적 질환이다. 특히 복측피개영역(Ventral Tegmental Area, VTA), 측좌핵(Nucleus Accumbens, NAC), 전전두엽피질(Prefrontal Cortex, PFC)로 이루어진 보상회로에서 도파민의 역할이 핵심이다. 도파민은 기분뿐 아니라 동기 부여, 학습, 기억, 의사결정에 관여하며, 반복적 보상 경험을 강화시킨다.

마약, 도박, 게임 등은 도파민을 비정상적으로 분비시켜 뇌를 '하이재킹(hijacking)'하고, 반복된 자극은 도파민 수용체 감소와 민감도 저하를 초래하여 점점 더 강한 자극을 원하게 만든다. 이러한 내성과 더불어, 중독 행동은 뇌에 강한 기억으로 각인돼 재발 위험을 높이며, 충동조절과 판단을 담당하는 전전두엽 기능 저하로 인해 자기 조절도 어려워진다. 결국 중독은 뇌 전반에 걸쳐 영향을 미치는 복합적인 뇌 질환이다.

중독의 심리적 요인 : 회피와 충동

중독은 겉으로 보기엔 단순한 습관처럼 보일 수 있지만, 그 이면에는 감정의 혼란을 잠재우려는 깊은 심리적 방어기제가 작동한다. 인간은 말로 표현하기 어려운 우울감이나 외로움, 불안 같은 감정을 감당하기 힘들 때, 무언가에 몰두함으로써 그 고통에서 잠시나마 벗어나려 한다. 중독행동은 그 순간만큼은 감정을 마비시키는 수단이 된다.

• **감정회피**: 중독자들은 우울감, 불안, 분노, 외로움, 죄책감과 같은 감정을 인식하거나 표현하는 데 익숙하지 않다. 이러한 감정이 견디기 어려울 때, 중독 행동은 일종의 도피처가 된다.

"그냥 아무 생각 없이 게임에만 몰두하고 싶어.", "술 마시면 잠깐이라도 마음이 편해져."

이처럼 게임이나 술에 몰입함으로써 고통스러운 감정을 잠시나마 마비시키는 것이다. 문제는 그 '잠깐의 편안함'이 반복되며 회피가 습관화된다는 점이다.

• **충동조절 실패**: 중독은 단순한 욕망이 아니라 충동 조절 능력의 손상과 깊은 관련이 있다. 중독자들은 스스로 "이러면 안 되는데"라는 생각을 수없이 되뇌지만, 행동은 멈추지 않는다. "이번엔 진짜 마지막이라니까. 근데 손이 먼저 가버렸어.", "그냥 너무 답답해서." 이런 순간, 중독 행동은 일종의 자동 반응처럼 나타나고, 특히 분노나 공허감, 슬픔 같은 감정을 느낄 때 더욱 강하게 작동한다.

• **학습된 부적응**: 중독 행동은 단지 지금의 선택이 아니라, 오랜 시간 학습된 부적응적 대처 방식의 결과이기도 하다. 감정을 건강하게 표현하거나 스트레스를 효과적으로 해소하는 법을 배우지 못한 채, 문제를 외면하거나 눌러놓는 방식에 익숙해진다. "어릴 땐 울면 혼났어.", "말해봤자 뭐가 바뀌는 것도 아니었고." 이렇게 억눌린 감정은 결국 다른 방식으로 튀어나오고, 반복되는 행동은 서서히 중독으로 굳어진다.

• **왜곡된 사고**: 중독자들은 종종 현실을 왜곡하여 자신의 행동을 정당화하기도 한다. "이번 한 번만.", "나도 스트레스를 풀 권리가 있어."라는 자기기만적 생각은 중독행동을 지속하게 만드는 인지적 함정이다.

중독은 쾌락 추구만의 문제가 아니라 내면의 고통을 처리하지 못한 채 시도된 잘못된 해결책인 경우가 많다. 이를 극복하기 위해서는 감정을 회피하거나 억누르는 패턴을 인식하고, 자기 이해와 감정 조절, 건강한 대처 전략을 새롭게 익히는 심리적 변화가 필수적이다.

③ 중독 상담 개입

　중독에 빠진 사람은 반복되는 실패 경험, 재정적 손실, 대인관계 붕괴, 심한 자책감 등으로 인해 자살 사고나 극단적인 감정 폭발과 같은 위기 상황에 처하기 쉽다. 이처럼 위기적 상황에서는 즉각적인 정서적 안정과 현실적 개입이 필요하며, 이때 적용할 수 있는 것이 중독 위기개입이다. 중독에 대한 위기개입은 위기자의 감정과 행동이 폭발적으로 표출되기 직전 혹은 직후의 시점에서, 상황을 구조화하고 감정적 긴장을 완화시키며, 실질적인 안전 확보와 치료 연계를 통해 회복을 돕는 단기적이고 집중적인 개입 방식이다. 중독에 사용되는 상담은 근거기반치료로 알려진 인지행동치료, 동기강화상담, 현실치료, 마음챙김기반치료, 12단계 프로그램 등이 있으며 가족치료, 집단상담, 약물치료 등도 필요환 경우 효과적으로 개입될 수 있다.

인지행동치료(CBT, Cognitive Behavioral Therapy)

　인지행동치료는 중독 상담에서 널리 사용되는 접근으로, 중독 행동의 배경에 있는 자동사고, 비합리적 신념, 회피적 행동을 인식하고 변화시키는 데 중점을 둔다. 내담자가 자신의 생각과 행동을 객관적으로 관찰하고 분석하도록 돕고, 중독을 유발하는 심리적 기제를 이해하고 통제할 수 있도록 한다. 특히 '한 번만', '견딜 수 없다.'는 자동사고는 중독을 반복하게 만들며, 인지행동치료는 이를 현실적 사고로 바꾸고 자기조절력을 강화하는 것을 목표로 한다. 또한 중독을 유발하는 환경적 요인과 습관을 분석해 트리거(trigger)를 파악하고, 이에 대한 새로운 대처 전략을 개발함으로써 감정 조절과 스트레스 대응 능력을 높인다.

1) ABC 모델

CBT^(인지행동치료)에서는 내담자의 중독 행동을 다음과 같은 ABC 모델로 구조화하여 이해한다. 이 모델은 중독의 발생과 지속을 인지적 관점에서 분석하고, 개입의 실마리를 제공하는 도구가 된다.

- **A (Activating event) - 촉발 사건**

중독 행동을 유발하는 사건이나 상황을 말한다. 외로움, 스트레스, 금전 문제, 가족과의 갈등, 실패 경험 등이 여기에 해당한다. "요즘 너무 답답하고 외로워. 아무도 나한테 신경 안 쓰는 것 같아." 이처럼 부정적인 감정이나 상황이 중독 행동의 출발점이 된다.

- **B (Belief) - 사고 또는 신념**

촉발 사건에 대해 내담자가 가지는 해석이나 믿음이다. 이 신념은 종종 비합리적이며 자동적으로 떠오르는 경우가 많다. "이럴 땐 그냥 한 판 돌려야 풀리지. 딴 방법은 소용없어." 이러한 생각은 중독 행동을 정당화하고 반복을 강화하는 역할을 한다.

- **C (Consequence) - 결과로 나타나는 감정과 행동**

그 신념에 따라 나타나는 감정 상태와 행동을 의미한다. 중독 행동이 반복되며 우울감, 무기력, 회피 등 악순환으로 이어질 수 있다. "또 해버렸어. 자책하면서도 멈출 수가 없어. 그냥 다 놓아버리고 싶어." 이처럼 결과는 다시 새로운 A가 되어 중독의 고리를 계속 돌게 만든다.

이 과정을 통해 내담자는 자신의 사고가 중독 행동에 어떤 영향을 주는지를 자각하게 되고, 이를 '도전 가능한 사고'로 전환하는 인지 재구성을 배우게 된다. 위기자는 자신의 사고 오류를 인식하고, 상담자와 함께 더 현실적이고 유연한 사고로 바꾸는 훈련이 CBT의 핵심이다.

> **인지행동치료의 대표적 사고 왜곡**
>
> - 흑백논리: "이번에도 실패하면 난 완전히 끝이야."
> - 과잉일반화: "과거에 실패했으니 앞으로도 안 될 거야."
> - 당위적 진술: "난 반드시 잃은 돈을 다시 따야 해."
> - 파국적 사고: "게임을 못 하면 난 아무것도 아니야."
> - 자기비난/명명하기: "난 중독자야, 쓸모없는 인간이야."
> - 개인화: "가족이 힘든 건 다 내 탓이야."

인지행동치료에서는 위기자의 인지 변화와 함께 다음과 같은 행동 기법도 병행하여 실행한다.

> **인지행동치료의 행동 기법**
>
> - 유혹 상황 회피 및 계획 수립
> - 대체 행동 찾기(예: 운동, 글쓰기, 산책)
> - 긴장 해소를 위한 이완 훈련
> - 행동 모니터링(중독 충동 일기 쓰기)

2) 인지행동치료의 주요 기법

· **트리거 분석**: 중독 행동은 대개 특정 상황, 감정, 사고에 의해 반복된다. 트리거(trigger)를 인식하지 못하면 행동은 자동처럼 반복된다. "그날도 그냥 평소처럼 흘러갔는데…… 갑자기 가슴이 답답해지더니, 손이 이미 도박 앱을 켜고 있더라고요." 상담자는 내담자가 자신만의 촉발 요인을 구체적으로 식별하고, 일지를 통해 그 패턴을 시각화하도록 돕는다. 이는 단순한 회피가 아닌, 반복적 중독 반응을 끊어내기 위한 인지적 개입의 시작이다.

· **대처 전략 학습**: 중독 행동은 감정을 조절할 적절한 대안이 부재할 때 강화된다. 상담자는 외로움, 불안, 분노 같은 스트레스 상황에서 사용할 수 있는 구체적 대응 전략(예: 감정표현, 심호흡, 신체이완, 문제해결 기술 등)을 훈련시킨다. "참으라고만 배웠지, 감정을 어떻게 꺼내야

하는지는 아무도 안 가르쳐줬어요." 이러한 학습은 내담자가 위기 상황을 보다 유연하게 다룰 수 있는 선택지를 확보하게 하며, 자기조절 감각의 회복으로 이어진다.

• **인지 왜곡 교정:** '나는 실패자야.', '끊어도 소용없어.'와 같은 자동적이고 비합리적인 사고를 탐색하고, 그 사고가 어떤 근거에서 비롯되었는지를 함께 검토한 뒤, 보다 현실적이고 균형 잡힌 인지로 재구성하는 작업을 진행한다. 이 과정은 내담자가 자기 자신에 대해 갖고 있는 부정적 신념을 수정하고, 보다 긍정적인 자기 인식을 형성하는 데 기여한다.

• **행동 실험:** 내담자는 중독 행동을 대체할 만한 새로운 행동을 직접 시도하고, 그 결과를 스스로 점검한다. 예를 들어, 갈등 상황에서 회피 대신 자기표현을 실천하거나, 충동이 올라올 때 대체 활동을 수행해보는 방식이다. "솔직히 말하면 무섭긴 했어요. 근데 말하고 나니까, 그렇게까지 망가지진 않더라고요." 이 과정을 통해 내담자는 자신이 가진 회피적 신념의 한계를 인식하고, 통제 가능한 행동 선택의 가능성을 체험하게 된다.

이러한 기법들은 단기적인 중독 완화뿐만 아니라 장기적인 회복과 재발 방지, 그리고 자기효능감 회복에 실질적인 도움을 주는 핵심 전략들이다.

동기강화상담 (Motivational Interviewing, MI)

동기강화상담(MI)은 중독을 포함한 변화 행동 문제에 널리 활용되는 상담 기법으로, 내담자 스스로의 내적 동기를 발견하고 강화하는 데 초점을 둔다. 변화에 대한 양가감정(변화하고 싶은 마음 vs. 머무르고 싶은 마음)을 자연스러운 심리 과정으로 보고, 이를 해결하도록 돕는다. 상담자는 지시나 설득 대신 공감적이고 비판단적인 태도로 내담자의 이야기 속 변화 가능성을 포착하고 이를 확장하는 데 집중한다. MI는 특히 변화의 준비가 부족하거나 외부 압력으로 상담에 참여한 내담자에게 효과적이며, 자율성과 자기결정성을 회복시키는 데 도움을 준다. 인지행동치료(CBT), 현실치료, 12단계 프로그램 등과 함께 통합적 접근으로 활용되기도 한다.

1) 변화의 단계

MI는 프로차스카(Prochaska & DiClemente, 1983의 '변화단계모형(Stages of Change Model)'을 기반으로 하며, 위기자의 동기 수준을 파악하여 상담 전략을 조절한다. 프로차스카의 변화의 5단계와 그에 따른 개입을 살펴보자.

- **전숙고 단계**: 위기자는 중독 문제를 인식하지 않거나, 변화할 의지가 없다. 이 시기에는 문제를 지적하기보다는 비판 없는 공감과 개방적 질문을 통해 문제에 대한 자각을 도울 필요가 있다.

"내가 어떻게 당신을 돕기를 바라나요?"
"지금 상황이 당신에게 어떤 영향을 주고 있는지 이야기해 줄 수 있나요?"
"지금부터 5년 후에 당신의 삶이 지금과 어떻게 달라져 있기를 원하나요?"

- **숙고 단계**: 위기자는 문제를 인식하지만 변화가 두렵거나 확신이 없다. 이때는 중독 행동의 장점과 단점, 변화의 이점과 어려움을 탐색하며 내적 갈등을 드러내게 하는 것이 중요하다.

"알코올 의존도가 심해지면 가족관계에 어떤 영향이 있을까요?"
"음주를 줄이면 가장 좋아질 부분이 뭐라고 생각하세요?"
"만약 당신이 달라진다면 상황이 어떻게 좋아질까요?"
"만약 변화하기로 결심했따면 당신이 그것을 할 수 있다고 생각하게 만든 것은 무엇이었나요?"

- **준비 단계**: 위기자는 행동 변화를 계획하고 실천할 준비가 되어 있다. 구체적인 실천 계획과 작은 성공 경험을 통해 자기효능감을 높여야 한다.

"하루 2시간 이내로 게임 시간을 줄이는 것부터 시작해 보는 건 어때요?"

"컴퓨터에 있는 폴더부터 삭제해야겠어요"
"채용공고가 올라온 회사 리스트를 먼저 만들어야겠어요"
"학교 근처에 있는 독서실부터 찾아볼 거에요"

• **실행 단계**: 실제로 중독 행동을 줄이거나 중단하고 있다. 이 시기에는 유혹 상황에 대한 대처 전략, 지지체계 구축, 스트레스 관리 등을 중심으로 상담을 진행한다.

• **유지 및 재발 예방 단계**: 재발은 회복 과정의 일부로 받아들이며, 재발 시 자책보다는 학습의 기회로 해석하도록 돕는다.

"이번에 어떤 상황이 다시 음주를 유발했을까요? 다음엔 어떻게 다르게 대처해볼 수 있을까요?"

2) 동기강화상담의 기본기술 OARS와 변화대화 끌어내기

동기강화상담에서 상담자는 내담자의 변화 동기를 끌어내기 위해 '이끄는' 자세를 취하지 않고, 내담자 스스로 변화의 이유를 발견하고 언어화하도록 돕는다. 이를 위해 사용되는 대표적인 대화기술이 바로 OARS (Open Question, Affirmation, Reflective Listening, Summarize) 기법이다. 이는 열린 질문하기(Open Question), 인정해주기(Affirmation), 반영적 경청하기(Reflective Listening), 요약해주기(Summarize)의 네 가지 기술로 구성되며, 내담자의 저항을 최소화하고 변화 대화를 자연스럽게 유도하는 데 효과적이다.

• **열린 질문하기**(Open question): 열린 질문은 위기자의 변화에 대한 이유, 바람, 계획을 발견하고 말로 표현하게 하는 것에 목적이 있다. "요즘 술을 줄여야겠다고 생각한 적 있으세요?" 대신, "최근 당신이 술에 대해 고민하게 된 어떤 계기가 있었나요?"와 같은 질문은 내담자의 내면을 더 깊이 들여다볼 수 있는 기회를 제공한다.

• **인정해주기**(Affirmation): 위기자가 보여주는 태도, 노력을 진심으로 인정하고 격려함으로써 자신의 가치를 발견하고 자기효능감을 회복할 수 있도록 돕는다. "최근에 혼자 술

마시는 횟수를 줄이셨다고 하셨죠. 쉽지 않았을 텐데, 스스로 조절해보려는 노력이 인상 적이에요.", "당신이 원하는 만큼의 결과는 내지 못했지만 의도는 훌륭했어요."와 같은 표현은 내담자의 변화 가능성을 지지해주고 자기존중감과 변화에 대한 신뢰를 높인다.

　• **반영적 경청하기**(Reflective listening): 위기자의 말 속에 담긴 의미와 감정을 읽고 다시 전달 함으로써, 상담자가 제대로 이해하고 있다는 메시지를 준다. "요즘 술을 줄여야 할 것 같 긴 한데, 막상 저녁이 되면 손이 먼저 가요."라는 말에 "줄이고 싶은 마음도 있지만, 그 시간대가 특히 유혹이 되는 것 같네요."라고 반영해 주면, 내담자는 "이 사람이 나를 제 대로 이해하고 있구나."라고 느끼며 대화를 더 열게 된다.

　• **요약해주기**(Summarize): 변화대화를 끌어내기 위한 정돈된 정리나, 상담 내용을 마무리 할 때 효과적이다. "지금까지 말씀하신 걸 들어보면, 술을 줄이고 싶은 마음이 분명히 있 고, 가족을 걱정시키고 싶지 않다는 마음도 크신 것 같아요. 다만 스트레스를 해소할 방 법이 마땅치 않다는 게 고민이신 거죠."와 같이 요약하면, 내담자는 자신의 말이 온전히 수용되었음을 느끼고 다음 대화로 더 쉽게 나아갈 수 있다.

3) 동기강화상담(Motivational Interviewing, MI)의 4가지 원리

　• **공감 표현하기**: 위기자가 겪고 있는 감정의 무게와 혼란을 함께 느끼고 인정하는 것 은 방어를 풀고 자신의 속마음을 안전하게 표현할 수 있도록 돕는다. "이 상황이 혼란스 럽고 무거우셨겠어요. 지금까지 어떻게 견뎌오셨는지 궁금해요."

　• **불일치감 만들기**: 위기자의 현재 행동과 소중히 여기는 가치 사이의 간극을 비판 없 이 드러냄으로써 행동의 변화의 출발점을 만든다. 위기자의 삶의 방향과 현재의 삶 사이 에서 느끼는 내적 갈등을 확장시킨다. "당신에게 가족이 얼마나 소중한지 느껴져요. 그 런데 최근 음주로 인해 가족들과의 관계가 조금 멀어진 것 같다고 하셨죠. 이 점에 대해 어떻게 느끼시나요?"

　• **저항과 함께 구르기**: 위기자의 저항을 만날 때 설득하거나 맞서기보다 흐름을 따라 가며 부드럽게 방향을 조율한다. "지금은 금주라는 말 자체가 부담스럽게 느껴지시는군 요. 다만 최근 건강검진 결과나 가족과의 관계 변화에 대해서도 고민 중이라고 하셨죠. 혹시 그 두 가지 사이에서 어떤 생각이 드셨는지 여쭤봐도 될까요?"

• 자기효능감 지지하기: 위기자로 하여금 작고 구체적인 목표부터 실천할 수 있도록 돕는다. 위기자가 변화의 자원을 실행하면 성공경험을 강화시키고 자기효능감을 지지한다. "과거에도 금주를 3일 이상 해본 경험이 있잖아요. 그때 무엇이 도움이 되었나요?"

현실치료

현실치료는 중독을 단순한 '나쁜 습관'이나 '의지의 문제'로 보지 않는다. 윌리엄 글래서(William Glasser)의 선택이론에 기반한 이 접근은, 중독 행동 역시 개인이 자신의 기본 욕구(사랑과 소속, 힘, 자유, 즐거움, 생존)를 충족하기 위한 하나의 선택으로 이해한다. 비록 해롭고 자기파괴적인 행동일지라도, 내담자 나름대로 고통을 줄이기 위한 시도이며, 그 이면에는 해결되지 않은 욕구와 삶의 결핍이 존재한다는 시각이다.

1) 중독에 대한 현실치료적 관점

중독은 종종 삶의 불만족, 관계의 단절, 통제감 상실 등에서 비롯된다. 현실치료는 중독이라는 결과만을 보지 않고, 행동·생각·감정·생리적 반응의 네 요소 중 특히 행동에 주목한다. 지금 내담자가 무엇을 하고 있는지를 인식시키고, 그 행동이 원하는 삶에 도움이 되는지를 함께 평가하며, 더 나은 선택을 할 수 있는 주체성을 회복하도록 돕는다.

2) 현실치료의 핵심 도구: WDEP 시스템

현실치료에서는 중독 행동에 대한 내담자의 '선택'과 '책임'을 강조하며, WDEP 시스템을 통해 자기인식과 행동변화를 유도한다.

• W (Want: 원하는 것): 내담자가 중독을 통해 충족하고자 하는 근본 욕구를 탐색한다. 단순히 "끊고 싶다"는 말 이면에 있는 정서적 결핍이나 관계 욕구에 주목한다.

"사실 끊고 싶다고 말은 하는데…… 그거 없으면 내가 진짜 아무것도 아닌 사람처럼 느껴져요."

• D (Doing: 현재 하고 있는 것): 현재 그 욕구를 채우기 위해 어떤 행동을 하고 있는지를 분석

한다. 중독 행동이 욕구 충족과 어떻게 연결되는지를 명확히 본다.

"하루 종일 불안해서 계속 휴대폰만 만졌어요. 그거라도 붙잡고 있어야 좀 숨이 쉬어지거든요."

• E (Evaluating: 평가하기): 지금의 행동이 자신이 원하는 삶에 도움이 되는지를 내담자가 스스로 점검하게 한다. 이때 상담자는 평가를 강요하지 않고, 정직한 자기 인식을 도와준다.

"아니요…… 결국 또 제자리예요. 잠깐은 잊히는데, 끝나고 나면 더 허무해요."

• P (Planning: 계획하기): 실행 가능한 대안을 계획하고, 작은 실천부터 시도하도록 돕는다. 실패하더라도 과정을 조정하며 자기효능감을 회복하는 것이 중요하다.

"오늘은 출근 전에 10분만이라도 산책을 해볼게요. 그거라도 해야 덜 무너질 것 같아요."

3) 중독 상담에 활용되는 현실치료 주요 가치

현실치료에서는 개인의 책임 있는 선택을 강조한다. 따라서 중독은 개인의 선택이며, 중독자는 더 나은 선택이 가능하다는 믿음을 회복한다.

• '피해자'가 아닌 '선택자'로 보기: 현실치료는 중독자를 '피해자'가 아닌 '선택자'로 바라본다. 반복되는 행동 속에서도 자신의 선택이 작동하고 있다는 사실을 자각하게 하는 것이 핵심이다.

내담자: "저는 그냥…… 이걸 끊을 수 없는 사람이에요. 망가진 거죠."

상담자: "지금까지의 선택이 당신을 여기까지 데려왔고요. 앞으로의 선택이 어디로 갈지 정할 수 있는 힘도 여전히 당신에게 있습니다."

• 행동계약 만들기: 행동계약은 그 힘을 실천으로 연결하는 장치다. 말로만 끝나는 다짐이 아니라, 구체적이고 실행 가능한 계획을 약속하는 과정이다.

상담자: "내일 아침, 가장 먼저 뭘 해볼 수 있을까요?"

내담자: "퇴근하고 혼자 있는 시간이 제일 위험하니까…… 그때 운동화를 신고 그냥 밖으로 나가볼게요. 10분만이라도."

• 관계 회복을 통한 욕구 충족: 중독은 소외감과 정서적 단절에서 비롯될 수 있다. 따라

서 건강한 관계 회복은 단순한 감정지지 이상의 치료적 효과를 가진다.

내담자: "누구한테 이런 얘기를 해본 적이 없어요. 말하면 다들 저를 이상하게 볼 것 같아서요."

상담자: "지금 이렇게 말하는 순간, 단절이 조금은 풀리고 있다는 걸 느끼시나요? 연결은 이렇게 다시 시작될 수 있습니다."

• **일관된 질문과 경계 설정**: 현실치료에서 상담자는 일관된 질문을 통해 내담자가 자기 행동을 스스로 평가하도록 유도한다. 이는 판단이나 설교가 아니라, 현실적 성찰을 위한 대화의 틀이다.

상담자: "지금 하고 있는 행동이, 당신이 원하는 삶을 만드는 데 도움이 되고 있나요?"

내담자: "아뇨…… 정작 원하는 건 이런 게 아닌데, 자꾸 이 길로만 가게 돼요."

현실치료상담은 중독 내담자에게 "당신은 무력한 존재가 아니라, 선택할 수 있는 사람입니다."라는 메시지를 전하는 상담이다. 단순히 중독을 끊는 것에 초점을 두기보다는, 그 이면의 욕구 · 선택 · 책임 · 관계에 주목하며 보다 근본적인 회복을 이끌어낸다. 자기통제력, 삶에 대한 책임감, 관계의 회복을 통해 중독에서 벗어나고자 할 때, 현실치료는 매우 효과적인 핵심 상담 접근이 될 수 있다.

12단계 프로그램(12-Step Program)

12단계 프로그램은 중독 회복을 위한 대표적인 집단 기반 자기성찰 프로그램이다. 중독자가 자신의 삶을 돌아보고 타인과의 관계를 회복하며, 지속 가능한 회복을 위한 삶의 태도를 실천하는 데 초점을 둔다. 이 프로그램은 1935년 미국에서 시작된 '익명의 알코올중독자들(Alcoholics Anonymous, AA)' 모임에서 출발하였으며, 이후 마약, 도박, 섭식장애, 성중독, 인터넷 중독 등 다양한 중독 문제에 적용되며 확대되어 왔다. 이 접근의 핵심은, 중독자가 자신의 힘만으로는 중독을 통제할 수 없다는 무력감을 인정하고, 자신을 넘어서는 보다 큰 힘(Higher Power)에게 삶의 방향을 맡기며, 진실한 자기고백과 관계 회복, 지속적인 영적 성장을 통해 회복을 이루어가는 데 있다. 개인의 의지만을 강조하기보다는,

공동체의 지지와 영적 성찰, 책임 있는 삶의 실천이 병행될 때 진정한 변화가 가능하다는 믿음이 바탕에 깔려 있다. 12단계 프로그램은 다음과 같은 실천 과정을 포함한다.

- 1단계: 자신의 중독에 대해 무력하며, 삶이 통제 불가능해졌음을 인정한다.
- 2단계: 자신보다 더 큰 힘이 회복을 가능하게 할 수 있다고 믿게 된다.
- 3단계: 자신의 뜻과 삶을 그 힘에게 맡기기로 결단한다.
- 4단계: 두려움 없는 철저한 도덕적 자기성찰을 수행한다.
- 5단계: 자신의 잘못을 신, 자신, 그리고 다른 사람에게 인정한다.
- 6-7단계: 성격적 결함을 인식하고, 이를 제거해 주시길 겸손히 요청한다.
- 8-9단계: 상처를 준 사람들에게 사과하고 관계 회복을 시도한다.
- 10단계: 매일 자기성찰을 지속하고, 실수는 즉시 인정한다.
- 11단계: 기도와 명상을 통해 내면의 평화와 영적 성장을 추구한다.
- 12단계: 이 원칙을 삶 속에서 실천하며, 같은 어려움을 겪는 사람들에게 그 메시지를 전한다.

12단계 프로그램은 공동체 중심의 회복 환경을 제공하며, 정기적인 모임과 스폰서 제도를 통해 고립감을 해소하고 지속적인 지지를 제공한다.

한국에서의 AA 12단계 프로그램

한국에서 AA 모임에 참여하려면 별도의 가입 절차나 비용 없이 누구나 자유롭게 참석할 수 있다. AA 한국 공식 웹사이트(http://aakorea.org)를 통해 지역별 모임 장소, 시간, 온라인 Zoom 모임 정보를 확인할 수 있으며, 전화(02-928-5432)를 통해 문의하면 친절한 안내를 받을 수 있다. 익명성과 자율성이 철저히 보장되며, 처음 참석하는 사람은 말하지 않고 듣기만 해도 된다. AA는 무엇보다 "당신은 혼자가 아니다."라는 메시지를 전하며, 회복의 여정을 함께할 수 있는 든든한 출발점이 되어준다. 이와 더불어, 국가 차원에서도 알코올 중독자를 위한 다양한 무료 또는 저비용 지원기관이 운영되고 있다. 대표적으로는 중독관리통합지원센터, 정신건강복지센터, 한국중독연구재단(KARF) 등이 있으며, 이들 기관은 전문 인력과 프로그램을 통해 진단, 상담, 치료, 재활까지 폭넓은 서비스를 제공한다.

중독관리통합지원센터는 보건복지부에서 운영하는 공공기관으로 전국에 약 50여 곳이 설치되어 있으며, 정신건강복지센터는 각 지방자치단체가 운영하는 정신건강 상담기관이다. KARF(한국중독연구재단)는 특히 알코올 중독을 전문적으로 연구하고, 앞의 두 기관과 연계하여 보다 심층적인 치료와 재활을 제공하고 있다. 알코올 중독 회복을 위해서는 혼자 고민하기 보다, 공공 자원과 자조모임을 적극적으로 활용하는 것이 중요하며, 그것이 곧 회복의 첫걸음이 될 수 있다.

도박 중독

도박은 알코올과 함께 사회적 중독 문제로 급부상하고 있으며, 특히 청소년과 청년층 사이에서도 빠르게 확산되고 있다. 스포츠 베팅, 온라인 카지노, 불법 사설 도박 등 다양한 경로로 접근이 가능해지면서, '한 번쯤은'이라는 가벼운 호기심이 습관이 되고, 통제할 수 없는 중독으로 이어지는 사례가 늘고 있다. 도박은 외형상 '행위'일 뿐이지만, 반복되는 쾌감과 자극을 통해 뇌의 보상시스템을 자극하며 중독 구조를 만든다. 특히 간헐적 보상(intermittent reward)은 뇌에 강한 자극을 주며, 도박 행동을 강화하고 멈추지 못하게 한다. 패배 후에는 더 큰 돈으로 잃은 것을 회복하려는 '추격 도박'에 빠지고, 이 과정에서 재정 파탄뿐 아니라 자존감 저하, 대인관계 파괴, 심리적 무기력이 깊어진다.

많은 중독자들이 죄책감과 수치심 때문에 오랜 시간 혼자서 문제를 숨기지만, 도박 중독은 '의지의 문제'가 아니라 감정조절과 현실 회피 방식의 왜곡이라는 심리적 메커니즘으로 설명할 수 있다. 무엇보다 중요한 것은 전문적인 도움과 지지 체계를 통해 충분히 회복 가능하다는 사실이다.

도박 중독 문제로 어려움을 겪고 있다면, 아래의 전문 기관과 자조모임, 온라인 프로그램 등을 활용할 수 있다. 대부분 무료 또는 익명으로 이용할 수 있으며, 성인과 청소년 모두를 위한 맞춤형 프로그램이 제공된다.

▶ **한국도박문제예방치유원(kcgp.or.kr)**

• 헬프라인 1336 (24시간 무료 전화상담)

　온라인 6회기 자가상담 프로그램: 홈페이지 내 '자가상담 프로그램' 메뉴에서 온라인으로 6회기 자가상담

　가능. 이후 전문 상담사와의 개인상담 (온라인/오프라인)으로 연계 가능

• 전국 도박문제관리센터

　서울, 부산, 대전, 광주 등 15개 지역 센터 운영

　무료 심리상담, 가족상담, 심리검사, 회복 프로그램 제공

　성인/청소년 대상 프로그램 분리 운영

• 청소년 특화 프로그램

　불법 스포츠토토, 게임형 도박 등 위험 행동에 특화된 청소년 전문상담과 예방교육 제공.

　학교·가정 연계 상담 및 보호자 교육도 병행

• 회복모임(GA) 연계

　일정 상담 이후, 도박 회복 자조모임 또는 온라인 커뮤니티로 연계 지원

▶ **한국단도박모임 (GA 한국지부 / dandobak.or.kr)**

• 도박중독자 대상 자조모임

　전국 각 지역에서 정기모임 및 온라인 회복방 운영

　GA의 12단계 프로그램을 기반으로 자기성찰과 금도박 실천 지원

• 가족 모임(Family Group)

　중독자 가족도 참여할 수 있는 별도 치유 모임 운영

• 익명 보장, 누구나 참여 가능. 별도 자격 없이 홈페이지에서 모임 안내 확인 후 자유롭게 참여 가능

▶ **이용 TIP**

• 도박 문제 초기라면 자가상담 프로그램부터 시작

• 모든 상담은 무료, 비밀보장, 자율참여

• 청소년도 보호자 동의 없이 일부 서비스 가능, 기관에 문의 권장

마약중독

마약 중독은 단순한 약물 사용을 넘어, 신체·정신·사회 기능 전반에 영향을 주는 심각한 의존성 질환이다. 마약류는 강한 쾌감과 각성, 진정 효과를 통해 일시적인 고통 회피나 기분 상승을 유도하지만, 반복 사용 시 뇌의 보상 시스템을 손상시키고 의사결정력, 자기통제력, 감정조절 능력을 크게 약화시킨다. 대표적인 약물로는 필로폰, 대마, LSD, 코카인, MDMA(엑스터시), 졸피뎀, 프로포폴, 펜타닐 등이 있으며, 최근에는 SNS, 텔레그램 등을 통한 비대면 유통이 쉬워지면서 청소년과 20대의 약물 사용률이 빠르게 증가하고 있다.

마약 중독은 생리적 의존(신체적 금단증상)과 심리적 의존(약 없이는 불안함)이 동시에 나타나며, 단기간에 치료가 어렵고 재발률도 높은 중독 질환이다. 또한 가족과 사회의 신뢰를 잃고, 반복적인 범죄로 이어지거나, 자해·자살 위험까지 증가하기 때문에 조기 개입과 전문적인 치료, 회복지원이 절대적으로 필요하다. 의학적 치료, 심리상담, 가족 개입, 지역사회 자원 연계 등이 통합적으로 이뤄져야 회복이 가능하다.

▶ **한국마약퇴치운동본부(www.drugfree.or.kr)**

• 전화상담: 1899-0893

• 운영시간: 평일 9:00~18:00 / 온라인 게시판 상담 가능

• 중독자 및 가족상담

　　전국 16개 지역 본부 운영, 전화 및 대면 상담 가능

　　약물 중독자뿐만 아니라 가족상담, 자녀 상담, 보호자 교육 제공

• 의료기관 연계

　　정신건강의학과, 재활병원, 약물치료 병원 등과 협력하여

　　필요 시 입원·통원 치료 병원으로 연계 가능

• 예방교육 프로그램

　　청소년·청년층 대상 예방교육, 학부모 대상 약물교육,

　　학교·기관 요청 시 출장강의 가능

▶ **마약중독 치료 병원 및 전문기관**

• 국립부곡병원(경남 양산)

　　정신건강복지센터와 협업하여 약물 중독자 입원 치료, 약물 재활, 집단 프로그램 운영

• 서울시 마약류중독자 치료보호센터

　　서울시립은평병원 내 위치. 마약 사범 및 자발적 치료 희망자 대상

• 입원 치료 + 재활치료 + 사회복귀 교육 통합 운영

• 기타 약물 중독 전문병원

• 국립정신건강센터 (서울)

• 국립춘천병원, 국립공주병원 등 정신질환 전문 국립병원

• 민간 약물 재활센터(예: 디딤돌의 집, 회복마을 등)

▶ **법무부 치료감호제도 (마약 사범 대상)**

• 치료명령제: 사법적 처벌 대신 치료를 받을 수 있도록 명령

• 보호관찰소 연계 치료: 지역 보호관찰소 내 약물상담 가능

• 치료감호소: 심각한 마약 중독자는 전문 치료감호소 수용

▶ **이용 TIP**

• 약물 중독자는 익명 상담 가능, 초기 상담은 가족이 신청 가능

• 1899-0893으로 전화하거나, 홈페이지에서 온라인 상담 신청 가능

• 입원치료가 필요한 경우, 의사 상담 후 지역 치료기관으로 연계

• 법적 문제가 있는 경우, 보호관찰소 또는 법률상담 병행 권장

게임 몰입 자녀에게 무력감을 느끼는 어머니

은정(가명), 45세 주부는 요즘 들어 하루에도 몇 번씩 눈물을 삼킨다. 중학교 3학년인 외아들 민수(가명)가 아침마다 학교에 가기를 거부하고, 하루 종일 컴퓨터 앞에서 게임에 몰두하는 모습을 지켜보는 일이 너무도 고통스럽기 때문이다. 처음엔 늦잠을 자거나 몸이 안 좋다고 하더니, 이제는 아예 "학교 안 간다."는 말조차도 하지 않은 채 방 안에서 나오지 않는다. 점심시간이 지나야 겨우 방문을 열고 나와 밥을 먹고, 다시 방으로 들어가 컴퓨터 앞에 앉는다. 엄마의 말에는 아무런 반응도 하지 않고, 심지어 눈도 마주치지 않으려 한다.

민수는 초등학교 시절부터 친구가 별로 없었다. 말수가 적고 낮을 가리는 성격이었지만, 은정은 그저 아이의 기질 정도로 생각했다. 중학교 1학년 때 아이가 은근한 따돌림을 당했다는 사실을 뒤늦게 알았을 땐 이미 상황이 지나버린 후였다. 민수는 그 일에 대해 구체적으로 말하려 하지 않았고, 그저 "괜찮아."라고 짧게 대답할 뿐이었다. 하지만 중학교 2학년 무렵, 또래 학생들로부터 노골적인 괴롭힘을 당하면서 상황은 심각해졌다. 결국 학교 측에 학폭 신고가 들어갔고, 민수는 학폭 피해자로 기록되었다. 이후 아이들은 '신고한 애', '피해자'라는 꼬리표를 붙이며 민수를 더욱 따돌렸다.

그 사건 이후 민수는 등교를 거부하기 시작했다. 심리상담과 숙려제도를 통해 가까스로 3학년에 진학하긴 했지만, 이미 학교에 대한 두려움과 불신은 깊게 자리 잡은 상태였다. 은정은 여러 차례 담임선생님과 상담하고, 아이와 대화를 시도했지만, 민수는 점점 더 말이 없어졌고, 마음이 힘들 때마다 게임으로 도피하기 시작했다. 처음에는 엄마 눈치를 보며 몰래 게임을 했던 민수였지만, 이제는 대놓고 온종일 컴퓨터 앞에 앉아 있는다. 식사 외에는 방에서 나오지 않고, 밤낮이 바뀐 생활을 하고 있으며, 가족과의 대화는 거의 단절된 상태다. 은정이 몇 마디 말을 붙이려 해도, 민수는 고개를 푹 숙인 채 "됐어요. 그냥 놔두세요."라고 말한다. 화를 내도 소용없고, 눈물을 보여도 무덤덤한 반응만 돌아온다.

은정은 점점 자신이 무기력해지고 있다는 걸 느낀다. "도대체 어디서부터 잘못된 걸까. 내가 뭘 더 해줄 수 있을까. 이 아이를 이대로 두면 정말 큰일 나는 건 아닐까……." 매일같이 자책과 불안, 막막함이 반복된다. 민수가 과연 다시 학교에 다닐 수 있을지, 아니 그보다도 사람들과 다시 관계를 맺을 수 있을지조차 확신이 서지 않는다. 무엇보다 은정을 가장 힘들게 하는 것은, 민수가 게임을 하고 있을 땐 어딘가 안정되어 보인다는 점이다. 유일하게 웃는 순간이 게임 캐릭터가 이기거나 레벨이 오를 때뿐이다. 그런 모습을 보면 은정은 아이에게 그마저 없었다면 어땠을까 싶어 말릴 엄두도 내지 못한다. "이대로 놔두면 안 된다는 건 아는데…… 또 뭘 어떻게 해야 할지도 모르겠어요." 은정은 지금, 무엇을 어떻게 해야 할지 알 수 없는 막막함 속에서 아들을 지켜보고 있다

상담목표

1) 게임 몰입 증상을 줄이고, 자기 조절 능력을 향상한다.

2) 건강한 학교생활을 유지할 수 있도록 돕는다.

3) 어머니와의 관계를 회복하고, 가족 내 소통을 증진한다.

4) 우울감, 불안감 및 학교폭력 경험에서 회복할 수 있도록 정서적 개입을 실시한다.

치료적 개입

민수는 학교폭력 경험 이후 심리적 위축과 사회적 고립을 경험하였으며, 이에 대한 회피적 대응으로 게임에 몰입하게 되었다. 현재 등교를 거부하고 있으며, 가족과의 관계 단절, 생활 패턴의 불규칙성, 감정 표현의 위축이 두드러진다. 이에 따라 상담 초기에는 게임 사용에 대한 정밀한 평가와 함께 내담자의 정서적 안정화를 목표로 한다. 이후 게임 중독의 원인을 탐색하고, 대안적 활동과 사회적 관계 형성을 통해 게임 외의 보상을 경험할 수 있도록 개입을 진행한다.

1) 라포 형성 및 현재의 어려움 파악

상담 초기에는 민수가 상담자와 신뢰 관계를 형성하고, 자신의 어려움을 안전하게 표현할 수 있도록 돕는다. 현재 민수는 외부 세계와의 소통을 단절하고 있으며, 특히 어머니와의 관계에서도 거리를 두고 있다. 따라서 강압적인 개입보다는 공감적 경청을 통해 민수 스스로 자신의 상황을 설명할 수 있도록 유도한다. 이를 위해 게임에 대한 비난이나 부정적인 평가 없이, 민수가 게임을 통해 무엇을 얻고 있는지 탐색하는 방식으로 접근한다. "게임할 때 어떤 기분이 드나요?", "게임이 가장 재미있을 때는 언제인가요?" 와 같은 질문을 통해 민수가 자신의 감정을 객관적으로 바라볼 수 있도록 돕는다. 또한, 상담 목표를 함께 설정하며, 게임을 완전히 끊는 것이 아니라 '게임 이외에도 즐거운 활동을 늘리는 것'이 목표임을 설명하여 내담자의 저항을 줄인다.

2) 게임 사용 패턴 및 충동 조절 능력 평가

민수가 게임을 어떤 방식으로 사용하는지를 보다 구체적으로 분석하기 위해, 게임 습관과 충동성 조절력을 평가한다. 이를 위해 스마트폰 및 게임 사용 기록 분석, 자기 보고식 설문지(예: 인터넷 게임 중독 척도) 등을 활용하여 게임 의존 수준을 측정한다. 이 과정에서 게임을 하고 싶은 이유와 게임이 주는 심리적 보상을 탐색하며, 게임이 단순한 오락이 아닌 감정 조절 전략으로 사용되고 있는지를 분석한다. 또한, 충동성과 자기 조절 능력을 평가하여, 감정을 즉각적으로 해소하는 패턴을 조절할 수 있도록 개입한다.

특히, "게임을 하지 않을 때 어떤 기분이 드나요?", "게임을 시작하게 되는 계기가 무엇인가요?"와 같은 질문을 통해, 민수가 게임을 통해 충족하고자 하는 심리적 욕구를 파악하고, 이를 대체할 수 있는 방법을 모색한다.

3) 중독 원인 탐색 및 감정 조절 훈련

민수는 학교폭력 피해 이후 등교 거부와 게임 몰입을 보이고 있으며, 게임을 통해 외로움과 불안을 해소하려는 경향이 있다. 이에 따라 게임 중독의 기저에 있는 심리적 요인을 탐색하고, 보다 건강한 방식으로 감정을 조절할 수 있도록 돕는다. 특히, 게임 사용과 감정 상태의 관계를 분석하여, 게임을 하는 동안 어떤 감정이 강화되는지를 이해하도록 한다. 예를 들어 "게임을 하면 외로움이 사라지는 것 같나요?", "게임을 하는 동안 현실에서 느꼈던 불안이 줄어드나요?"와 같은 질문을 통해, 게임이 감정 회피 수단으로 사용되고 있는지를 점검한다. 이후 감정 조절 훈련을 실시하여, 스트레스와 불안을 건강하게 다룰 수 있도록 돕는다. 이를 위해 심호흡, 근육 이완 훈련, 감정 일기 작성 등의 기법을 활용하며, 게임이 아닌 다른 활동을 통해 정서적 안정을 찾을 수 있도록 한다.

4) 관계 형성 및 대안 활동 개발

게임 의존이 심화될수록 현실에서의 사회적 관계가 단절되기 쉬우므로, 내담자가 점진적으로 관계를 회복할 수 있도록 돕는 것이 중요하다. 현재 민수는 어머니와의 관계에서 갈등을 겪고 있으며, 또래와의 상호작용도 제한되어 있다. 이에 따라 가족 내 긍정적인 상호작용을 증진시키고, 또래 관계에서의 어려움을 탐색하며, 게임을 대체할 수 있는 활동을 마련하는 개입이 필요하다.

5) 가족 관계 개선

　　어머니가 아이를 감정적으로 압박하지 않도록 하면서, 신뢰감을 형성할 수 있도록 긍정적인 상호작용을 늘리는 것이 중요하다. 현재 어머니는 아이의 게임 몰입에 대한 불안과 좌절로 인해 감정적으로 격앙된 반응을 보이지만, 이러한 반응은 오히려 아이가 더 깊이 게임에 빠지는 결과를 초래할 수 있다. 상담자는 어머니가 감정을 적절히 조절하며 아이를 대할 수 있도록 돕고, "무조건 게임을 끊어야 한다."는 접근에서 벗어나, 아이의 감정을 먼저 이해하고 수용하는 방향으로 개입할 수 있도록 한다. 또한, 어머니가 아이와 보다 원활하게 소통할 수 있도록 지원한다. "게임을 안 하면 무엇을 하고 싶니?"와 같은 열린 질문을 활용하여 아이가 스스로 대안 활동을 탐색하도록 유도하며, 비난이나 훈계보다는 아이의 감정을 존중하고 수용하는 태도를 유지하도록 조언한다.

6) 또래 관계 및 사회성 강화

　　민수는 학교폭력 피해 이후 또래 관계에서의 위축과 불신을 경험하였으며, 이로 인해 사회적 상호작용이 제한된 상태이다. 상담자는 학교폭력 경험이 민수의 자아존중감에 미친 영향을 탐색하고, 왜곡된 자기 인식을 수정하도록 돕는다. 특히, 또래 관계에서 겪었던 어려움을 구체적으로 표현할 수 있도록 유도하며, 사회적 관계를 형성하고 유지하는 방법을 훈련하는 것이 필요하다. 상담자는 민수에게 "게임 외에 다른 활동을 통해 친구를 사귈 기회가 있다면 어떤 것이 좋을까?"와 같은 질문을 통해, 현실에서 즐거움을 찾을 수 있는 방법을 모색하도록 돕는다.

7) 시간 관리 훈련

　　게임 사용을 조절하기 위해서는 시간 관리 능력을 향상시키는 것이 필수적이다. 상담자는 하루 일과표를 작성하여 게임 시간을 점진적으로 줄이는 방식으로 개입하며, 게임을 무조건 금지하는 것이 아니라 자연스럽게 다른 활동으로 관심을 확장하는 접근 방식을 활용한다. 또한, 자기 통제력을 기르기 위한 실천 과제를 설정한다. 예를 들어, "게임 시간 목표 정하기" 또는 "게임을 하지 않는 날 정하기"와 같은 목표를 세우고, 이를 실행하면서 점진적으로 게임 사용을 줄여 나가도록 유도한다. 이러한 방식은 내담자가 자신의 생활을 능동적으로 조절하는 경험을 제공하며, 자기 효능감을 향상시키는 데에도 기여할 수 있다.

8) 자존감 회복 및 상담 종결 준비

게임 사용을 조절하는 과정에서 민수가 자신의 변화를 긍정적으로 인식하고, 성취감을 경험할 수 있도록 돕는 것이 중요하다. 작은 성공 경험을 축적하며 자기효능감을 강화하는 개입을 진행하고, 게임 외적인 부분에서 자신의 가치를 발견할 수 있도록 지원한다.

9) 자기효능감 강화

상담자는 민수가 자신의 변화를 직접 확인할 수 있도록 구체적인 질문을 활용하여 피드백을 제공한다. 예를 들어, "게임을 안 했던 날, 어떤 기분이 들었나요?", "게임 외에 재미있었던 경험이 있나요?", "스스로 노력해서 달라진 점이 있다면 무엇인가요?"와 같은 질문을 통해, 내담자가 자신의 변화를 인식하고 긍정적으로 받아들일 수 있도록 유도한다. 이를 통해 게임을 조절하는 과정이 단순한 제한이 아니라, 자신의 생활을 더 나은 방향으로 조정하는 능력을 기르는 과정임을 깨닫게 한다.

10) 상담 종결 및 추가 지원 연계

상담 종결 전, 어머니에게 지속적인 관리 방법을 안내하고, 아이가 게임 조절을 유지할 수 있도록 가정 내에서의 환경 조성을 돕는다. 또한, 필요할 경우 게임 중독 전문 기관 및 청소년 지원 센터와 연계하여 추가적인 개입을 받을 수 있도록 한다. 이를 통해 내담자가 상담 이후에도 지속적으로 게임 사용을 조절하고, 건강한 생활 패턴을 유지할 수 있도록 지원 체계를 마련한다.

종합적으로, 본 사례의 치료적 개입은 게임 자체를 문제 삼기보다는, 게임에 몰입하게 된 심리적 원인을 탐색하고 해결하는 데 초점을 맞춘다. 초기에는 신뢰 관계를 형성하고, 게임 사용 패턴과 감정 상태를 분석하며, 중기적으로는 게임 외 활동과 대인관계를 강화하는 개입을 진행한다. 향후 회기에서는 민수가 현실에서 즐거움을 찾고, 게임이 아닌 다른 방식으로 감정을 조절할 수 있도록 지속적인 개입을 이어간다. 또한, 어머니가 아이를 건강하게 지지할 수 있도록 도와, 장기적으로 가족 내 관계가 안정적으로 유지될 수 있도록 개입을 지속한다.

학교폭력 상담

① 학교폭력의 이해

학교폭력의 정의

'학교폭력예방 및 대책에 관한 법률(이하: 학교폭력예방법) 제2조 1항'에서는 '학교폭력'을 '학교 내외에서 학생을 대상으로 발생한 학생 간의 폭력뿐 아니라 '학생을 대상'으로 행사한 폭력이라고 정의한다. 따라서 피해자가 학생이면 가해자는 그 연령이나 신분의 제한이 없다.

학교폭력의 유형

- 교육부의 분류: 신체폭력, 언어폭력, 금품갈취, 강요, 따돌림, 성폭력, 사이버폭력
- 패친과 힌두자(Patchin & Hinduja, 2010)의 분류: 신체적–물리적 폭력, 언어적 폭력, 관계적 폭력

학교폭력 관련 법률과 사안 처리 절차

1) 학교폭력 관련 법규

'학교폭력예방법'은 학교폭력의 개념 정의로부터 학교폭력 예방과 대처를 위한 시스템, 가해·피해 학생에 대한 조치 등을 포함하는 종합적인 법률이다(오인수, 2025). 학교폭력 자치위원회, 학교폭력 전담기구의 설치와 운영, 학교폭력 진단기구의 조직과 구성, 예방 교육까지 두루 포함하고 있다.

동법 제14조와 15조에는 '전문상담교사 배치 및 전담기구 구성' 및 '학교 상담실 설치 의무와 갖추어야 할 시설·장비'를 명시하고 있다. '학교폭력예방법'은 2004년 1월 29일 제정 이후 여러 차례 개정이 이루어졌는데, 2023년에는 학교폭력을 통합지원 하는 전담 부서를 설치·운영하도록 개정하였으며 2024년부터 '학교폭력 전담 조사관'을 위촉하여 활용할 수 있도록 개정하였다. 2025년 1월에는 학교폭력 조사·상담자의 운영을 위한 행정적·재정적 지원을 법률에 명시하였으며, 이들의 위촉 배제 조건을 규정하였다. 또한 이들로 하여금 현장조사·문서열람 등을 하게 하거나 피해 학생·가해 학생·목격한 학생·관련 교사·보호자 등 관계인에게 출석·진술·조사·협조 및 자료제출을 요청하고 조사의 결과를 학교장과 보호자에게 통보하는 의무를 적시하였다.

2) 학교폭력 사안처리 절차

학교폭력 사안 처리는 '폭력 사실을 인지한 순간'부터 시작되며, 학교폭력예방법 제 20조에 따라 누구든지 이를 인지하면 즉시 신고해야 한다. 특히 상담 중 학교폭력 사실을 알게 된 경우에도 신고 의무가 발생하므로, 상담자는 상담 시작 전 비밀보장 예외 사항을 설명하고 이에 대한 동의를 받아야 한다.

신고자는 누구든지 될 수 있으나, 학교에 신고된 경우에는 '학교폭력신고 접수대장'에 기록하고 학교장과 담임교사에게 보고해야 하며, 피해자와 가해자를 즉시 분리하는 긴급조치를 취해야 한다. 성범죄의 경우 수사기관에 신고하고 별도의 조치를 하며, 관련 내용은 보호자에게 통보하고 교육청에 48시간 이내 보고해야 한다.

학교폭력 신고접수	신고 접수대장 기록	접수 보고
• 다양한 경로를 통해 사안 접수	• 신고내용을 신고 접수대장에 기재하여 보관 • 접수 사실을 신고자에게 통보 • 피해 및 가해학생 상태 확인	• 학교장 보고 및 담임교사 통보 • 최초 학생 작성 확인서 접수 • 가해학생 제2호 조치 시행 • 가해자와 피해학생의 분리 • 보호자 통보 • 다른 학교와 관련된 경우 해당 학교에 통보 • 교육(지원)청에 보고(인지 후 48시간 이내)

[그림 8-1] 학교폭력 사안 접수 절차

폭력 정도가 경미하고 일정 요건을 충족할 경우 '학교폭력 전담기구' 회의를 거쳐 학교장이 자체적으로 해결할 수 있다. 이때 피해자 및 보호자의 동의가 필요하며 학교장은 양측에 관계회복 프로그램을 권유할 수 있다.

학교폭력예방법 제13조의2(학교의 장의 자체 해결)

① 제13조제2항제4호 및 제5호에도 불구하고 다음 각 호에 모두 해당하는 경미한 학교폭력에 대하여 피해 학생 및 그 보호자가 심의위원회의 개최를 원하지 아니하는 경우 학교의 장은 학교폭력사건을 자체적으로 해결할 수 있다. 이 경우 학교의 장은 지체 없이 이를 심의위원회에 보고하여야 한다.

1. 2주 이상의 신체적·정신적 치료가 필요한 진단서를 발급받지 않은 경우
2. 재산상 피해가 없는 경우 또는 재산상 피해가 즉각 복구되거나 복구 약속이 있는 경우
3. 학교폭력이 지속적이지 않은 경우
4. 학교폭력에 대한 신고, 진술, 자료제공 등에 대한 보복행위(정보통신망을 이용한 행위를 포함한다)가 아닌 경우

학교장 자체해결 요건을 충족하지 못하면 교육지원청에서 '학교폭력 심의위원회'를 개최하여 학교폭력 여부를 판단하고 피·가해 학생 조치 사항을 결정한다.

학교	학교/제로센터/심의회			학교
전담기구 – 학교장 자체해결 여부 결정	학교장 자체해결 사안	– 학교 자체해결 통보 – 관계회복 프로그램 운영		사후지도 – 피해학생 적응교육 – 재발방지 노력 – 주변학생 교육
	자체해결 불가 사안	심의위원회 개최요구를 취소 한 경우 학교장 자체해결		조치이행 – 피해학생 보호조치 – 가해학생 선도교육 – 학생부 기재 – 가해학생 및 보호자 특별 교육
		교육지원청		
		심의위원회 – 접수 – 보완사항 확인	**제로센터** – 사례회의 개최 – 보완조사	**심의위원회** – 회의 개최 – 조치 결정
				학교 – 조사 결과 확인

법에 규정된 피해 학생 보호와 가해 학생 조치 사항은 다음과 같다.

① 심의위원회는 피해 학생의 보호와 가해 학생의 선도ㆍ교육을 위하여 가해 학생에 대하여 다음 각 호의 어느 하나에 해당하는 조치(수 개의 조치를 동시에 부과하는 경우를 포함한다)를 할 것을 교육장에게 요청하여야 하며, 각 조치별 적용 기준은 대통령령으로 정한다. 다만, 퇴학처분은 의무교육과정에 있는 가해 학생에 대하여는 적용하지 아니한다.

1. 피해 학생에 대한 서면사과
2. 피해 학생 및 신고ㆍ고발 학생에 대한 접촉, 협박 및 보복행위(정보통신망을 이용한 행위를 포함한다)의 금지
3. 학교에서의 봉사
4. 사회봉사
5. 학내외 전문가, 교육감이 정한 기관에 의한 특별교육 이수 또는 심리치료
6. 출석정지
7. 학급교체
8. 전학
9. 퇴학처분

② 학교폭력과 비행 이론

생물학적 접근

생물학적 접근은 인간의 행동을 유전적 요인이나 신경생리학적 기능과 연관지어 설명하며, 비행이나 폭력성도 뇌의 화학적 불균형에서 기인할 수 있다고 본다. 이 관점에서는 세로토닌과 도파민의 분비를 조절하는 약물 치료를 통해 폭력성을 낮출 수 있다고 설명한다.

• 덕데일(Dugdale, 1877)은 쥬크(Juke) 가문 7대의 가계도를 분석하여 범죄 성향이 유전된다고 주장하였다. 보차드(Bouchard)와 동료들의 쌍생아 연구, 랑게(Lange)의 연구도 유전의

영향을 지지하고 있다.

- **막누손(Magnusson, 1992)**은 반사회적 청소년들은 휴식 시 심장박동과 피부전도 반응이 일반 집단에 비해 낮고, 심각한 비행을 더 많이 지속적으로 행하는 사람일수록 자율반응이 더 낮다고 하였다. 그는 이처럼 각성수준이 낮은 청소년들이 감각자극을 증가시켜 지루함에서 벗어나려는 것을 공격행동의 전형적 이유로 설명하였다.

- **변연계의 기능장애 혹은 신경전달물질의 불균형**이 공격성의 원인으로 지목되기도 한다. 뇌 속의 도파민의 수치가 높아지면 폭력이나 충동적 행동의 제어에 어려움이 발생할 수 있고, 세로토닌 수치가 높아지면 폭력적 행동이 진정되는 효과가 있다(김영화, 2012).

정신역동적 접근

프로이드(Freud)는 정신역동이론에서 공격성은 인간이 생득적으로 가지고 태어나는 본능이므로 제거가 불가능하다고 하였다. 그러므로 정신역동 이론에서 폭력은 근절할 수 있는 것이 아니라 자아와 초자아의 기능을 강화함으로써 적절히 통제하고 조절하는 것이다.

- **에이혼(Aichhorn, 1925)**은 청소년 비행의 원인을 자아 및 초자아 발달 장애로 보며, 이는 주 양육자와의 애착 실패에서 비롯된다고 하였다. 따라서 처벌보다 애정과 안정된 환경 제공을 통해 양육자와의 동일시를 유도하는 것이 폭력 예방에 효과적이다.

- **클라인(Klein)**은 프로이드의 죽음의 본능 이론을 지지하며, 유아가 생애 초기에 겪는 좌절과 갈등 때문에 출생 이전 상태로 돌아가고자 하는 본능이 있다고 본다. 그는 유아가 엄마의 젖가슴이 외부에 있다는 이유로 시기심과 파괴 충동을 느낀다고 하며, 출생 시 분리가 트라우마로 작용해 공격성과 시기심을 유발한다고 설명한다.

- **위니코트(Winnicott)**는 클라인(Klein)과 유사하게 보면서도 환경의 중요성을 더 강조한다. 그는 유아의 파괴 행동을 안정된 환경을 찾기 위한 시도로 보았으며, 초기 양육 환경이 불안정하면 반사회적 경향이 나타날 수 있다고 설명한다.

행동주의적 접근

　행동주의적 접근은 인간의 행동이 학습의 결과라고 보며, 폭력 또한 강화나 모방을 통해 습득된 것이라고 본다. 따라서 폭력 예방을 위해서는 부적절한 행동에는 일관된 처벌을, 바람직한 행동에는 긍정적 강화를 제공하는 것이 중요하다.

　• 스키너(Skinner)는 강화나 처벌을 통해 특정 행동을 증가시키거나 감소시킬 수 있다는 조작적 조건형성 이론을 주장하였다. 학교폭력에 대하여 가해 학생을 엄벌하는 무관용 원칙은 스키너(Skiiner) 이론에 근거한다고 볼 수 있다. 특히 처벌 사실을 생활기록부에 기재하고 졸업 후까지 보관하도록 한 조치는 무관용 원칙의 대표적 조항이라 할 수 있다.

　• 반두라(Bandura)는 폭력이 관찰과 모방을 통해 학습된다고 보며, 대리학습을 통해 타인의 보상이나 처벌을 보고 행동을 익힌다고 설명한다. 이는 대중매체나 사이버 공간에서의 폭력 노출이 실제 폭력이나 비행 행동에 영향을 줄 수 있음을 시사한다(김은경, 2012).

　• 변증법적 행동치료(DBT)를 개발한 리네한(Linehan)은 청소년기가 정서적으로 어려운 시기이며, 대부분의 정신장애가 시작되는 시기임에 주목하고 청소년용 DBT인 DBT-A를 개발하였다. 이 프로그램에는 학교폭력 관련 학생들이 취약한 것으로 나타난 정서조절 능력, 사회적 기술 개발을 위한 많은 기술들이 소개되어 있다.

인지 · 정서적 접근

　인지 · 정서적 접근에서는 인간의 행동이 감정이나 충동이 아닌 이성적인 판단과 선택의 결과라고 본다. 따라서 폭력은 개인이 보상과 손실을 계산한 끝에 내린 합리적인 결정일 수 있으며, 이에 대한 대책은 불이익을 인식하게 하여 폭력을 줄이는 방향으로 설정된다.

　• 터넬(Tunnell, 1990)은 사람들이 항상 합리적인 의사결정을 하지는 않으며 특히 청소년들은 오히려 '개인적 우화'와 같은 비합리적인 사고에 의하여 폭력을 행사할 수 있다고

본다. 그러므로 가해 학생이 폭력을 행사하게 되는 사고 과정을 탐색하여 그에 적합한 개입을 하는 것이 필요하다.

- **심리도식치료(Schema Therapy)**는 영(Young)의 이론으로 인지행동치료뿐 아니라, 대상관계치료, 게슈탈트치료 및 구성주의와 정신분석치료 등을 통합한 심리치료 이론이다. 성격장애와 같은 심각한 문제에도 작동하는 이론으로 폭력의 원인을 초기 부적응적 심리도식 때문으로 보고 이를 수정하는 방법이며 범죄자들에게도 효과가 검증되었다.

사회과정 및 사회구조적 접근

사회과정 및 사회구조적 접근은 개인이 속한 사회 환경과 그 안에서의 상호작용이 비행 행동의 형성 과정에 큰 영향을 미친다고 본다. 가정, 또래, 학교, 지역사회 등과의 관계 속에서 사회 규범을 학습하거나 일탈 행동을 습득하게 된다고 설명한다.

- **애그뉴(Agnew, 1992)**는 고전적 이론이 특정 계층에 국한되어 경제적 이득만을 주목하고 있다는 한계를 지적하면서 여러 가지 긴장을 발생시키는 개인적 상황과 환경을 이해하고자 일반긴장이론을 주창하였다. 그는 청소년들이 일상생활에서 경험하는 목표 달성의 실패, 긍정적 자극의 소멸, 부정적 자극의 발생이 폭력을 유발한다고 설명한다.

- **볼프강(Wolfgang)과 페라쿠티(Ferracuti, 1967)**는 사회 계층에 따라 폭력을 수용하는 정도가 다르고 그 결과 서로 다른 하위문화를 형성한다고 보고 폭력에 대한 우호적 태도와 구조적 특징이 결합하면 더 빈번하게 폭력이 발생한다고 주장한다.

- **써더랜드(Sutherland, 1947)**는 청소년의 문제행동이 타인과의 상호작용과 의사소통을 통해 자연스럽게 학습된다는 차별접촉이론을 주창하였는데 반두라(Bandura)의 사회학습이론과 유사한 면이 있다. 즉 청소년들의 비행이나 폭력행동이 일탈된 친구들이나 폭력적인 친구들과의 접촉이 많고 친밀하게 연결되어 있을수록 발생할 가능성이 높다고 설명한다.

- **히르시(Hirschi, 1969)**는 폭력에 영향을 미치는 상황적 조건에 주목하고 폭력행동의 원인을 주로 개인을 둘러싼 사회 환경에서 찾는 '사회유대이론'을 제시하였다. 이 이론에서는 '부모 애착', '부모 감독', '관여', '신념'을 주요 요인으로 보며 특히 부모와의 애착이

청소년의 비행을 낮추고 부모의 감독은 청소년의 문제행동을 조절한다는 연구 결과를 제시한다.

- **낙인이론**(Adams et al., 2003)은 행동 자체보다 그 행동에 사회가 '폭력'이라는 낙인을 찍는 것이 중요하다고 본다. 이는 사회의 반응이 개인의 자아개념과 이후 행동에 영향을 미친다는 사회반응이론을 반영하며, 부정적 시선은 부정적 자아개념과 비행 행동으로 이어질 수 있다고 본다.

생태학적 접근 및 기타 이론

생태학적 접근은 인간의 행동을 개인과 환경 간의 상호작용 속에서 이해하려 하며, 다양한 환경 체계들이 비행이나 폭력 행동에 어떤 영향을 미치는지를 분석한다.

- **브론펜브렌너**(Bronfenbrenner, 1994)의 생태학적 발달이론은 개인을 둘러싼 미시체계부터 거시체계까지 다양한 환경 요인이 상호작용하며 발달에 영향을 미친다고 본다. 이 관점에서 학교폭력은 개인 요인뿐 아니라 가족, 또래, 학교, 지역사회, 문화 등 다양한 체계의 복합적 영향을 받는 현상으로 이해된다.

- **사회적 지배성이론**은 집단 내 위계를 형성하는 과정에서 지배력을 확보하기 위한 수단으로 폭력이 사용된다고 설명한다(Sidanius & Pratto, 1999). 이 이론은 집단주의 문화가 강한 한국 사회에서 특히 집단따돌림이 빈번하게 나타나는 현상을 잘 설명한다.

2004년 학교폭력예방법이 제정될 당시만 해도 '사랑의 매'라는 이름으로 체벌이 어느 정도 용인되었고, 사회 전반적으로 폭력에 대한 감수성도 지금보다 낮았다. 그러나 법 제정 이후 무관용 원칙이 강조되면서, 이제는 학생들 간의 사소한 다툼까지 학교폭력으로 신고되는 과민한 분위기가 형성되기도 한다. 학생들 사이에서는 이미 화해하고 일상을 되찾은 경우에도, 부모 간의 자존심 대결로 이어져 법적 분쟁으로 비화되는 사례도 있다. 특히 고등학생의 경우, 진학 문제와 연결되면서 법적 대응이 더욱 치열해지고, 이 과정에서 학교폭력보다 오히려 더 큰 상처가 남기도 한다.

이러한 현상은 '학교폭력예방법'이 예방보다 '대책'에 초점을 두고 있다는 점에서 비롯되었다는 시각도 있다. 실제로 교육부의 담당 부서 명칭이 '학교폭력 대책과'인 것은 이러한 관점을 지지한다. 하지만 징계나 처벌만으로는 학생들의 감정이나 관계까지 해결할 수 없으며, 이는 '응보적 정의'의 한계로 볼 수 있다. 이와 달리 '회복적 정의'는 가해자와 피해자 간의 대화를 통해 이해와 합의를 이루고 관계 회복을 목표로 하기 때문에 훨씬 더 교육적인 접근이다.

또한 인간은 본래 갈등을 피할 수 없는 존재다. 자원이 한정되어 있고, 생각도 서로 다르기 때문에 갈등의 발생은 자연스러운 현상이다. 따라서 갈등을 없애기보다는 그것을 어떻게 다루고 해결하느냐가 더 중요하다. 그런데 학생들은 아직 발달 과정에 있는 존재로, 갈등을 조절하거나 소통하는 능력이 미숙하다. 이런 점에서 학교폭력을 단순히 가해자와 피해자로 나누고 처벌 중심으로 접근하는 방식이 과연 학생들의 성장을 도울 수 있을지는 의문이다. 오히려 학생들을 갈등 해결 능력을 배워가는 미완성의 존재로 보고, 관계 회복과 성장을 도울 수 있는 방향으로 접근하는 것이 더욱 교육적이고 바람직하다.

학교상담자는 피해 학생과 가해 학생을 동일인이 상담하지 않도록 주의해야 하며, 두 학생이 상담실에서 마주치는 상황은 반드시 피해야 한다. 양측이 같은 상담자에게 상담받는다는 사실만으로도 상담에 진솔하게 임하기 어려울 수 있고, 피해자는 과장을, 가해자는 방어 논리를 펼치는 수단으로 상담을 이용할 가능성도 있다. 피해학생은 치료비 지원이 되므로 외부센터, 가해 학생은 학교상담실에서 상담을 진행하는 방식이 권장된다. 기존에 피해 학생이 학교상담자와 상담을 받아왔다면 가해 학생을 외부로 연계하는 방식도 고려할 수 있으나 상담 개입에는 정해진 방식이 없으며, 상황에 맞는 유연한 대응이 필요하다.

이제부터 학교폭력에 연루된 학생들의 특성을 보다 깊이 있게 이해하고, 그에 맞는 상담적 개입 방안을 함께 살펴보고자 한다.

학교폭력 피해 학생의 이해와 상담 개입

일반적으로 가해 학생과 피해 학생으로 구분하지만, 실제 상황을 들여다보면 이 경계는 그리 단순하지 않다. 명확히 구분되는 경우도 있지만, 장난과 폭력의 경계가 애매하거나 가해와 피해가 뒤섞인 상황도 많다. 어떤 경우는 한때는 장난으로 지나갔던 일이 시간이 흐른 후 관계가 틀어지며 학교폭력으로 신고되기도 한다. 더 안타까운 것은 오랜 피해를 참아오다가 반격한 학생이 오히려 가해자로 처벌받는 경우다. 이처럼 학교폭력은 복잡한 맥락 속에서 발생하며, 단순히 이분법으로 보기 어렵다. 그럼에도 불구하고 지금까지의 다양한 연구를 통해 가해 학생과 피해 학생 각각의 특성이 다수 밝혀져 있어, 이를 정리해 살펴보고자 한다.

1) 피해 학생의 유형

피해 학생의 유형에는 두 가지가 있다(Gini & Pozzoli, 2010).

- **'수동적 피해 학생'**은 전형적인 피해 유형 중 하나로, 폭력 상황에서 적극적으로 대

응하지 못하고 조용히 참고 견디는 경향을 보인다. 이들은 대체로 양육 과정에서 학대나 방임, 정서적 지지 부족을 경험했을 가능성이 있으며, 또래와의 관계가 원만하지 않거나 자존감이 낮고, 외로움이나 불안, 우울감 등의 정서적 어려움을 겪는 경우가 많다.

- **'도발적 피해 학생'**은 그 행동이 주변 친구들의 반응을 유발하는 경향이 있으며, 종종 충동적이고 공격적인 특성을 함께 지닌다(Olweus, 1978). 이들은 친구들을 자극하거나 화나게 하는 방식으로 관계 갈등을 일으키며, 폭력 상황에서도 수동적으로 당하기보다는 공격적으로 반응하는 경우가 많다. 그 결과 '피해이면서 동시에 가해인 학생' 혹은 '공격적 피해 학생'으로 나타나기도 한다.

2) 피해 학생의 특성

학자들마다 연구 결과에 다소 차이는 있지만, 다양한 연구에서 반복적으로 언급된 공통된 요인들을 중심으로 피해 학생의 특성을 종합적으로 정리해보고자 한다.

- **개인적 특성**: 학교폭력 피해 학생들은 타인의 행동을 적대적으로 해석하는 '적대적 귀인' 경향이 있으며(한영옥, 1999), 외적 통제성이 높고 스트레스에 소극적 · 정서중심적으로 대처하는 경향이 있다(이선미, 유성경, 2013). 정서적으로는 불안, 우울, 자존감 저하, 무력감 등의 증상을 보이고, 감정 조절 능력이 낮으며 신체화 증상이 나타나기도 한다(최태진 외, 2006). 또한 자기 의사 표현이 미숙하고 회유형 · 산만형 의사소통을 보이며, 사회적 기술과 문제해결 능력이 부족해 또래 관계에서 어려움을 겪는다(Gresham & Nagle, 1980).
- **가정환경적 특성**: 학교폭력 피해 학생들은 가정 내에서 학대나 정서적 지지를 받지 못한 경험이 있는 경우가 많으며, 이에 따라 자존감이 낮고 무기력한 반응을 보이기 쉽다. 익숙한 폭력 환경에 길들어 스스로를 방어하거나 상황을 벗어나려는 시도가 줄어들면서 반복적인 피해에 노출되기도 한다. 또한 부모와의 애착이 불안정하거나, 부모가 거부적이고 통제적인 양육태도를 보일 경우 자녀가 학교폭력 피해자가 될 가능성이 높아진다. 과잉보호나 불안정한 양육 역시 피해 위험을 높이는 요인으로 작용한다(Macklem, 2003).
- **학교환경적 특성**: 학교폭력은 학교의 전반적인 분위기와 밀접한 관련이 있다. 과도

한 경쟁, 낮은 학급 응집력, 인성교육 및 특별활동의 부족, 폭력에 둔감한 분위기 등은 학교폭력을 유발하는 주요 요인으로 작용한다. 특히 높은 학업 스트레스는 학생들의 내면에 분노를 쌓이게 하여 공격 행동으로 이어질 수 있으며, 집단따돌림이 잦은 학급일수록 공동체 의식과 결속력이 낮은 경향이 있다(이훈구 등, 2000).

3) 피해 학생의 상담적 개입

학교폭력은 개인, 가정, 학교 요인이 서로 얽혀 작용하기 때문에 상담에서도 이 세 가지 측면을 함께 고려하는 것이 중요하다. 특히 내담자의 피해 정도, 개인의 강점, 보호 요인을 잘 파악하고 이를 상담 과정에서 적극적으로 활용하면 개입이 효과적이며 피해 학생이 지각하는 학교폭력의 심각성 수준에 따라 상담 전략도 달라질 수 있다. 그에 앞서 무엇보다 중요한 것은 상담자가 피해 학생을 있는 그대로 존중하고 공감하는 태도다. 많은 피해 학생들은 위축되고 불안하며, 가정과 학교에서 따뜻한 관계 경험이 부족한 경우가 많다. 그렇기에 상담자와의 신뢰가 높고 안전한 관계 자체가 가장 큰 회복 기반이 될 수 있다. 상담자는 내담자에게 정서적으로 안전한 존재가 되어주고, 그 안에서 새로운 행동을 시도해 볼 수 있는 용기와 자신감을 북돋아 주는 지지자가 되어야 한다. 이처럼 안정감과 따뜻함을 바탕으로 한 상담 관계는 피해 학생의 회복과 성장을 이끄는 중요한 출발점이 된다.

• **심각도가 낮다고 지각하는 경우**: 피해 학생이 스스로 피해 정도를 낮게 인식하거나 학교장 자체해결 수준의 비교적 경미한 사안일 경우, 상담의 초점은 피해 학생의 역량 강화를 중심으로 두는 것이 바람직하다. 이를 위해 내담자의 개인 특성, 가정환경, 학교 적응 상태를 종합적으로 파악하고, 취약한 역량을 점진적으로 강화해 나간다. 예를 들어, 상대의 의도에 대하여 적대적으로 해석하는 인지 왜곡이 있다면 사고를 논리적이고 현실적인 방향으로 전환하도록 돕고, 의사소통 능력이 부족하다면 비폭력 대화 등 효과적인 대화법을 훈습 시킬 수 있다. 가정 내 요인이 크다면 부모교육이나 가족상담을 병행할 수 있다. 또한 담임교사와 협력하여 학급 내에서 내담자에게 작더라도 의미 있는 역할을 맡겨 유능감을 느낄 기회를 주는 것도 좋다. 더불어 또래상담자와 연결하여 지지

관계 형성을 도와주면 소속감 회복에 도움이 된다.

• **심각도가 높다고 지각하거나 증상이 심한 경우**: 피해 학생이 심각한 증상을 보이는 경우는 대체로 학교폭력이 장기간 지속되었거나 폭력의 수위가 높았던 사례일 가능성이 크다. 하지만 아동·청소년은 아직 성격이 고정되지 않았고 뇌 발달이 활발한 시기이기에 성인보다 훨씬 큰 회복과 변화를 이뤄낼 수 있다. 특히 필자가 '희망의 삼겹줄'이라 부르는 '가정, 학교, 상담자'가 단단한 작업동맹을 형성할 때, 아이들은 그 안에서 안전함을 느끼고 회복의 동기를 얻으며 대부분 성장을 이루어낸다. 우울, 불안, 공황 등 임상 수준의 증상이 동반되는 경우는 약물치료와 심리상담의 병행이 효과적일 수 있지만, 약물에만 의존해서는 근본적인 회복이 어렵다. 상담을 통해 학생이 인지적·정서적·관계적 기술을 익히고 실제 생활에 적용해 나가는 과정이 꼭 필요하며 이를 통해 점차 스스로 건강한 삶을 영위할 수 있는 심리적 힘을 길러야 한다.

• **심각도가 매우 높다고 지각하거나 증상이 극심한 경우**: 상담적 개입이 이뤄졌음에도 불구하고 회복이 쉽지 않아 결국 등교 자체가 어려운 학생들도 있다. 특히 자살 시도나 심각한 자해 행동이 관찰되는 경우는 즉각적인 개입이 필요하다. 이때 가장 우선되어야 할 것은 학생의 심리적·신체적 안전을 확보하는 일이며, 상황에 따라서는 전문적인 치료와 보호를 위해 병원 입원이 요구될 수도 있다. 이러한 경우는 병원형 위(Wee)센터나 '마음바우처 사업'에 참여 중인 협약 병원을 통해 필요한 지원을 받을 수 있으며, 관련 정보는 각 지역교육지원청의 위(Wee)센터나 소속 학교의 전문상담교사를 통해 안내받을 수 있다. 일시적으로 위기가 고조되었다가 어느 정도 안정을 되찾는 학생도 있지만, 여전히 학교에 대한 두려움과 회피가 커서 학교라는 공간 자체에 진입하지 못하는 경우도 있다. 이럴 때는 학업 단절을 막기 위해 대안교육이나 온라인 학습 등 학생의 상황에 맞는 다른 교육적 접근을 함께 고려하는 것이 필요하다.

학교폭력 가해 학생의 이해와 상담 개입

1) 학교폭력 가해 학생의 유형

가해 학생의 분류는 다양하게 할 수 있지만 대표적으로 다음 두 가지 유형으로 나누어 볼 수 있다.

• **'지속적 가해 학생 유형'**은 또래 집단에서 영향력을 행사하여 사회적 지위와 인기를 얻기 위한 수단으로써 괴롭힘을 활용하는 경우다(Sijtsema et al., 2009). 또한 이 유형의 학생들은 괴롭힘을 통해 획득한 지위와 인기를 유지하기 위해 가해 행동을 지속한다(Hensums et al., 2023).

• '**무능한 가해 학생**'은 높은 공격성으로 또래 간의 갈등을 자주 유발하지만 공격이 또래 집단에서 별다른 영향력을 행사하지 못하는 유형을 말한다. 지속적 가해 학생과 같이 또래 집단에서 지위와 인정을 추구하지만 영향력을 행사하지 못하고 오히려 비난받거나 배척당하는 특성을 보인다(Perry et al, 1992). 이들은 또래에게 거부당하는 경우가 흔하며 결국 학교폭력 피해자가 되거나 가해 학생의 추종자로 변화하기도 한다(Barton, 2006).

2) 학교폭력 가해 학생의 특성

현장에서 피해 학생과 가해 학생을 함께 상담해 온 상담자들은, 대체로 가해 학생이 피해 학생에 비해 심리적 에너지가 높고 심리 · 사회적 자원도 많다는 점에 주목하고 있다. 가해 학생의 특성에 관한 여러 연구에서 공통적으로 나타나는 주요 특성들을 중심으로 정리하면 다음과 같다.

• **개인적 특성**: 가해 학생들은 흔히 '합리화', '투사', '전치' 같은 방어기제를 사용한다. 예를 들어 자신의 행동을 "장난이었다"라고 합리화하거나, "상대가 먼저 시비를 걸었다."고 탓을 돌리며 책임을 회피하려는 경향이 있다. 한편 강한 대상에게 화를 내지 못하고 자신보다 약한 사람에게 분풀이하는 '전치'도 자주 보인다. 인지적으로는 '적대적 귀인' 성향이 두드러진다. 즉 타인의 행동을 적대적으로 해석하고, 이를 공격 행동으로 연결하는 경향이 있다. 이러한 인지 왜곡은 타인에 대한 불신과 복수심에서 비롯되며, 과거에 자신이 폭력이나 억울한 일을 당한 경험이 기반이 되는 경우가 많다(Burgess et al., 2006). 따라서 이들은 종종 피해 · 가해를 모두 경험한 중복학생이거나 가정 내 폭력 피해자일 가능성도 고려해야 한다. 또한 가해 학생 중에는 인지적 능력이 뛰어나고, 도덕 교과 성적이 우수한 학생도 있다. '인지적 공감 능력'이란 타인의 입장을 지적으로 이해하는 능력을 말하며 '정서적 공감 능력'과 구분되는 개념이다. 가해 학생 중에는 인지적 공감 능력이 높은 경우가 있는데 이들은 자신의 목적을 위해 타인을 조종하거나 이용하기 위해 공감능력을 사용한다(Sutton et al., 1999).

• **정서적인 면**: 연구마다 차이가 있다. 일부는 불안과 우울이 공격성과 관련 있다고

보고했지만, 다른 연구는 불안이 오히려 외현화 문제의 보호요인이라고 보기도 한다. 전반적으로 정서의 종류보다 '정서조절능력'이 핵심이라는 연구가 증가하고 있으며, 감정 조절이 어려운 경우 공격성과 반항적 행동이 나타날 가능성이 높다(Nobakht et al., 2024). 자존감에 대해서는 낮은 자존감이 폭력의 원인이라는 단순한 결론보다, 가해 유형에 따라 다르게 나타난다고 보는 것이 타당하다. '지속적 가해 학생'은 자존감이 높은 반면, '무능한 가해 학생'은 낮은 자존감을 지닌 경우가 많다. 가해 학생들은 스트레스를 행동화나 외현적 방식으로 표출하는 경향이 강하며, 언어적 의사소통이 부족해 분노나 회피 등 역기능적인 방법으로 감정을 드러내는 경우가 많다. 문제해결 기술이 부족해 부정적인 방식으로 상황에 대처하는 특성도 자주 나타난다.

• **가정 및 양육환경**: 가해 학생의 부모는 권위주의적이거나 신체적 체벌을 하는 경우가 많으며, 이러한 양육태도가 자녀의 공격성과 반사회성에 영향을 줄 수 있다. 한편으로는 과잉보호, 성취강요, 자녀 중심의 가족문화 등 지나친 헌신이 오히려 건강한 자아 형성을 방해하며, 자기애적 성격 형성의 배경이 되기도 한다(Kohut).

• **학교 환경**: 학교 차원에서는 낮은 학급 응집력, 교사의 무관심, 폭력에 대한 소극적인 대응이 가해 행동을 방치하거나 강화시키는 요인으로 작용할 수 있다. 또한 과밀한 교실, 경쟁 중심의 입시 문화, 과도한 학업 스트레스 등도 학생들의 정서적 긴장감을 높이고 공격 행동으로 이어지는 배경이 되므로 주의 깊게 살펴볼 필요가 있다.

요약하면, 가해 학생은 단순히 공격적인 성향을 보이는 문제아가 아니라, 복합적인 인지·정서·환경적 영향을 받은 존재로서 이해되어야 하며, 상담자는 이들의 내면과 배경을 균형 있게 이해한 후 개입하는 것이 중요하다.

3) 가해 학생의 상담적 개입

가해행동은 개인, 가정, 학교 요인이 복합석으로 작용한 결과이므로 상담 역시 이 세 가지 측면을 함께 고려해야 한다. 특히 가해행동은 사회 질서를 해칠 수 있어 경찰, 법원 등 관련기관과의 협력도 필요하다. 단순한 심리치료만으로는 효과가 제한적이므로, 환경과 체계 전반의 변화가 병행되어야 하며, 대표적 이론으로 브론펜브레너(Bronfenbrenner)의 생태학 이론에 기반한 다중체계치료(MST: Multi Systematic Therapy)가 있다. 그러나 특정 이론에만 의존하기보다는, 가해 학생의 성향과 상황에 맞춘 개별화된 개입이 더욱 중요하다. 상담의 목표는 단순한 행동 억제가 아니라, 가해 행동의 배경을 이해하고 핵심 기제를 변화시켜 건강한 사회인으로 성장하도록 돕는 데 있다. 그러므로 상담자는 가해 행동에는 단호하되, 학생의 감정과 인격은 존중하는 태도를 유지해야 한다. 또한 가해 학생은 사회적 기술, 문제해결력, 정서조절 능력이 부족한 경우가 많으므로 이를 향상시키는 교육과 훈련이 필수적이다. 재발 방지를 위해서도 개인-가정-학교-사회가 연계된 다중체계적 접근이 효과적이다.

대부분의 가해 학생은 비자발적으로 상담에 참여하기 때문에 처음부터 저항감을 보이기 쉽다. 이럴 때는 학교폭력 사실을 인지하고 있으나 비난하지 않겠다는 점을 분명히 전달하고, 그 행동의 맥락을 함께 듣고 싶다는 진심을 전하는 것이 중요하다. 신뢰가 쌓이면 시간이 지나고 나서 스스로 상담을 요청하는 경우도 있다. 무엇보다 중요한 것은, 상담자가 믿을 수 있는 어른으로 기억되도록 관계 중심의 접근을 유지하는 것이다.

• 우발적이거나 고의성이 없는 경우: 청소년기 남자 학생들 중에는 급격한 신체 변화로 인해 힘 조절이 어려워 의도치 않게 상해를 입히는 경우가 있다. 피해자가 2주 이상의 진단을 받거나 합의가 이루어지지 않으면, 고의가 없더라도 가해자로 처분될 수 있다. 이러한 학생들은 폭력의 결과와 학교폭력 심의위원회 회부 자체에 큰 충격을 받기도 한다. 상담자는 그들의 당황한 마음과 두려움을 충분히 공감하고, 다시 회복할 수 있다는 희망을 전달하는 것이 중요하다. 이후 정서조절, 의사소통, 문제해결 능력 등에서 부족한 부분을 집중적으로 교육하면, 대체로 회복 가능성이 높고 예후도 좋은 편이다.

• ADHD를 비롯하여 생물학적 원인이 있는 경우: ADHD는 실행기능의 어려움에서 비롯된 신경학적 장애로, 이런 경우 심리상담만으로는 한계가 있으므로 의학적 치료와 병행하는 것이 효과적이다. ADHD뿐 아니라 난독증, 뚜렛장애, 유창성 장애 등은 직접적인

증상 외에 어른들의 몰이해, 또래의 놀림 등으로 인해 분노나 타인에 대한 불신이 형성되고, 이에 따라 행동화나 인지 왜곡이 생기기도 한다. 이러한 경험이 누적되면 복합트라우마, 적대적 반항장애, 품행장애로 발전할 수 있으므로 조기 개입이 중요하다. 가정과 학교에서 문제행동만을 질책하기보다는 원인을 정확히 파악해 적절한 지원을 제공해야 하며, 필요에 따라 급우들에게 학생의 상황을 설명하고 협조를 구하는 것이 도움이 될 수 있다.

• **지속적인 가해학생**: 폭력 행동이 지속되는 이유는, 가해 학생이 그 행동을 통해 얻는 보상이 들이는 비용보다 크다고 느끼기 때문이다. 아동·청소년의 경우 미래에 대한 조망이 부족해 장기적인 결과를 고려하기보다 당장의 즐거움에 집중하는 경향이 강하다. 필자는 때로 학생들과 함께 1층과 5층에서 바깥을 바라보는 체험을 통해, 위치에 따라 시야가 얼마나 달라지는지를 느끼게 한다. 또한 유명 연예인들이 과거 학창 시절의 폭력 행위로 인해 현재 사회적 비난을 받고 추락하는 사례를 함께 찾아보며, 자신의 선택이 어떤 결과로 이어질 수 있는지 실제 사례를 확인하도록 한다. 이런 과정을 통해 상담 동기가 생기면, 문제해결력과 친사회적 기술을 점차 익히도록 돕는다.

• **폭력 수위가 높고 주변 피해가 클 때**: 많은 학생의 생활공간인 학교에서는 한 학생의 변화를 무작정 기다리기 어렵다. 폭력 수위가 높거나 여러 학생에게 피해가 발생할 경우, 대안교육 기관에 위탁하거나 전학을 고려할 필요도 있다. 정서 및 사회성 중심의 대안교육은 가해 학생에게 심리적 회복과 재정비의 기회를 제공할 수 있다. 전학이나 퇴학 조치가 불가피한 경우에도, 단순한 처벌이 아니라 새로운 환경에서 다시 시작할 수 있도록 돕는 관점이 필요하다. 특히 SNS 등을 통한 낙인과 적응 방해를 예방하기 위해 가정, 학교, 지역사회가 함께 노력해야 한다. 한편 폭력의 수위가 범죄 수준으로 높으면 가해 학생은 소년원에 수감되거나, 보호관찰 등의 법적 조치가 따를 수 있다. 이 경우에도 낙인보다는 다중체계적 접근을 통해 건강한 시민으로 회복할 수 있도록 적극적인 교육과 다각적 지원이 필요하다.

종합적으로 볼 때, 학교폭력은 예방이 최우선이며, 최대한 조기에 다중체계적으로 개입하는 것이 개인과 사회 모두에게 가장 바람직하다.

학교폭력 주변학생의 이해와 상담 개입

학교폭력은 피해 학생과 가해 학생의 힘의 불균형을 기반으로 발생한다. 그러므로 힘의 역동적 관점에서 이해하는 것이 필요하며 이때 전체 역동의 향방을 정하는 것은 주변학생들임을 유념해야 한다. 특히 청소년기는 또래 동조 현상이 가장 높은 시기로 개인의 가치나 신념보다 또래집단의 기대와 규준에 따라 행동하는 경향이 강하다. 동조가 심한 학생은 자신의 가치나 기준과 달라도 집단과 함께 공격 행동을 할 수 있음에 주목할 필요가 있다. 학교폭력 주변 학생은 다음 네 개의 유형으로 나누어 볼 수 있다.

학교폭력 주변 학생의 유형

- **동조학생(assistant)**: 다양한 방법으로 가해 학생을 돕는 학생이다.
- **강화학생(reinforcer)**: 폭력 행동을 부추기는 학생으로 피해 학생이 괴롭힘 당하는 것을 즐기는 반응을 보인다.
- **방어학생(defender)**: 피해 학생을 보호하고 변호하며 방어하는 역할을 한다.
- **방관학생(outsider)**: 외면하고 회피하는 학생들로 자신을 중립적이라고 주장하지만 가해 학생이나 피해 학생에게는 이들의 행동을 암묵적인 동조로 오지각할 여지를 줌으로써 폭력이 지속되도록 하는 역할을 한다.

1) 주변학생의 특성

학교폭력은 가해자와 피해자만의 문제가 아니라, 주변학생들의 태도와 반응에 따라 그 양상이 크게 달라질 수 있다. 가해자는 종종 주변인에게 자신의 힘을 과시하기 위해 폭력을 사용하며, 주변인이 어떻게 반응하느냐가 학교폭력의 확산 또는 억제에 결정적인 영향을 미친다는 연구 결과도 있다(Salmivalli, 1999).

주변학생들이 방관하는 이유는 다양하다. "나도 피해자가 될까 봐 두렵다.", "어떻게 행동해야 할지 몰랐다.", "일을 크게 만들고 싶지 않았다." 등 두려움, 무력감, 회피심리가 주요 원인으로 작용한다. 학교폭력 당사자뿐 아니라 목격한 주변인도 심리적 스트레스를 경험하며 피해자를 돕기보다는 무관심하거나 가해자를 따르는 행동을 할 수 있다

(Janson & Hazler, 2004).

반면, 일부 학생들은 피해자를 보호하는 방어행동을 보이며, 이러한 방어자가 많아질수록 괴롭힘은 줄어들 가능성이 높다(Salmivalli, 1999). 방어행동은 일반적으로 여학생, 연령이 낮은 학생, 사회적 지위가 높은 학생에게서 더 많이 나타나는 경향이 있다(O'Connell et al., 1999).

송과 오(Song & Oh, 2017)의 연구에 따르면 주변에 다른 학생이 있을 때는 반사회적 행동 여부, 피해자와의 관계, 인기도 등이 방어행동에 영향을 주며, 반대로 주변인이 없는 상황에서는 공감 능력과 상황 통제감이 더 큰 영향을 미치는 것으로 나타났다.

한편, 도덕적 판단을 흐리게 하는 '도덕적 이탈'은 동조자 집단에서 자주 나타나며, 청소년기는 특히 반사회적 상황에서도 또래 동조 성향이 강하게 나타나는 시기라는 점을 기억할 필요가 있다. 스트레스 상황에서 공격적인 방식으로 대처하는 학생일수록 가해자에게 쉽게 동조하지만, 괴롭힘에 대한 인식이 부정적일 경우 방어자로 나설 가능성도 있다(Pozzoli & Gini, 2013).

결국, 주변학생의 역할은 단순한 구경꾼을 넘어 학교폭력의 유지 또는 중단에 실질적인 영향을 미치므로, 이들의 심리와 행동 특성을 이해하고 교육적으로 개입하는 것이 매우 중요하다.

2) 주변학생을 위한 상담적 개입

앞서 살펴본 바와 같이, 학교폭력 감소의 핵심 열쇠는 주변학생들이 쥐고 있다. 일반 상담에서는 주변인을 직접 만나기 어렵지만, 학교에서는 비교적 접근이 용이하므로 학교상담자의 주변학생들에 대한 예방적 개입이 중요하다. 사안 발생 이후보다 발생 이전에 개입하는 것이 더욱 효과적이며, 이를 위해 학생생활교육부나 학생안전부 등 학교 체계와 유기적으로 협력해야 한다. 대표적인 학교폭력 예방 프로그램으로는 교육부의 '어울림 프로그램'이 있다. 이 프로그램은 공감, 의사소통, 감정조절, 자기존중감, 갈등해결, 학교폭력 인식 및 대처 역량을 강화하는 데 초점을 두며, 단독 혹은 교과와 연계하여 활용할 수 있다. 기본 프로그램 외에도 가해나 피해 우려가 큰 학생들을 위한 심화 프로그램도 마련되어 있다. 또한 법무부의 '행복나무 프로그램'은 학교폭력 주변인을 건강한 또래 중재자로 양성하기 위해 만들어졌다. 학생들이 스스로 학급 규칙을 정하고, 학교폭력 발생 상황을 다룬 역할극을 통해 실천적 대처를 학습할 수 있도록 구성되어 있다.

반드시 기존 프로그램을 그대로 적용할 필요는 없다. 특히 초등 저학년의 경우에는 논리적 설명보다는 체험 중심의 활동이나 시청각 매체를 활용한 방식이 더 효과적일 수 있다. 학교별로 여건이나 학생들의 역량 수준이 다르므로, 프로그램을 학교 상황에 맞게 재구성하여 사용하는 것이 바람직하다.

반복되는 따돌림 속에서 점점 무너져 가는 중학생

지후(가명)는 중학교 2학년에 재학 중인 남학생이다. 어린 시절부터 사회성이 부족하다는 이야기를 자주 들었고, 유치원 시절에도 또래 친구들과 잘 어울리지 못했다. 초등학교 저학년 때는 ADHD 진단을 받고 약물치료와 상담을 병행했으나, 학업에 집중하는 데는 여전히 어려움이 많았다. 시험 성적은 항상 중하위권이었고, 발표나 조별활동처럼 다른 아이들과 함께해야 하는 상황에서는 늘 위축되고 말이 줄어들었다.

중학교에 진학한 뒤, 지후는 1학년 때부터 은근한 따돌림을 경험하기 시작했다. 특정한 사건이 있었던 건 아니지만, 친구들이 자신과 눈을 마주치지 않고, 말을 걸어도 무시하거나 건성으로 대답하는 일이 잦았다. 점점 점심시간엔 혼자 있는 일이 많아졌고, 체육 시간에도 짝이 없어 구경만 하거나 혼자 뛰어다니는 시간이 늘어났다. 지후는 그 상황을 누구에게도 말하지 못한 채, '나만 참으면 된다.'는 생각으로 1학년을 겨우 마쳤다.

하지만 2학년이 되면서 상황은 더욱 악화되었다. 반이 바뀌었음에도 불구하고, 이전 반 친구들과 이어진 소문 때문인지 새로운 반에서도 따돌림이 반복되었다. 조별 과제를 할 때마다 아이들은 지후와 함께하기를 꺼렸고, 모둠이 편성되어도 "얘 빼고 하면 안 돼요?"라는 말이 공공연하게 오갔다. 심지어 체육시간 피구 게임에선 몇몇 아이들이 일부러 지후에게만 공을 던지며 웃음을 터뜨렸고, 맞고 넘어져도 누구 하나 다가와 주지 않았다. 그는 교실 안에서 자신이 '눈엣가시 같은 존재'가 되어버린 것 같다고 느꼈고, 교사나 부모 누구에게도 제대로 털어놓지 못한 채 매일 학교 가는 길이 지옥처럼 느껴졌다. 용기를 내어 엄마에게 말을 꺼냈지만, 엄마는 "네가 좀 더 적극적으로 행동하면 되잖아.", "왜 그렇게 예민하게 받아들여."라며 지후의 말을 끝까지 듣지 않고 짜증을 냈다. 그날 이후 지후는 아예 가족에게도 자신의 마음을 드러내지 않게 되었다.

최근에는 등교를 준비하는 아침마다 속이 메스꺼워지고, 학교에 도착하면 심장이 빨리 뛰고 어지러움을 느낀다. 수업에 집중이 되지 않고, 성적도 점점 떨어지고 있다. 쉬는 시간에는 화장실에 숨어 있는 시간이 많아졌고, 점심시간에는 일부러 늦게 식당에 가거나 도시락을 먹는 척하며 시간을 때운다. 지후는 밤마다 '내가 없으면 아무 일도 없을 텐데.'라는 생각을 되풀이하며 잠을 설친다. 자살이라는 단어가 머릿속에 자꾸 맴돌지만, 실제 행동으로 옮기기엔 무섭고, 동시에 누구도 자신에게 관심을 기울이지 않는다는 생각에 외롭고 절망스럽다. 최근엔 혼잣말이 늘고, 웃거나 울지 않는 무표정한 얼굴로 하루를 보내는 일이 많아졌다.

상담목표

① 내담자의 안전을 보장하기 위해 필요한 경우 법적 조치를 포함하여 괴롭힘으로부터 벗어날 계획을 수립한다.

② 따돌림이 시작되기 이전의 기능 수준으로 회복한다.

③ 장기적인 심리적 고통 발생 위험을 줄이고, 따돌림의 영향으로부터 회복하기 위해 심리적·사회적 지원 체계를 구축한다.

④ 자기주장 능력을 강화하여 위협에 대한 두려움을 극복하고, 건강한 또래 관계를 형성할 수 있다.

치료적 개입

지후는 장기간 따돌림을 경험하며 심리적 위축과 우울, 자살 사고까지 나타나는 심각한 정서적 고통을 겪고 있다. 등교 시 신체적 불안 반응(메스꺼움, 심박수 증가)과 대인관계 회피 행동(화장실에서 숨어 있기, 점심시간 늦게 가기)을 보이며, 이는 학교 적응과 전반적인 삶의 기능에 부정적인 영향을 미치고 있다. 이에 따라 상담 초기에는 내담자의 안전을 최우선적으로 확보하고, 신뢰 관계를 형성하며 심리적 안정을 도모하는 것이 필요하다. 이후 따돌림으로 인해 형성된 부정적인 자기 개념을 수정하고, 대인관계 기술을 익혀 건강한 또래 관계를 형성할 수 있도록 지원하는 개입이 이루어져야 한다.

1) 신뢰 관계 형성 및 안전 확보

상담 초기에는 내담자가 상담자와 신뢰 관계를 형성할 수 있도록 경청과 공감적 태도를 유지하며, 내담자가 자신의 감정을 안전하게 표현할 수 있도록 돕는다. 내담자는 장기간 학교폭력을 경험하며 고립감과 불신을 느끼고 있으므로, 상담자가 내담자의 이야기를 진심으로 듣고 있음을 확인시키는 것이 중요하다. 또한, 심리검사를 통해 내담자의 불안, 우울, 자살 사고 및 인지적 기능 수준을 평가하고, 추가적인 개입이 필요한지를 판단한다. 내담자가 현재도 지속적으로 괴롭힘을 당하고 있을 가능성을 확인하고, 필요 시 부모와 협력하여 학교폭력 신고 및 보호 조치를 취하도록 안내한다. 상담자는 내담자가 상담을 통해 변화할 수 있다는 희망을 가질 수 있도록, "지금보다 나아질 수 있다."는 긍정적 기대를 심어주고, 상담 과정에서 다룰 목표를 함께 설정한다.

2) 따돌림 경험 분석 및 정서적 안정화

내담자가 겪은 따돌림 경험을 객관적으로 분석하고, 그로 인해 형성된 부정적인 감정을 탐색하며 정서적 안정을 도모한다. 먼저, 내담자가 따돌림을 경험하면서 느낀 감정을 구체적으로 묘사하도록 돕고, 이로 인해 일상생활 기능(학업, 수면, 식습관, 사회활동 등)이 어떻게 변화했는지를 탐색한다. 이 과정에서 내담자가 가지고 있는 왜곡된 신념(예: "나는 무가치한 존재다.", "나는 어디서나 따돌림을 당할 것이다.")을 확인하고, 이를 보다 현실적인 사고로 수정할 수 있도록 인지 재구조화 기법을 활용한다. 또한, 내담자가 억압하고 있는 감정을 표현할 수 있도록 감정 일기 작성, 역할극, 미술치료 등의 기법을 병행하여 정서적 표현을 촉진한다.

3) 자기 이해 및 대인관계 기술 강화

따돌림이 내담자의 자아존중감에 미친 영향을 탐색하고, 자신이 가진 강점과 자원을 재발견할 수 있도록 돕는다. 상담자는 내담자가 견뎌온 과정에서의 긍정적인 요소(예: 학교를 꾸준히 다닌 점, 자신의 감정을 상담에서 표현한 점 등)를 찾아내어 격려하고, 내담자가 가진 대처 전략을 강화하도록 지원한다. 또한, 내담자가 또래 관계에서 겪는 어려움을 분석하고, 관계 형성을 위한 자기 주장 기술을 교육한다. 예를 들어, "또래가 자신을 무시할 때 어떻게 반응하는 것이 효과적인지"를 구체적으로 연습하며, 자신을 표현하는 방식에 대한 피드백을 제공한다. 필요 시 상담자와 함께 연습했던 대화법을 실제 친구 관계에서 적용해보도록 하고, 긍정적인 경험을 축적할 수 있도록 지원한다. 이 과정에서 내담자가 변화의 과정에서 겪을 수 있는 어려움(예: 자기표현을 했을 때의 긴장감, 거절에 대한 두려움 등)에 대해 현실적인 기대를 설정하고, 실패했을 때 다시 시도할 수 있도록 격려한다.

4) 자기주장 기술 및 스트레스 대처전략 학습

내담자가 건강한 대인관계를 형성할 수 있도록 문제 해결 기술, 의사소통 기술, 자기 주장 기술을 학습하는 과정이 필요하다. 상담자는 내담자가 또래 관계에서 소극적인 태도를 보이거나 방어적인 행동을 하는 이유를 탐색하고, 자신감을 높일 수 있도록 실질적인 훈련을 제공한다.

구체적으로, 내담자가 따돌림을 당할 때 취했던 행동을 점검하고, 보다 효과적인 반응 전략을 연습한다. 예를 들어, "무시당했을 때 어떻게 반응하는 것이 좋은가?", "조별 활동에서 배제될 때 어떤 방식으로 의사를 표현할 것인가?"와 같은 구체적인 상황을 설정하고, 이를 해결할 수 있는 대화법과 태도를 연습한다. 또한, 내담자가 사회적 상황에서 긴장하거나 위축될 경우 이를 조절할 수 있도록 심리적 이완 기술(예: 심호흡, 근육 이완)을 익히도록 돕는다. 이를 통해 대인관계에서의 불안감을 감소시키고, 보다 적극적으로 또래와 소통할 수 있도록 지원한다.

5) 상담 종결 및 장기적 지원 계획 수립

내담자가 상담 과정에서 학습한 대처전략을 실생활에서 안정적으로 적용할 수 있도록 종결 단계를 준비한다. 내담자가 상담을 통해 변화한 점을 스스로 인식할 수 있도록 피드백을 제공하며, 긍정적인 변화를 유지할 수 있도록 장기적인 계획을 수립한다. 이 과정에서, 내담자가 따돌림을 당하지 않도록 안전 계획을 수립하고, 필요 시 학교 내 지원 체계(교사, 학교상담자 등)를 활용할 수 있도록 안내한다.

내담자가 어려움을 겪을 때 도움을 요청할 수 있는 자원(가족, 친구, 상담 기관 등)을 파악하고, 적절한 도움을 받을 수 있도록 한다. 학업을 유지할 수 있도록 등교 패턴과 학습 습관을 점검하며, 필요한 경우 학업 지원 프로그램과 연계한다. 상담 종결 이후에도 지속적인 정서적 지지가 필요할 경우 추가적인 상담을 연계하고, 학교폭력 피해 경험이 장기적인 트라우마로 남지 않도록 지속적인 관찰과 개입이 이루어질 수 있도록 한다.

종합적으로, 본 사례의 치료적 개입은 내담자가 안전한 환경에서 따돌림 경험을 탐색하고, 심리적 안정을 회복하며, 건강한 대인관계를 형성할 수 있도록 단계적으로 진행된다. 초기에는 내담자의 안전을 확보하고 신뢰 관계를 형성하는 데 집중하며, 중기적으로는 따돌림 경험으로 인한 부정적인 감정을 표현하고, 자기주장 기술과 문제 해결 능력을 습득하는 과정을 진행한다. 향후 회기에서는 내담자가 학교생활에 적응하고, 또래 관계에서 긍정적인 경험을 늘려갈 수 있도록 지속적인 개입을 실시하며, 장기적으로는 자아존중감을 회복하고 건강한 사회적 관계를 유지할 수 있도록 지원한다.

가정폭력과 아동학대 상담

① 가정폭력과 아동학대에 대한 이해

가정폭력은 매일 조금씩 불어오는 바람처럼 찾아왔다. 처음엔 커튼만 흔들더니, 결국 문까지 부수고 들어왔다.

가정폭력과 아동학대

가정폭력이란 '가정 구성원 사이에 발생한 신체적, 정신적 또는 재산상 피해를 수반하는 행위'로 정의한다(가정폭력범죄의 처벌 등에 관한 특례법 제2조 제1호). 그리고 아동학대란 보호자를 포함한 성인이 아동의 복지나 발달을 저해하는 신체적·정신적·성적 폭력 또는 방임 및 유기 등의 행위를 말한다(아동복지법 제 3조 제 7호). 가정 내에서 발생하는 아동학대를 포함한 가정폭력은 단순히 한 개인의 우발적인 분노 폭발로 발생하는 것이 아니라, 권력과 지배의 불균형 속에서 반복적으로 일어나며 가족 전체의 기능을 파괴하는 심각한 사회 문제이다. 특히 가정폭력은 피해자의 자존감, 정서 안정성, 삶의 질에 장기적인 영향을 미치며, 다음 세대에게도 부정적인 영향을 끼친다는 점에서 사회적 개입이 요구된다.

상담실 문턱을 넘은 아이는 "두렵고 무서워"라는 말 대신 "엄마가 나 때문에 울어."라고 말했다. 그들에게 누구도 모른 채 지나간 밤이 있었다. 침묵과 불안, 죄책감과 반복된 용서의 이름으로 아주 조용히, 그러나 집요하게 한 사람의 삶을 무너뜨린다.

가정폭력과 아동학대의 특성

가정 내 아동학대를 포함한 가정폭력은 다음과 같은 세 가지 핵심적 특성을 지닌다.

1) 폭력의 은폐성

가정폭력 및 아동학대는 '가정'이라는 사적인 공간에서 발생하며, 외부에 노출되기 어렵다. 피해자들은 가족의 명예, 자녀의 양육, 경제적 문제, 사회적 시선, 이혼에 대한 두려움 등으로 인해 폭력을 외부에 알리는 것을 주저하게 된다. 이로 인해 오랜 시간 폭력 상황에 노출되지만, 적절한 개입에 상당한 어려움이 많다. 특히 자녀가 목격자인 경우, 보호받아야 할 아이들이 침묵 속에 방치되는 일이 빈번히 발생한다.

2) 폭력의 강화성

가정폭력은 피해자가 폭력에 대해 참아 버리거나 외부 개입이 없는 경우, 가해자는 자신의 폭력 행동이 정당하다고 느끼며, 더욱 심해지게 된다. 그래서 시간이 지날수록 폭력의 강도는 세지며, 빈도는 증가하는 경향이 있다. 처음에는 위협이나 욕설과 같은 언어적 폭력으로 시작되지만, 점점 신체적 폭력과 경제적 폭력, 성적 학대 등으로 나아갈 수 있다.

3) 폭력의 순환성

가정폭력은 '긴장 고조기 → 폭력 발생기 → 후회 및 화해기'라는 일정한 주기를 반복한다. 피해자는 가해자가 '후회 및 화해기'에 보여주는 일시적 사과와 반성하는 모습에 희망을 느끼며, 관계가 유지되기 위한 최소한의 경계를 지키지 못한 채 관계를 유지하게 된다. 그러나 이러한 주기는 시간이 갈수록 점점 짧아지고, '폭력의 강화성'에 근거하여 더 심해진다. 이러한 주기의 반복은 피해자를 학습된 무기력에 빠지게 하고, 폭력을 멈추게 할 수 있다는 희망도 잃게 만든다.

가정폭력 및 아동학대의 유형

> - 가정폭력의 유형: 신체적, 정서적, 경제적, 성적, 심리적, 언어적 학대
> - 아동학대의 유형: 신체적, 정서적, 성적, 유기와 방임

가정폭력과 아동학대 피해자들은 종종 이러한 폭력을 당연시하거나, 폭력인지조차 인식하지 못한 채 고통 속에 놓이게 된다. 아래는 가정폭력과 아동학대의 대표적인 유형들과 이에 해당하는 설명 및 실제 피해자의 진술을 바탕으로 한 사례들이다.

1) 신체적 폭력

타인을 때리거나 발로 차고 밀치는 등의 직접적인 신체 공격을 포함한다. 물건을 던지거나 흉기를 사용하는 등의 행동도 이에 해당되며, 가장 눈에 띄는 형태의 폭력이다. 이로 인해 피해자는 신체적인 손상뿐 아니라 심리적인 충격까지 겪게 된다.

2) 정서적 폭력

무시, 조롱, 협박, 공포 조성, 정체성 위협 등 눈에 보이지 않는 형태의 폭력이다. 피해자의 자존감을 무너뜨리고, 자신에 대한 평가를 왜곡시킨다. 반복되는 정서적 학대는 정신적 고통을 초래하며, 피해자는 점점 자신의 감정을 말하지 못하고 위축된 상태로 살아가게 된다.

3) 언어적 폭력

언어적 폭력은 가해자가 피해자에게 욕설, 고함, 모욕, 인신공격, 비하, 위협 등으로 폭력을 행사하는 것이다. 때로는 가족이나 외모에 대한 조롱(예, 너네 부모님이 그렇게 가르쳤냐, 네 동생들 사는 걸 봐라, 왜 이렇게 살이 쪘냐. 등)이 포함된다. 이러한 폭력은 피해자의 정체성과 자존감을 심각하게 훼손시킬 수 있다.

4) 경제적 폭력

경제적 폭력은 가해자가 피해자에게 생활비를 주지 않거나, 지출에 대해 일일이 간섭하고 감시하며, 통제하는 행위를 말한다. 또한 피해자가 일을 하지 못하게 하거나 통장 비밀번호를 설정하여 재산에 접근하지 못하도록 하는 행위 등도 포함된다. 피해자는 이러한 제한으로 인해 외부와 단절되고, 생존에 위협을 느낄 수 있으며, 이러한 폭력은 피해자의 인간으로서 독립성과 존엄성을 해치는 폭력이라고 볼 수 있다.

5) 성적 폭력

성적폭력은 가해자가 피해자에게 성적 행위를 피해자의 동의 없이 강요하는 것을 말한다. 예를 들어 성적인 언어, 음란물 강요, 원치 않는 접촉 등의 행위가 모두 포함된다. 혼인을 하여 부부가 되었더라도 부부의 성행위 서로 존중하는 마음에서 시작하여야 한다. 이에 강압적으로 이루어지는 성관계는 성적 폭력이라 볼 수 있으며, 성적 폭력의 피해자는 수치심과 죄책감으로 자존감을 훼손시킬 수 있다.

6) 방임

부양과 보호의 책임이 있는 사람이 아이 또는 가족 구성원에게 필요한 의복, 음식, 안전, 교육, 의료 등을 의도적으로 제공하지 않는 행위다. 아동의 경우, 지속적으로 기본 권리가 무시되거나 외면당하는 상태에 놓여 있으며, 신체적 · 정서적 방임은 심각한 발달 문제로 이어질 수 있다. 보호자가 방임하는 경우 의도적일 수도 있고, 무지하거나 무관심해서일 수도 있다.

7) 유기

보호자가 아예 아동을 돌보지 않기로 하고 버리는 행위이다. 주로 물리적 · 공간적으로 아이를 두고 떠나는 걸 의미한다. 예로 아이를 병원, 고속도로 휴게소, 역, 고아원에 두고 연락을 끊어버림, 양육을 포기하고 가출하거나 사라지는 것 등의 유형이 있다. 법적으로도 더 중한 범죄로 간주될 수 있다.

가정폭력은 단일한 원인으로 설명하기 어렵다. 개인의 심리적 특성과 과거 경험, 가족 내 관계 양상, 더 나아가 사회 구조와 문화 배경까지 복합적으로 얽혀 있는 문제다. 다양한 이론들은 폭력의 발생을 다음과 같이 설명하고 있다.

1) 개인내적 이론

이 이론은 폭력의 원인을 가해자의 내면, 즉 심리적·정신적 문제에서 찾는다. 충동 조절의 어려움, 낮은 자존감, 분노 관리의 미숙함, 반사회적 성격 성향, 우울이나 불안 같은 정서적 문제는 물론, 조현병 등 정신질환이 있는 경우에도 폭력 성향이 강화될 수 있다. 특히 아동기 애착관계에서 심각한 결핍이나 정서적 학대, 방임을 경험한 사람들은 성인이 된 이후 감정 조절과 대인관계에서 극단적인 방식으로 반응할 가능성이 커진다. 가해자는 회와 자책, 죄책감을 표현하지만, 근본적인 정서조절 능력이 결여되어 있는 경우가 많다. 따라서 단순히 의지만으로는 폭력의 반복을 막기 어렵고, 전문적인 심리치료가 병행되어야 한다.

"화가 나면 손이 먼저 나가요. 그 순간엔 내가 아니에요. 나중에 울면서 사과해요. 나도 이런 내가 너무 싫어요."

2) 사회학습이론

사회학습이론은 인간이 주변의 행동을 관찰하고 이를 모방하며, 반복적인 강화 과정을 통해 행동을 내면화한다고 본다. 가정 내에서 아버지가 어머니를 때리는 모습을 반복적으로 목격한 자녀는, 폭력이라는 방식이 문제를 해결하거나 권위를 주장하는 데 '효과적'이라는 잘못된 학습을 하게 된다. 이러한 학습은 무의식 속에 자리 잡아 성인이 되어서도 재현되기 쉬우며, 자신이 자란 가정의 모습이 현재의 가족관계 안에서 반복되는 악순환으로 이어진다. 특히, 폭력 이후 피해자가 참고 용서하거나 관계가 지속되는 모습을 보며 '폭력은 용인되는 것'이라는 메시지를 받아들일 수 있다.

“아버지가 엄마를 때리는 걸 보면서 자랐어요. 그때는 저렇게 살지 말아야지 했는데, 어느 순간 나도 똑같은 모습이더라고요.”

3) 사회문화적 이론

사회문화적 이론은 개인이 속한 사회의 가치관과 문화적 분위기가 폭력을 정당화하거나 묵인하는 구조적 배경이 될 수 있다고 본다. 가부장적인 가족 체계, 남성 중심주의, 연장자 우위, 권위주의적 관계 구조는 여성이나 아동, 약자에게 권력적으로 군림하려는 태도를 자연스럽게 학습하게 만든다. 사회 전반에 걸친 ‘남성은 강해야 한다.’, ‘여성은 순종적이어야 한다.’는 성 역할 고정관념은, 갈등 상황에서 통제와 지배를 폭력으로 해결하려는 방식에 힘을 실어줄 수 있다. 더 나아가, 이웃이나 친척, 주변 사람들이 폭력을 방관하거나 “가정사니까 참아야지”라고 말하는 사회적 분위기 역시 폭력의 지속을 돕는 묵시적 공범 역할을 하게 된다.

“남자가 집안일 하는 거, 어디서 그렇게 배웠냐고요. 아내가 밤늦게 들어오는 것도 못 참겠고요. 밖에서 체면도 있는데.”

이처럼 가정폭력은 가해자의 개인내적 특성 뿐만 아니라 그 사람이 속한 사회문화적 배경, 원가족의 가족의 생활 양식, 성 역할의 고정 관념 등 매우 복합적인 배경을 가지고 있다. 이에 상담교육 명령이 떨어진 가해자를 만날 때는 가해자의 개인내적 특성 외에 사회문화적 배경도 함께 고려해야 한다.

이를 고려하여 접근했을 때, 가정폭력을 반복하게 하는 핵심 문제를 다룰 수 있을 것이며, 가정을 회복시키고 변화할 수 있도록 도울 수 있다.

가정폭력 가해자의 특성

가정폭력 가해자들은 불안정한 심리적 특성을 보이며, 관계 기술에 미성숙한 모습을 보이는 경우가 많다. 대표적인 특성은 다음과 같다.

가정폭력 가해자의 특성

- **폭력에 대한 학습**: 가정폭력 가해자들은 성장 과정에서 가정 내 갈등이 발생했을 시 폭력이 오고 가는 모습을 보고 자연스럽게 학습되었을 것이며, 성인이 되어서도 문제 해결이나 감정 표현에 방식을 '폭력'적인 방식으로 반복하게 된다.
- **아동기 결핍 경험**: 어린 시절 가정 안에서 안전함과 충분한 보호와 사랑 대신 학대와 방임을 경험한 경우, '통제력'을 학습하지 못하고, 폭력을 통해 자신의 존재감을 드러내려는 경향을 보일 수 있다.
- **알코올 의존 문제**: 가정폭력 가해자들은 스트레스를 해소하는 방식이 다양하지 못함으로 인해 알코올에 의존할 수 있으며, 음주 상태에서 충동성이 증가하면서 폭력의 빈도와 강도가 높아질 수 있다.
- **남성다움에 대한 왜곡된 믿음** : 남성다움은 감정을 억제하며, 타인을 지배해야 한다는 등의 믿음을 고수하며, 가족 구성원들 힘으로 통제하려고 한다(예, 드라마 '폭삭 속았수다.'의 '학씨'[부상길 캐릭터 별칭])
- **관계 갈등 시 대처 능력이 미성숙함**: 가정폭력 가해자들은 자신의 감정을 적절하게 언어화하지 못하며, 갈등을 사회적인 방식으로 표현하거나 조절하지 못하는 경향이 있다.
- **타인에 대한 정서적 공감 능력의 결여**: 가해자들은 상대방의 감정과 고통을 인식하지 못하거나 무시하는 태도를 보이며, 자신의 행동이 타인에게 미치는 영향을 고려하지 않는다.
- **정신병리**: 조현병, 반사회성 인격장애, 양극성 장애 등 일부 정신질환은 폭력성과 관련될 수도 있다.

역가해로서의 가정폭력: 성인 자녀에 의한 부모 학대

성인 자녀가 부모에게 폭력을 행사하는 경우는 여러 복잡한 심리적, 사회적 요인들이 얽혀 있을 수 있다. 이 경우 부모는 일반적으로 자녀에게 보호적이고 양육적인 역할을 하게 되지만, 성인 자녀가 부모에게 폭력을 가하는 상황은 그들의 내면에 억압된 감정, 경험, 관계의 문제가 영향을 미쳤을 수 있다. 다음은 성인 자녀가 부모에게 폭력을 가하는 주요 이유를 설명하는 내용이다.

- **과거의 트라우마와 감정적 상처**: 많은 성인 자녀들은 어린 시절 모로부터 받은 학대나 정서적 방치를 경험했을 수 있다. 이런 트라우마는 성인이 된 후에도 자녀의 심리적 상태에 큰 영향을 미친다. 부모로부터의 부정적인 경험이 해결되지 않고 억압된 상태로 남아 있을 경우, 성인이 되어서도 그 경험을 반복적으로 재현하려는 무의식적인 경향이 나

타날 수 있다. 부모에게 가하는 폭력은 이들의 내면에서 쌓인 분노와 절망감의 표출일 수 있다.

• **부모에 대한 기대와 실망**: 성인 자녀가 부모에게 폭력을 행사하는 또 다른 이유는 부모에 대한 기대와 실망 때문이다. 자녀가 부모에게 애정, 지원, 이해를 기대했으나 부모가 이를 충족시키지 못했다고 느끼면 자녀는 분노와 좌절감을 느끼게 된다. 이러한 감정은 점차 누적되어 폭력적인 행동으로 표출될 수 있다.

• **자아존중감과 통제력의 결여**: 일부 성인 자녀는 성인기에도 자아존중감이 낮거나 통제감이 결여될 수 있다. 이러한 자녀는 자신의 삶에 대한 불만을 부모에게 돌리며, 부모를 지배하거나 억제하려는 시도를 할 수 있다. 부모가 자녀의 행동을 제어하거나 조언하는 것이 그들에게는 자기 존중을 위협하는 요소로 느껴질 수 있다. 그 결과 폭력적인 방식으로 대응하게 되는 것이다.

• **가족 내 갈등의 반복**: 가정 내 갈등과 불화가 장기화되면, 성인 자녀는 갈등 해결을 폭력적인 방식으로 배우게 될 수 있다. 부모와 자녀 간의 관계에서 계속되는 불화는 문제 해결을 위한 건강한 대화나 소통이 부족하게 만들며, 폭력적인 행동은 갈등을 푸는 방법으로 각인될 수 있다.

• **심리적, 정서적 문제**: 성인이 된 자녀에게 정신건강 문제(우울증, 불안장애, 분노조절장애, 성격장애 등)가 있다면, 부모에게 폭력을 행사할 수도 있다. 부모는 자식의 정신건강 회복을 위해 자녀의 정신적 문제를 해결하려는 시도를 하게 될 것이며, 이에 대해 자녀는 저항하며 거부적인 태도를 보일 수 있다. 때때로 이러한 저항이 폭력으로 표출될 수 있다.

• **폭력행동에 대한 모방 학습**: 자녀가 어렸을 때, 부모로부터 폭력을 당했거나, 부부 싸움 또는 가정 폭력 등을 목격하거나 경험한 경우, 그것이 정상적인 관계의 일부로 내면화될 수 있다. 성인이 된 자녀는 이러한 폭력적 행동을 자신의 삶에서 반복할 수 있으며, 이를 통해 자신의 감정을 표현하는 방법으로 폭력을 선택할 수 있다. 즉, 폭력은 세대를 넘어 되물림 된다.

성인 자녀가 부모에게 폭력을 행사하는 경우는 단순히 개인의 폭력적인 성향 때문만이 아니라, 과거의 상처와 가정 내의 여러 복합적인 요인들이 얽혀 있는 복잡한 현상이다. 이러한 폭력적인 행동을 이해하고 적절히 개입하는 것은 자녀의 치료적 접근과 부모와 자녀 간의 관계 개선을 위한 중요한 단계가 될 수 있다.

가정폭력과 아동학대는 가정이라는 폐쇄적이고 친밀한 공간에서 발생하기에 외부에 드러나기 어렵고, 피해자는 오랜 시간 폭력에 노출되어도 쉽게 도움을 요청하지 못하는 구조적 어려움이 있다. 이에 가정폭력과 아동학대는 단순한 가족 간의 갈등으로 축소되어 해석되기보다 명백한 인권 침해이며 사회가 개입해야 하는 심각한 위기 상황으로 인식되어야 한다.

폭력이 닫힌 문과 침묵 뒤에 숨을 때, 당신은 그 문을 두드리고……
들을 준비가 되어 있나요?

② 가정폭력이 배우자·자녀에게 미치는 영향

가정폭력이 배우자에게 미치는 영향

이 장에서는 가정폭력이 배우자에게 미치는 깊고 지속적인 영향을 저인, 신체, 관계 그리고 존재감 붕괴라는 측면에서 살펴보고자 한다. 가정폭력 피해자인 배우자는 가정폭력으로 인해 정신적, 신체적, 사회적, 경제적 삶 전반에 깊고도 지속적인 영향을 미친다. 단순히 폭력 그 자체의 고통에 국한되지 않고, 피해자가 자기 자신을 어떻게 인식하고, 세상과 어떤 관계를 맺으며, 삶을 지속해나갈 수 있을지에 대한 근본적인 기반을 흔든다는 점에서 심각하다.

상담실에서 그녀는 말이 조심스럽고, 움직임도 작았다. 처음엔 "다툼이 좀 있어요."라고 했고, 상담이 깊어질수록 드러난 것은 상처입은 팔보다, 부서진 마음이었다. 가정폭력은 단지 맞는 순간의 고통이 아니라, 그 고통이 '내가 누구인지'를 지워가는 과정이었다.

 ## 1) 정신건강의 손상

피해자에게 가장 심각하게 나타나는 영향 중 하나는 정신건강의 문제이다. 피해자는 지속적인 위협과 통제 속에서 극심한 스트레스 상태에 놓이게 되며, 다음과 같은 증상으로 고통받을 수 있다.

- **외상 후 스트레스 장애(PTSD)**: 폭력 장면이 반복적으로 떠오르고, 특정 상황이나 말, 소리만으로도 극심한 불안을 경험하게 된다. 악몽, 과각성, 회피 행동 등이 지속되며 일상 기능이 크게 저하된다.
- **우울증**: 자신에 대한 무가치감, 무기력, 절망감에 빠지고 삶의 의욕을 상실하게 된다. 반복되는 폭력 속에서 "나는 벗어날 수 없다"는 학습된 무기력이 형성되며 자살 사고나 시도로 이어질 수도 있다.
- **불안장애 및 공황장애**: 항상 위협을 느끼는 상태에서 살아가기 때문에 불안 수준이 높고, 예상치 못한 상황에서도 공포 반응을 보일 수 있다.
- **자기비난과 죄책감**: '내가 잘못해서 그 사람이 화가 난 거야.'라는 왜곡된 인식을 가지게 되며, 폭력의 원인을 자기 탓으로 돌리는 경향이 강해진다.

2) 신체적 건강의 악화

지속적인 신체적 폭력은 눈에 보이는 상처뿐 아니라 장기적인 신체 건강에도 영향을 미친다. 반복된 타박상, 골절, 두부 손상뿐만 아니라 만성 통증, 위장장애, 수면장애, 두통, 면역력 저하 등으로 이어질 수 있다. 또한 성적 폭력의 경우 성병, 불임, 산부인과적 질환의 위험도 높아진다. 피해자가 병원에 가는 것조차 통제당하는 경우, 적절한 치료 없이 고통을 방치하게 되는 경우도 많다.

3) 자아존중감의 붕괴와 자아정체감의 혼란

가해자가 지속적으로 "너는 못 났어.", "아무도 널 받아주지 않아.", "너 같은 건 쓸모 없어." 등의 언어적·정서적 폭력을 행사할 경우, 피해자의 자아존중감은 심각하게 훼손된다. 자신을 무가치한 존재로 느끼며 점차 스스로의 감정과 판단을 신뢰하지 못하게 되고, '나는 누구인가.', '나는 왜 살아야 하는가.'에 대한 존재적 혼란을 겪을 수 있다.

4) 사회적 고립

가해자는 종종 배우자의 대인관계를 통제하거나 차단한다. 피해자가 가족, 친구, 이웃, 직장 동료와의 관계를 유지하지 못하게 만들고, 외부와 단절된 상태에 놓이게 된다. 이로 인해 피해자는 도움을 요청할 수 있는 안전망이 사라지고, 외로움과 절망 속에서 고립감을 느끼며, 결국 폭력 관계에 더 깊이 갇히게 되는 구조가 만들어진다.

5) 경제적 종속과 자립의 어려움

경제적 폭력은 배우자의 소득 활동을 방해하거나 금전적 통제를 통해 자립을 막는 방식으로 나타난다. 피해자가 일정한 수입이나 재정적 주도권을 갖지 못하면, 폭력 관계에서 벗어나 독립적인 삶을 살기 어려워진다. 이러한 종속은 피해자가 이혼이나 분리 같은 선택을 회피하게 만들고, 계속해서 폭력 상황에 머물게 하는 원인이 되기도 한다.

6) 양육자로서의 기능 저하와 자녀 발달에 대한 악영향

폭력의 피해자가 부모인 경우, 자녀에게 필요한 정서적 안정감, 일관된 양육, 보호 기능을 충분히 제공하기 어렵다. 자신의 생존과 정신건강을 유지하기에도 벅찬 상황 속에서 자녀의 요구에 민감하게 반응하지 못하게 되고, 결과적으로 자녀도 불안정 애착, 정서적 불안, 공격성 등의 문제를 보일 수 있다. 더 나아가, 자녀가 폭력 장면을 목격하는 것만으로도 '목격자 외상(witness trauma)'이라는 심리적 상처가 생기며, 이는 또 다른 세대의 폭력 사이클로 이어질 수 있다.

가정폭력이 자녀에게 미치는 영향

"아빠가 집에 안 왔으면 좋겠어요."

여덟 살 아이가 종이에 그린 그림 한 장. 한쪽 구석엔 화가 난 얼굴, 다른 한 쪽에 벽 뒤에 숨어 있는 조그만 아이. 아이는 아무 말도 하지 않았지만, 그 아이의 표정과 침묵,

그림으로 이미 많은 것을 말하고 있었다. 폭력을 직접 겪은 아이와 그 장면을 옆에서 목격한 아이 모두 똑같은 상처를 가지고 상담실 문을 두드린다.

자녀가 가정 내에서 폭력을 직접 경험하거나 목격하는 경우, 단순한 신체적 손상에 그치지 않고 인지, 정서, 행동, 사회성 등 다양한 발달 영역에서 부정적인 영향을 받는다.

1) 인지적 발달의 손상

"수업 시간에 선생님이 뭐라고 하는지 잘 안 들려요."

"공부는 어려워요. 머릿속에 생각이 너무 많아서요."

가정폭력을 경험한 아동은 학습과 사고 기능에 어려움을 겪는 경우가 많다. 반복되는 긴장과 불안 속에서 주의집중력이 저하되고, 문제해결 능력과 비판적 사고력이 제대로 발달하지 못한다. 이로 인해 학업 성취도가 낮아지고, 학교생활에 대한 흥미나 동기역시 떨어지는 경향을 보인다.

2) 정서적 손상과 자존감 저하

"나는 없어도 되는 애 같아요."

"내가 말을 하면, 집이 조용해지지 않아요. 그래서 그냥 말 안 해요."

폭력 상황에 놓은 아동은 감정 조절 능력을 발달시킬 수 없다. 아동은 폭력상황 안에서 늘 불안하고, 화가 나며, 슬퍼했다가 결국 혼란스러워지게 된다. 아동의 마음 안에 다양한 감정이 복잡하게 얽혀 있으면, 안정감을 유지하기가 어려워진다. 가정 폭력 상황에서 반복되는 위협과 공포 속에서 아동은 점점 무력감과 자기비하, 낮은 자존감을 형성하며, 이는 '나 같은 애가 왜 살고 있지', '그냥 조용히 사라지고 싶다.' 등의 존재에 대한 무의미와 부정적 인식으로 이어진다. 마음의 혼란스러움과 충동성이 심해지는 경우에는 자해나 자살 사고로 발전될 위험도 있기에, 반드시 조기에 개입해야 한다.

3) 행동상의 문제로의 외현화

"그냥…… 화나서 밀었어요. 근데 밀고 나니까 속이 좀 시원했어요."

"혼날 걸 알면서도 일부러 그렇게 했어요. 그래야 누군가 저한테 관심이라도 주니까요."

정서적 불안은 종종 외현화된 문제 행동으로 나타난다. 아동은 공격적인 행동, 반사회적 경향, 학교 부적응, 친구 관계의 갈등, 가출, 중독, 비행 등의 문제 행동을 보일 수 있다. 특히 정서적 학대를 경험한 아동은 내면의 고통을 행동으로 표현하며, 교사나 또래들과의 관계에서도 적응의 어려움을 드러낸다.

4) 사회적 관계와 애착 형성의 어려움

가정 내에서 안전한 애착이 형성되지 못할 경우, 자녀는 타인과의 관계에서도 신뢰를 형성하는 데 어려움을 겪게 된다. 사회적 고립, 대인기피, 관계 왜곡, 의존과 거절의 반복 같은 모습이 나타나며, 이는 성인이 되어 형성하는 대인관계에도 장기적인 영향을 미친다.

5) 폭력의 학습과 세대 간 대물림

"그땐 싫었는데…… 나도 똑같이 하고 있었어요. 마치 그렇게 해야 마음이 편해지는 것처럼요."

자녀는 부모의 폭력 관계를 목격하면서 그것을 하나의 갈등 해결 방식으로 학습할 수 있다. 이런 경우 성인이 된 후에도 무의식적으로 폭력적인 관계를 재현하거나, 폭력을 행사하는 사람으로 변모할 위험이 있다. 이처럼 폭력은 학습되고 반복되는 경향이 있으며, 이를 통해 세대 간 전이(대물림) 현상이 발생하게 된다. 때로는 피해자와 가해자의 정체성이 중첩되며, 복합적인 심리구조를 형성하기도 한다.

6) 양가감정과 정체성 혼란

"아빠가 무서워요. 근데 아빠가 없으면 또 허전해요. 화를 내요…… 그냥 아빠니까, 싫다고 말하면 안 될 것 같아요."

"엄마는 늘 울고, 아빠는 화를 내요. 가끔은 내가 없어지면 둘이 덜 싸울까 싶어요."

가정폭력 및 아동학대 속에서 자라는 아이는 부모에 대해 양가감정을 경험하게 된다. 자녀는 가해자인 아버지를 두려워하면서도 자신이 잘못해서 혼이 났다는 잘못된 사고로 죄책감과 자책감을 느끼며, 가족이 평안하기를 원하며, 아버지와 애착을 유지하려는 마음이 공존한다. 그리고 자녀는 피해자인 어머니에 대해서 슬픔, 안타까움, 연민과 내가 어머니를 지켜주지 못함에 대한 죄책감과 나를 지켜주지 않은 어머니에 대한 분노가 교차한다.

이러한 혼란스러운 감정을 마음에 품고 유아기-아동기-청소년기를 보낸다면, 자녀는 발달기마다 이루어야 할 사회심리적 과업들을 이루지 못한 채 성인이 될 것이다.

그러므로 가정폭력 및 아동학대는 자녀의 전인적 발달을 위협하는 심각한 사회환경적 위기로 이해해야 한다. 따라서 위기 개입 전문가들은 폭력이 가족 구성원 모두에게 미치는 다차원적 영향을 이해하고, 단순한 피해 회복을 넘어 가족 전체의 기능 회복을 목표로 한 통합적 개입 방안을 마련해야 한다. 특히 자녀의 경우, 연령과 발달 단계에 맞춘 심리적 개입과 안전한 보호조치가 선행되어야 하며, 반복적인 트라우마로부터 벗어날 수 있도록 안전한 환경 조성, 정서적 지지체계 형성, 장기적 상담 지원이 이루어져야 한다.

③ 가정폭력·아동학대에 대한 위기 상담 개입

가정폭력 위기 개입

가정폭력에 대한 위기 개입은 피해자의 안전 확보를 최우선으로 하며, 동시에 심리적 안정, 법적 보호, 사회적 지원망 연결 등을 종합적으로 고려해야 한다. 위기 상황에 놓인 피해자는 극심한 두려움과 혼란 속에 있기 때문에, 상담자는 신속하고 명확한 개입을 통해 피해자의 생명을 보호하고 자율성을 회복시켜야 한다.

가정 폭력 위기 상황 개입 시 필수 보호조치 및 신고 안내

- 상담자는 '폭력의 경중'보다 '피해자의 안전'을 우선 고려해야 하며, 신고 및 보호 연계는 상담 이전에 선행되어야 하는 개입이다.
- 가정 폭력 및 아동학대는 '의심'만으로도 신고가 가능하다.
- 아동학대 신고 : 112, 신고앱(아이지킴이콜)
  * 1577-1391(아동호전문기관)신고는 모두 폐지됨
- 가정폭력 신고 : 1366(여성긴급전화)
- 신고인은 아동학대처벌법, 공익신고자보호법, 특정범죄신고자 등 보호법에 근거하여 불이익 조치되지 아니하며, 신변 보호에 필요한 조치 요구 가능합니다(신고인은 공개해서는 안 되며, 이를 어길 시 3년 이하의 징역이나 3천만 원 이하의 벌금이 부여됨).

---

1) 신속한 위험 평가와 안전 계획 수립

"당신이 겪은 일이 잘못된 게 맞습니다. 그리고 지금 도움을 요청한 것은 용기 있는 선택이에요."

피해자의 현재 신체적, 정서적 안전 상태를 파악하고, 필요한 경우 경찰, 병원, 보호시설과의 연계를 즉각 시행해야 한다. 폭력이 반복적이고 점점 강화되는 특성상, 24시간 이내의 안전 계획과 비상 연락 체계를 함께 마련하는 것이 중요하다.

2) 피해자의 정서적 안정 지원

"이 상황에서 버텨온 것만으로도 당신은 이미 굉장한 힘을 가진 분이에요. 당신이 겪은 일은 잘못된 일이고, 그리고 그건 당신의 잘못은 아니에요."

가정폭력을 경험한 사람은 수치심, 죄책감, 무기력, 자기비난 등의 감정에 사로잡히기 쉽다. 상담자는 피해자의 감정을 수용하고, 그들이 경험한 일이 결코 개인의 잘못이 아님을 인식하도록 돕는다. 피해자의 자기결정권을 존중하는 태도로, 판단이나 강요 없이 '함께 계획하고 선택해 나가는' 관계를 형성해야 한다.

3) 법적·제도적 지원 체계와의 연계

"지금 당장 안전하게 머무를 수 있는 쉼터가 있어요. 필요하시면 함께 연락드릴 수 있어요." – 쉼터 및 긴급 보호 안내

"법적으로도 당신을 지켜줄 수 있는 방법이 있습니다. 가해자에게 접근하지 못하게 하는 보호명령 제도가 있어요." – 법적 보호조치(접근금지명령) 등에 대한 설명

"아이와 함께 안전하게 지낼 수 있는 보호처와 양육에 대한 법적 상담도 함께 받을 수 있어요." – 자녀 양육 관련 안내

"모든 결정을 서두를 필요는 없어요. 필요한 만큼 설명드리고, 함께 알아봐 드릴게요." – 동행적, 비강압적 태도 강조

상담자는 피해자가 긴급 보호를 받을 수 있는 쉼터, 의료기관, 법률 상담, 경찰 신고 등 다양한 자원을 안내하고 연결하는 역할을 한다. 특히 보호명령 제도, 임시 숙소, 자녀 양육에 대한 법적 정보 등 실질적 지원이 병행되어야 피해자의 안정적인 일상 복귀가 가능하다. 누군가의 용기 있는 신고가 한 가족의 변화를 만들 수 있음을 우리들은 알고 있어야 한다.

① 신고

- 누구든지 가정폭력 및 아동학대를 인지하면, 경찰 또는 아동학대전담공무원에게 신고할 수 있다.

- 18세 미만 아동·청소년의 경우, 교사 및 아동·청소년 관련 시설 종사자는 법적 신고의무자에 해당이 된다.

② 현장출동 및 응급조치(경찰)

- 경찰은 즉시 출동하여 가해자와 피해자 분리 조치를 한다.

- 상황에 따라 피해자를 의료기관, 쉼터 등 안전한 장소로 인도한다.

- 현장에서 경찰은 긴급 임시조치를 결정할 수 있으며, 가해자에게 아래와 같은 조치를 내릴 수 있다.

1호 : 퇴거 및 격리, 2호 : 100m 이내 접근 금지

3호 : 전화 및 메시지 등 통신 접근 금지

③ 검찰 송치 및 법원 임시 조치 청구

- 경찰은 사건을 검찰에 송치하며, 검사는 임시조치를 법원에 청구할 수 있다.

- 법원은 이를 심사하여 7가지 임시조치 중 해당사항을 결정한다.

④ 법원의 임시조치 결정

- 법원은 피해자의 신청 또는 직원으로 다음과 같은 임시조치를 명할 수 있다.

- 가해자의 퇴거 및 격리, 접근금지, 통신 접근 금지, 친권 행사의 제한, 교육 및 상담 위탁, 의료기관 위탁, 유치장 유치 등

＊ 임시조치는 최대 6개월 동안 유지되며, 연장도 가능

⑤ 피해자 보호와 연계

- 피해자는 필요 시 쉼터, 아동보호전문기관, 상담소, 해바라기 센터 등으로 연계된다.

- 피해자는 연계 된 기관에서 심리상담, 의료지원, 법률상담, 자립지원 등 다양한 복지 서비스를 받을 수 있다.

⑥ 보호처분 및 형사처벌

- 가해자에 대해 법원이 보호처분(상담 및 교육 위탁, 접금 금지 등)이나 형사처벌을 병행할 수 있다.

- 아동학대가 포함된 경우 친권상실이나 후견이 변경도 청구가 가능하다.

- 심리상담: 청소년상담복지센터, 아동보호전문기관, 해바라기센터
- 쉼터: 학대피해아동쉼터, 청소년쉼터, 여성폭력피해자쉼터
- 법률상담: 대한법률구조공단, 한국가정법률상담소 등

- "처음에는 억울하고 화가 났지만, 상담을 통해 제가 아이를 잘못 이해하고 있었음을 알게 되었습니다. 지금은 아이와 관계가 훨씬 좋아졌고, 오히려 감사한 마음이 듭니다." – 가해자 최OO
- "늘 싸우던 부모님 밑에서 힘들었던 저는, 한 번의 신고로 가족 모두가 상담을 받게 되었고, 지금은 함께 웃고 이야기할 수 있는 시간이 많아졌습니다. 신고해주신 분께 진심으로 감사드립니다." – 피해 아동 강OO

4) 자녀가 있는 경우 부모와 자녀를 분리한 개입

"어머니도 지금 많이 힘드시겠지만, 아이도 그 동안 많은 걸 느꼈을 거에요. 어머니와는 따로, 아이만을 위한 시간을 마련해보면 좋겠습니다."

"아이와 이야기를 나눠보니, 겉으로 괜찮아 보여도 속으로 많이 불안해 하고 있었어요. 아이에게도 안전하다는 걸 알려주는 시간이 꼭 필요해요."

부모가 피해자일 경우 자녀 역시 심리적 피해를 입었을 가능성이 크기 때문에, 아동에 대한 별도의 평가와 지원이 병행되어야 한다. 이때 가족 전체에 대한 통합적 접근이 중요하며, 필요에 따라 가족상담, 부모 교육, 자녀 심리치료 등이 병행될 수 있다. 부모와 자녀가 분리되어 개입되었을 때, 자녀들은 아래와 같은 반응을 보여주었다.

"엄마가 아플 땐 내가 웃으면 안 되는 줄 알았어요."
– 심리상담 중 처음으로 자기감정을 말한 초등학생 아동
"이제는 내가 엄마 걱정 안 해도 되는 거예요?"
– 보호시설에서 심리안정 개입을 받은 아동의 말

5) 장기적인 회복 지원과 사후관리

"이제는 누가 내 하루를 결정하지 않아요. 내가 뭘 먹을지, 뭘 입을지, 그걸 내가 정해요."

– 3개월간 정기 상담과 자조 모임 참여 후, 자립 주택 입주를 앞둔 피해자의 말

위기 개입이 일회성으로 그치지 않도록, 정기적인 상담, 자조모임 참여, 취업 및 주거 연계 등 장기적 관점에서의 회복 지원 체계를 마련해야 한다. 피해자가 삶의 통제력을 회복하고 자립할 수 있도록 돕는 것이 궁극적인 목표이다.

자조모임 및 회복지원 프로그램

- **가정폭력상담소(전국 100여 곳)**: 피해자 자조 모임 운영(치유집단 프로그램 및 미술,글쓰기 치료 등, 가해자 상담도 병행 가능(재학대 방지 목적) → 여성가족부 홈페이지 또는 1366 문의
- **여성폭력피해자쉼터**: 일정 기간 거주하면서 회복 프로그램에 참여, 자조모임, 상담, 진로탐색, 법률 교육 등 다양한 지원 → 1366 또는 경찰, 병원 등을 통해 연계 가능
- **청소년 쉼터(단기/중장기/일시)**: 가출청소년 및 폭력 피해 청소년 대상, 심리상담과 생활지원, 직업 훈련을 연계 → 지역별 쉼터

자립주택 및 자립지원

- **여성자립지원시설**: 쉼터 이후, 최대 2년간 자립을 위한 생활공간을 제공, 취업 연계, 자산형성 지원, 진로상담 포함 → 각 시군구 여성폭력상담소를 통해 신청 가능
- **청소년자립지원관**: 쉼터 퇴소 청소년 대상, 자립생활교육 및 거주 지원, 사례관리자 배정, 자립기술 훈련, 정서지원 등을 제공 → 여성가족부 소관/지역 자립지원관 문의 필요
- **LH 청년 전세임대/주거지원 연계**: 긴급주거 지원 또는 자립주택 연계 가능 → 쉼터나 자립지원기관 사례관리자 추천 필요

아동학대 위기 개입

가정 내에서의 학대는 외부에 잘 드러나지 않고, 아동의 심리·정서적 손상은 장기적이고 만성적인 양상을 보이는 경우가 많다. 또한 아동학대는 종종 이혼, 가정폭력, 경제적 빈곤, 부모의 정신건강 문제 등 복합적 위기 상황과 맞물려 발생하므로, 상담자는 전체 맥락을 고려한 다각적 개입이 필요하다.

1) 이혼가정 아동 개입

"엄마 아빠가 헤어진 건 너의 잘못이 아니야. 어른들의 문제는 어른들이 해결하는 거고, 너는 사랑받아야 할 아이야."

"지금 마음이 복잡하고 속상할 수 있어. 그 마음을 그림이나 말로 나눠줘도 괜찮아. 우린 그 감정을 함께 들여다볼 수 있어."

이혼 과정에서 아동은 부모 간 갈등과 분리로 인해 정서적 혼란을 겪는다. '부모가 헤어진 것이 내 탓이 아닐까?'라는 오해, 어느 한쪽을 선택해야 한다는 부담감, 두 부모 사이의 충돌에서 느끼는 불안 등이 내면에 자리 잡는다. 상담자는 아동에게 이혼 상황을 발달 수준에 맞게 설명하고, 감정을 안전하게 표현할 수 있도록 도와야 한다. 부모 교육을 통해 양육 협력 방안을 제공하고, 자녀 앞에서의 부정적 발언을 삼가도록 지도하는 것도 중요하다.

가정법원에서 실시하는 가사상담위원들의 역할

- **가사상담**: 각 지방 가정법원에서 위촉된 가사상담위원이 가사재판, 가사조정, 협의 이혼 의사 확인 절차에서 부부 및 자녀를 대상으로 이혼, 자녀 양육, 그 밖의 가족 문제 등에 관하여 가족구성원의 합리적인 의사결정과 자율적인 문제해결력 증진을 촉진함으로써 건강한 가족 기능 유지 및 회복이 가능하도록 조력한다. 또한 이혼 후에도 부모로서 협력하여 함께 자녀를 양육하도록 도움을 주는 과정이다.
- **가사상담의 특징**: 법원의 개입으로 이루어지며, 건강한 이혼, 혼인 관계 유지 타진, 가족의 이혼 준비 ,자녀 양육문제 협의, 면접교섭훈련 등을 목표로 제한된 회기 안에 진행된다.

2) 가정폭력 경험 아동 개입

"누군가가 너를 때리거나 무섭게 하면, 그건 친한 거나 장난이 아니야. 그럴 땐 '싫어' 라고 말할 수 있어. 그건 용감한거야"

"지금 속이 울렁거리거나 답답한 느낌이 들면, 그걸 색으로 표현해볼까? 네 마음이 무슨 색인지 같이 찾아보자"

폭력 상황을 직접 경험하거나 목격한 아동은 그것을 '관계의 당연한 방식'으로 오해하기 쉽다. 이들은 공격성, 불안정 애착, 주의력 결핍, 과잉행동, 위축, 야뇨증 등의 신체·정신적 증상을 나타낼 수 있으며, 사회적 기술 부족으로 또래관계에도 어려움을 겪는다. 상담자는 이들에게 정서 표현 훈련, 감정조절 기술, 안전한 대인관계 맺기 등을 중점으로 지도하며, 필요 시 놀이치료, 미술치료, 집단상담 등도 활용할 수 있다.

3) 직접적 학대 피해 아동 개입

신체적 상처나 성적 학대, 심각한 방임이 의심될 경우 즉각적인 조치가 필요하다. 상담자는 아동학대 신고 의무자로서 아동보호전문기관에 보고하고, 필요 시 경찰, 병원, 쉼터 등과의 연계를 주저하지 말아야 한다. 아동이 상처를 표현했을 때 불안하게 만들지 않으면서도, '이제는 내가 안전하게 보호받을 수 있구나.'라는 신뢰감을 느끼게 해주는 언어가 필요하다. 아동학대가 의심되는 상황에서 상담자가 실제 사용할 수 있는 언어 예시는 다음과 같다.

- **아동에게:** "네가 말해줘서 정말 고마워. 이건 네 잘못이 아니야. 지금부터는 네가 더 이상 혼자 아프지 않도록, 우리가 함께 도울 거야." → 네 잘 못이 아님을 반복해서 확신시켜주기
- **보호자(또는 학대가 의심되는 보호자)에게:** "아동의 안전이 최우선입니다. 필요한 조치와 연계를 통해 아이가 안정적으로 보호받을 수 있도록 함께 협조해주셔야 합니다." (신고자는 보호되며, 신분이 드러나지 않는다. 이에 위 언어 예시는 상황에 따라 달라질 수 있다) → 조용하지만 분명한 법적 근거와 중립적 설명
- **연계 과정에서 아동의 불안을 줄이는 상담자 언어:** "네가 지켜져야 한다는 걸 많은 어른들이 알고 있어. 지금부터 네가 안전할 수 있도록 도와줄 거야." → 믿을 수 있는 어른과 시스템이 있다는 설명

아동의 안전이 확보된 이후에는 개별상담, 가족치료, 놀이치료 등 다양한 심리적 회복 프로그램이 뒤따라야 하며, 보호자 교육 및 환경 개선이 병행되어야 한다. 학대의 반복을 방지하기 위해 지역사회와의 지속적인 모니터링도 중요하다.

- 아동은 자신의 상황을 언어로 명확하게 설명하기 어렵기 때문에, 행동, 표정, 그림, 놀이 등 비언어적 신호를 민감하게 관찰해야 한다.
- 정서적 안전감을 최우선으로 확보해야 하며, 판단하거나 추궁하는 태도보다는 따뜻하고 비판단적인 자세로 접근해야 한다.
- 아동의 말에는 사실과 상상이 혼재되어 있을 수 있으므로, 이를 신중하게 구분하며 진술을 경청해야 한다.
- 단기 개입으로 그치지 않도록 사후관리 계획과 보호 체계 구축이 반드시 필요하다. 이를 위해 교사, 복지사, 의료진, 보호자 등과의 다기관 협력이 필수적이다.

가정폭력과 아동학대 상황에서의 위기 상담 개입은 단순히 문제를 해결하는 차원을 넘어서, 피해자의 생명과 안전을 보호하고 심리적 회복을 지원하는 중대한 역할을 수행한다. 상담자는 위기 상황에서 신속하고 정확한 판단을 내리는 동시에, 정서적 지지와 제도적 지원을 통합적으로 제공할 수 있어야 한다. 이러한 개입은 단기적인 대응에만 머물러서는 안 되며, 피해자가 안전하게 일상으로 복귀하고, 자율성과 회복력을 되찾을 수

있도록 돕는 장기적인 지원 체계가 병행되어야 한다. 특히 아동의 경우, 회복적 성장과 권리 보호를 위한 적극적 실천가로서 상담자가 중심적 역할을 수행해야 하며, 이를 위해 전문성, 민감성, 책임감이 필수적으로 요구된다.

④ 가정폭력 피해자 위기 상담 사례와 개입

　미정(가명), 42세 여성은 결혼한 지 12년째다. 남편은 5살 연상으로, 현재는 건설현장에서 일용직으로 일하고 있다. 겉으로 보기엔 묵묵히 일하며 가족을 부양하는 가장처럼 보이지만, 술이 들어가면 전혀 다른 사람이 된다. 미정은 남편의 알코올 중독으로 인한 가정폭력을 오랜 시간 견뎌왔다. 남편은 술만 마시면 괜한 트집을 잡고 화를 냈다. 시집올 때 혼수를 제대로 안 가져왔다는 이유, 아들을 낳지 못했다는 이유, 말대꾸를 한다는 이유, 말이 없다며 무시한다고 느꼈다는 이유로 갑자기 소리를 지르고 물건을 집어 던졌다. 그뿐만 아니라 손찌검도 서슴지 않았다. 폭력은 예고 없이 찾아왔고, 미정은 어느새 늘 긴장한 채 집안의 분위기를 살피며 하루하루를 버티고 있었다.

　딸아이도 그 공포 속에서 자랐다. 초등학교 3학년인 딸은 집에서 소리가 조금만 커져도 벌벌 떨며 엄마 뒤에 숨었고, 아버지가 술 냄새를 풍기며 들어오는 날은 방 안에 숨어 문을 잠그기 일쑤였다. 미정은 한 번 딸을 데리고 가출을 감행했었다. 하지만 남편은 미정의 직장과 친정까지 뒤져 끝내 찾아냈고, "다신 안 그런다."는 말과 함께 다시 붙잡아 돌아오게 했다. 그 이후로는 도망칠 엄두조차 내지 못했다. 남편은 술을 마시지 않을 때는 오히려 자상한 편이다. 딸과 놀아주고, 장을 보러 함께 가기도 한다. 미정은 이중적인 남편의 모습에 매번 혼란스러워졌다. "그럴 땐 또 사람이 괜찮아 보여요. 술만 안 마시면요……." 그렇게 미정은 끊어내지 못하고, 또 견디며 살았다.

　주변에서는 이미 이상하다고 눈치를 챘다. 몇 차례 다툼이 심했을 때는 이웃의 신고로 경찰이 출동하기도 했다. 경찰이 와도 "그냥 부부싸움이었다."며 둘러댔고, 남편 역시 잠시 겸연쩍은 표정을 짓고는 다시 일상으로 돌아갔다. 하지만 그 '일상'은 결코 평온하지 않았다. 미정은 요즘 들어 "이렇게는 더 못 살겠다."는 생각이 자주 든다. 직업교육을 받아 자립하고 싶은 마음이 커졌지만, 현실적인 어려움이 발목을 잡는다. 딸을 혼자 두고 외출하는 것도 불안하고, 혹여 남편이 또 술을 마시고 무슨 일을 벌일까 두렵다. 아이를 맡길 곳도, 의지할 사람도 없다. "누구한테 말을 꺼내기도 부끄럽고요. 다 제 팔자 같기도 하고요……."

　밤이면 미정은 혼자 베란다에 앉아 깊은 한숨을 쉰다. 바깥은 평온한데, 마음속에서는 언제 터질지 모르는 폭풍이 몰아친다. "도망치고 싶지만 어디로 가야 할지 모르겠어요. 딸이 아니었으면…… 나도 벌써 다 끝내버렸을지도 몰라요." 미정은 지금, 자신이 갇힌 삶이라는 감옥에서 언제쯤 문을 열 수 있을지 모른 채, 또 하루를 버텨내고 있다.

1) 상담목표

① 남편에게 받는 신체적 · 정서적 · 성적 · 언어적 학대를 중단시키고, 내담자의 안전을 확보한다.

② 신체적 · 정서적 안전을 유지하기 위해 필요한 법적 조치를 취하고, 지속적인 보호 체계를 마련한다.

③ 학대 이전의 심리적 · 정서적 · 사회적 · 직업적 기능 수준으로 회복하도록 돕는다.

④ 폭력의 영향을 이해하고, 건강한 대인관계 및 자율적인 삶을 구축하기 위한 대처 기술을 습득한다.

⑤ 자신을 피해자가 아닌 생존자로 인식하고, 회복탄력성을 강화하여 폭력 사건을 삶의 일부로 수용할 수 있도록 지원한다.

2) 치료적 개입

미정은 오랜 기간 가정폭력을 경험하며 심리적 위축, 불안, 우울, 무력감을 지속적으로 겪고 있으며, 반복되는 폭력과 화해의 사이클 속에서 탈출을 시도했으나 실패한 경험이 있다. 또한, 폭력적인 남편과의 공존 속에서 심리적 혼란을 경험하며, 경제적 · 사회적 자립에 대한 두려움을 갖고 있다. 이에 따라 상담 초기에는 내담자의 신체적 안전을 최우선적으로 확보하고, 신뢰 관계를 형성하며, 학대의 영향을 객관적으로 이해할 수 있도록 돕는 것이 필요하다. 이후 폭력으로 인해 형성된 부정적인 신념을 수정하고, 자율성과 독립성을 회복할 수 있도록 단계적으로 개입해야 한다.

① 신뢰 관계 형성 및 폭력의 영향 탐색

가정폭력 피해자는 장기간 폭력을 경험하면서 타인에 대한 신뢰가 낮고, 자신의 감정을 표현하는 데 어려움을 겪을 가능성이 높다. 따라서 상담 초기에는 상담자가 공감적이고 수용적인 태도를 유지하며, 내담자가 자신의 경험을 안전하게 이야기할 수 있도록 돕는다. 내담자의 가정 폭력 경험에 대한 역사를 탐색하고, 폭력이 발생한 빈도와 심각성을 평가하며, 그 과정에서 내담자가 경험한 신체적, 정서적 반응을 면밀히 살펴야 한다. 폭력 이후 내담자가 겪은 정서적 반응, 즉 불안, 공포, 우울, 자기 비난 등의 감정을 확인하고, 이러한 정서적 고통이 일상생활 기능 저하로 이어졌는지를 평가한다. 또한, 폭력에 대한 두려움과 걱정을 유발하는 내담자의 인지적 메시지를 파악하고, "나는 도망칠 수 없다.", "모든 것이 내 잘못이다."와 같은 부정적인 사고 패턴을 현실적인 사고로 수정할 수 있도록 돕는다. 가정폭력은 일정한 주기를 가지고 반복되는 경향이 있으며, 긴장 형성, 폭력 발생, 후회와 화해의 사이클이 지속되는 특성을 보인다. 내담자가 이러한 주기를 이해하고 폭력이 다시 반복될 가능성이 높음을 인식하도록 하며, 가정폭력으로 인해 신체적 위험이 동반될 경우 의료적 치료와 법적 대응, 즉 증거 수집, 경찰 신고, 보호 명령 신청 등의 정보제공과 연계를 지원해야 한다.

② 자기 비난 감소 및 대처 기술 습득

가정폭력 피해자는 자신이 폭력을 유발했다는 왜곡된 신념을 가질 가능성이 높으며, 폭력적인 관계를 유지하면서 가해자를 보호하거나 용서해야 한다는 심리적 압박을 경험할 수 있다. 따라서 상담자는 폭력의 책임이 가해자에게 있음을 이해하도록 돕고, 내담자가 스스로를 비난하는 사고 패턴을 줄일 수 있도록 개입해야 한다. 상담 과정에서는 내담자가 폭력의 원인을 자신의 탓으로 돌리고 있는지 확인하고, 이를 도전하며 대체할 수 있도록 인지적 재구조화 기법을 적용한다. 예를 들어, "내가 말을 안 해서 화가 난 거야."라는 생각을 "어떠한 이유로도 폭력은 정당화될 수 없다."라는 합리적인 사고로 수정하는 방식으로 접근한다.

폭력이 친밀감이나 성적 관계에 미친 부정적인 영향을 탐색하고, 가정 내 불건강한 의사소통 패턴을 개선하기 위한 전략을 제공한다. 또한, 내담자가 자기 확신감을 높이고 자신을 보호할 수 있도록 자기주장 기술을 학습하도록 한다. 자기 주장 기술을 습득하는 과정에서는 내담자가 변화에 대한 두려움을 가질 수 있으므로, 작은 성공 경험을 강조하며 점진적으로 자율성을 회복할 수 있도록 지원해야 한다.

③ 안전 계획 수립 및 관계 패턴 이해

가정폭력 피해자가 지속적인 폭력을 경험하지 않도록 신체적, 정서적 안전을 확보할 수 있는 구체적인 안전 계획을 수립해야 한다. 상담자는 내담자가 폭력적인 환경에서 벗어날 수 있도록 대응할 수 있는 구체적인 행동 계획을 세우도록 돕고, 지속적인 학대를 견디는 것과 자율적인 삶을 준비하는 것 사이의 차이를 이해할 수 있도록 개입해야 한다. 내담자가 폭력 발생 시 피신할 수 있는 장소를 사전에 파악하도록 하고, 도움을 요청할 수 있는 신뢰할 만한 사람, 즉 가족, 친구, 지원 기관 등을 확인하도록 돕는다. 또한, 긴급 연락망을 설정하고, 신분증, 현금, 의약품 등 필수적인 개인 물품을 미리 준비하여 위기 상황에서 즉각 대처할 수 있도록 안내한다.

지속적인 폭력이 이루어질 경우, 경찰 신고, 접근 금지 명령 신청, 쉼터 입소 등의 법적 조치를 고려하고 이에 대한 실질적인 정보를 제공해야 한다. 가정폭력 피해자 지원 기관, 쉼터, 법률 상담 기관과 연계하여 지속적인 보호 체계를 마련하고, 내담자가 학대 경험과 현재의 지속적인 폭력 사이의 연관성을 인식하도록 돕는다. 이를 통해 내담자가 폭력적인 관계에서 벗어날 수 있는 대안을 구체적으로 모색하도록 지원한다.

④ 여성주의적 관점에서의 임파워먼트 및 자립 지원

가정폭력 피해자는 오랜 기간 학대를 경험하며 자율성과 독립성을 상실할 가능성이 높다. 따라서 여성주의적 접근을 통해 내담자가 자신의 삶을 주체적으로 선택할 수 있도록 돕는 과정이 필요하다. 상담자는 내담자가 경제적, 심리적으로 독립할 수 있도록 직업훈련 및 자립 지원 프로그램과 연계하고, 학대를 견디는 것이 내담자의 무기력 때문이 아니라 폭력적인 환경 속에서 형성된 생존 전략임을 인식하도록 돕는다.

또한, 신체적, 정서적, 법적 지지 체계를 강화하고, 필요한 경우 가정폭력 피해자 모임이나 자조 모임에 참여하도록 권유한다. 남편의 알코올 문제에 대한 개입이 필요할 경우, AA(익명의 알코올 중독자 모임) 참여를 유도하거나 알코올 치료 지원을 요청하도록 안내하며, 내담자가 자존감을 회복하고 스스로를 비난하지 않도록 지속적인 정서적 지지를 제공한다. 이 과정에서 내담자가 변화에 대한 불안을 느낄 수 있으므로, 현재 상태에서 실현 가능한 작은 목표부터 설정하여 성취감을 경험할 수 있도록 하고, 점진적으로 자립을 위한 준비를 해 나갈 수 있도록 돕는다.

⑤ 상담 종결 및 장기적 지원 체계 마련

상담의 종결 단계에서는 내담자가 상담을 통해 신체적, 정서적 안정을 확보하고 자율적인 삶을 계획할 수 있도록 준비해야 한다. 상담자는 내담자가 폭력 사건을 삶의 일부로 수용하고 가정 및 직업 활동에 적극적으로 참여할 수 있도록 지원하고, 내담자가 경제적으로 독립할 수 있도록 직업교육 또는 고용기관과 연계하여 실질적인 자립 지원을 마련하도록 한다. 딸과의 관계를 점검하고, 필요할 경우 자녀 상담을 연계하여 아이가 정서적인 안정감을 찾을 수 있도록 한다. 또한, 내담자가 향후 폭력이 다시 발생할 경우 즉시 신고하고 법적 조치를 취할 수 있도록 사전 계획을 수립하며, 내담자가 이를 실천할 수 있도록 지속적인 독려와 지지를 제공한다.

종합적으로, 본 사례의 치료적 개입은 내담자의 신체적 안전 확보를 최우선으로 하며, 이후 심리적 안정을 도모하고, 자율성과 독립성을 회복하는 과정으로 진행된다. 상담자는 내담자가 스스로 삶을 변화시킬 수 있도록 자기 효능감을 높이고 주도성을 강화하는 개입을 지속하며, 상담 이후에도 안전하고 자율적인 삶을 유지할 수 있도록 사회적 지원 체계와 연계하는 과정이 필수적이다.

10장 성폭력 피해자 상담

① 성폭력 이론과 유형

성폭력은 상대방의 동의 없이 이루어지는 모든 성적 행위를 포함하며, 신체적 강압 뿐만 아니라 언어적, 심리적 강요까지 포함된다. 이를 이해하기 위해서는 성(性)의 개념과 사회적 맥락을 함께 살펴볼 필요가 있다.

'성(sex)'이라는 단어는 라틴어 'Sexus'에서 유래되었으며, 이는 'Seco(자르다)'에서 변형된 것이다. 이는 탯줄을 자르면 온전한 성(性)이 된다는 의미를 함축하며, 인간의 성이 독립적인 개체로서 존재한다는 개념을 내포하고 있다. 그러나 성(性)은 단순히 생물학적 구분만이 아니라 사회적 성(gender)과 성적 지향 및 성적 표현(sexuality)까지 포함하는 포괄적인 개념이다.

이와 관련하여 성역할(gender role)은 사회적으로 기대되는 남성과 여성의 역할을 의미하며, 이는 개인의 행동과 사고방식에 깊은 영향을 미친다. 예를 들어, 전통적으로 남성은 강하고 지배적인 역할을, 여성은 순종적이고 보호받아야 할 존재로 간주되어 왔다. 이러한 성역할은 성폭력을 정당화하는 문화적 요인으로 작용할 수 있으며, 성인지 감수성(gender sensitivity)이 부족할 경우 성폭력 피해자가 오히려 비난받는 사회적 문제로 이어질 수 있다.

성의식(sexual awareness)은 개인이 성에 대해 가지는 태도와 가치관을 포함하며, 건강한 성의식은 존중과 동의(consent)의 개념을 기반으로 형성된다. 성적 자기결정권은 개인이 자신의 성적 행위에 대해 스스로 결정할 권리를 의미하며, 이는 성폭력 문제에서 핵심적인 개념이다. 동의 없는 성적 행위는 강압적이거나 폭력적인 방식이 아니더라도 성폭력으로 간주될 수 있다. 따라서 성폭력 문제를 해결하기 위해서는 단순히 개별 행위자의 도덕성을 논하는 것이 아니라, 성역할과 성의식, 성적 자기결정권, 성인지 감수성 등의 개념을 종합적으로 고려해야 한다. 사회적 구조 속에서 성폭력이 어떻게 발생하는지를 이해하고, 이를 예방하기 위한 노력이 필수적이다.

성폭력의 발생 원인을 설명하는 주요 이론

성폭력을 이해하기 위해서는 단순히 개인의 일탈이나 도덕성 문제로 바라보는 관점을 넘어, 성별 권력, 심리적 특성, 그리고 문화적 요인까지 폭넓게 고려할 필요가 있다. 이러한 이론적 틀은 성폭력이 발생하는 구조적 원인과 심리적 배경을 이해하는 데 중요한 단서를 제공한다.

1) 사회학적 이론

성폭력을 성별 간 권력 불균형의 산물로 보는 시각에서는, 가부장제 사회에서 남성이 우월한 지위를 유지하기 위해 성폭력을 사용하는 것으로 본다(Brownmiller, 1975). 이때 성폭력은 단순한 우발적 사건이 아니라, 여성에 대한 지배와 남성 중심 질서를 유지하려는 사회구조적 문제로 인식된다. 또한 반듀라(Bandura, 1977)의 사회학습 이론에 따르면, 사람은 성장 과정에서 관찰과 모방을 통해 행동을 습득한다. 성별 고정관념과 폭력이 용인되는 환경에서 자란 경우, 성적 강압을 자연스럽게 받아들일 수 있다. 특히 미디어에서 여성의 성적 대상화나 남성의 강압성을 미화하는 표현은 왜곡된 인식을 강화시킬 수 있다.

2) 심리학적 이론

심리학적 관점에서는 성폭력이 개인의 자기조절 능력 부족에서 비롯될 수 있다고 본다. 예를 들어, 일부 가해자는 순간적인 성적 충동을 조절하지 못해 충동적인 행동으로 이어질 가능성이 있다. 자기조절 능력이 약한 사람은 범행을 사전에 계획하지 않았더라도, 특정 자극에 즉각적으로 반응하며 성적 공격 행동을 보일 수 있다. 또한 모핏(Moffitt, 1993)은 반사회적 성향을 지닌 인물들 역시 성폭력의 잠재적 위험군으로 보았다. 이들은 타인의 감정을 공감하지 못하고 사회적 규범을 무시하는 경향이 강하며, 자기중심적인 욕구 충족을 위해 성폭력을 하나의 수단으로 사용할 가능성이 높다. 반복적인 비행이나 법규 위반에 익숙한 성격적 특성이 성폭력으로 연결될 수 있다는 것이다.

3) 문화적 이론

성폭력의 원인을 설명하는 데 있어 문화적 요인도 중요한 역할을 한다. 특히 강간 문화 이론(Sanday, 1981)은 특정 사회나 문화가 성폭력을 은연중에 용인하거나 조장하는 경향이 있다고 본다. 예를 들어, 여성의 외모나 행동을 문제 삼아 피해자에게 책임을 전가하는 문화, 성적 농담이나 희롱을 가볍게 여기는 사회 분위기, 그리고 가해자에 대한 관대한 처벌 등은 성폭력에 대한 사회적 경계심을 약화시키는 요인이 된다. 이러한 문화적 분위기는 피해자가 피해 사실을 드러내지 못하게 만들고, 2차 피해를 유발할 위험도 높인다.

4) 성 역할 사회화이론

벰(Bem, 1981)의 성 역할 사회화 이론은 성폭력의 구조적 원인을 보다 명확히 보여준다. 사회는 남성에게는 강하고 주도적인 역할을, 여성에게는 순종적이고 수동적인 역할을 기대하며, 이러한 고정관념은 성에 대한 왜곡된 태도를 내면화하게 만든다. 이로 인해 남성의 공격성과 여성의 침묵이 성적 상황에서 정상으로 오해되며, 성적 강압이 묵인되거나 정당화되는 문화가 형성될 수 있다.

성폭력은 개인의 일시적인 충동만이 아니라 사회 구조, 문화, 심리적 요인이 복합적으로 작용한 결과이며, 이를 예방하기 위해서는 교육과 문화적 변화 등 다층적인 접근이 필요하다.

성폭력의 유형과 형태

성폭력은 그 심각도와 행위 방식에 따라 여러 유형으로 구분된다. 주요 유형으로는 성희롱, 성추행, 성폭행, 성범죄 등이 있으며, 각각은 상황과 맥락에 따라 다양하게 나타날 수 있다.

- **성희롱:** 상대방이 원하지 않는 성적 언행으로 불쾌감을 주는 행위(예: 외모 평가, 성적 농담 등)
- **성추행:** 동의 없이 신체를 접촉하는 행위(예: 대중교통에서의 밀착, 강제 포옹 등)
- **성폭행:** 협박이나 강압을 통해 성행위를 강요하는 행위(예: 음주 상태의 무력화된 피해자 대상 강간 등)
- **성범죄:** 강간, 디지털 성범죄, 스토킹 등 법적으로 처벌 대상이 되는 모든 성적 가해 행위

성폭력은 단순히 특정 행위로만 정의되지 않는다. 피해자와 가해자의 관계, 발생한 상황과 맥락에 따라 다양한 형태로 나타나며 그 양상도 복합적이다.

- **강간:** 동의 없는 성관계를 강제하는 행위
- **데이트 성폭력:** 연인 관계에서 발생하는 성적 강요나 신체 접촉
- **친족 성폭력:** 가족 또는 친척에 의해 발생하며 은폐되기 쉽고 심리적 피해가 큼
- **부부 성폭력:** 결혼 관계 내에서 상대의 동의 없이 이루어지는 성행위
- **직장 내 성폭력:** 업무 공간에서 발생하는 언어적·신체적 성희롱, 협박, 보복성 요구 등

② 성폭력 피해자와 가해자의 심리적 특징

성폭력은 단순한 신체적 폭력에 그치지 않는다. 피해자는 사건 이후 깊은 심리적 상처를 안고 살아가며, 가해자는 특정한 심리적 특성과 사회문화적 영향을 기반으로 성폭력을 저지르는 경우가 많다. 피해자와 가해자의 심리적 특징을 이해하는 것은 상담과 예방 교육의 핵심 요소로 작용한다.

성폭력 피해자의 심리적 특징과 대처방안

① **외상 후 스트레스 장애(PTSD):** 피해자는 사건을 반복적으로 떠올리며 극심한 불안과 회피 행동을 보인다(Herman, 1992). 일상 속에서도 갑작스러운 불안에 시달리고, 사건과 관련된 장소나 사람을 피하려 한다.

<blockquote>
"그날 일이 계속 머릿속에서 떠나질 않아……."
"또 같은 일이 생기면 어쩌지?"
</blockquote>

[대처방안] 피해자가 안전하다고 느낄 수 있는 상담 환경을 마련한 뒤, 성폭력 사건과 관련된 기억을 조심스럽게 되짚으며 트라우마 반응이 비정상적인 것이 아니라 누구에게나 나타날 수 있는 '정상적인 반응'임을 인식하도록 돕는다. 이 과정에서는 점진적으로 외상 기억에 노출시키되, 동시에 안정화 기법(grounding techniques)을 병행하여 불안과 감정의 격화를 완화시킨다.

② **우울증과 불안장애:** 우울감, 무기력, 자책, 불안 등이 지속되며 피해자의 자존감이 급격히 저하된다(Resick, 1993). 일상생활에서 즐거움을 느끼지 못하고 대인관계에서도 위축된 모습을 보인다.

<blockquote>
"내가 너무 약했나?"
"그때 도망쳤어야 했는데……."
"누구에게도 말할 수 없어."
</blockquote>

[대처방안] 피해자의 감정을 있는 그대로 수용하며, 감정 명명(labeling)을 통해 우울과 불안을 구체화하도록 돕는다. 인지 재구조화 기법을 활용하여 반복되는 자기 비난의 사고 패턴을 점검하고, 현실적이고 따뜻한 자기 인식을 회복하도록 안내한다.

③ **신체적 증상:** 심리적 고통은 종종 신체 증상으로 표현되며, 피해자는 수면장애, 두통, 메스꺼움, 심장 두근거림 등을 경험하기도 한다.

"괜찮아지려고 해도 몸이 말을 안 들어……."

[대처방안] 신체 증상을 단순한 병으로 보지 않고, 감정과 연결된 반응임을 설명해준다. 근육 이완법, 복식 호흡, 점진적 근육 이완(PMR) 등의 이완 기법을 통해 피해자가 자신의 몸을 인식하고 통제감을 회복할 수 있도록 돕는다.

④ **수치심과 죄책감:** 피해자는 자신이 잘못한 것이 없음에도 불구하고 책임을 스스로에게 돌리며 죄책감과 수치심에 시달린다(Janoff-Bulman, 1989).

"혹시 내 옷차림이 문제가 됐나?"
"내가 거절을 분명히 하지 않아서 그런가?"

[대처방안] 비판 없는 수용적 태도로 피해자의 이야기를 경청하고, '피해자다움'에 대한 왜곡된 사회적 기대를 인식하게 한다. 책임의 소재를 명확히 구분하며, 자기 자비(self-compassion)를 기반으로 한 인식 전환을 유도한다.

⑤ **대인관계 어려움:** 타인에 대한 불신과 두려움이 심화되어 관계를 피하거나 단절하는 경향이 강해진다. 새로운 인간관계를 맺는 데 부담을 느끼고, 친밀한 상황에서도 긴장감을 쉽게 느낀다.

"사람을 믿는 게 무서워졌어……."
"누가 나를 도와줄 수 있을까?"

[대처방안] 상담자와의 신뢰 관계 형성을 우선하며, 제한된 상황에서의 점진적 관계 노출을 시도한다. 역할극(role-play)이나 관계 재현 기법을 통해 안전한 대인관계 경험을 쌓아가도록 한다.

⑥ **사회적 낙인:** 피해자는 주변의 편견이나 의심, 판단으로 인해 침묵을 선택하거나 자신을 더욱 숨기게 된다. 낙인감은 자기 비하로 이어지며, 회복을 방해하는 큰 요인이 된다.

> "내가 말하면 오히려 이상한 사람처럼 보일까 봐……."
> "그 상황에서 왜 도망치지 않았냐고 하면 어쩌지……."

[대처방안] 낙인에 대한 정의와 사회적 맥락을 함께 점검하며, 피해자의 침묵이 생존 전략이었음을 지지한다. 또래 지지그룹이나 집단상담 참여를 권유하여, 유사한 경험을 공유하며 낙인감을 덜어낼 수 있는 공감적 공간을 제공한다.

성폭력 가해자의 심리적 특징

1) 권력과 통제에 대한 욕구

성폭력 가해자는 성적 욕구보다 지배와 통제 욕구에서 행동하며, 성행위를 힘의 과시 수단으로 사용한다.

> "저 사람은 내 말을 따라야 해."
> "내가 원하는 대로 되는 게 당연한 거야."

[대처방안] 행동의 동기가 단순한 성적 욕망이 아니라 권력 행사임을 이해하고, 상담 시 통제하려는 말과 태도에 주의 깊게 접근해야 한다.

2) 공감 능력 결여

가해자는 피해자의 고통을 충분히 인식하지 못하거나 축소·무시하는 경향이 있다. 피해자의 감정 표현을 과장되었다고 여기며, 자신의 행동을 정당화하려는 왜곡된 사고를 보인다.

“싫다고는 했지만 진심은 아니었잖아.”
“장난이었는데 왜 저렇게까지 반응하지?”

[대처방안] 공감 부족은 가해 행동을 반복시키므로, 상담에서는 피해자의 감정을 상상하고 반응하도록 돕는 것이 중요하다.

3) 충동 조절의 어려움

가해자는 감정 조절이 어려워 충동적으로 성폭력을 저지르며, 특히 분노와 성적 자극에 취약한 경우가 많다.

“참을 수가 없었어.”
“그냥 순간적으로 그랬어.”

[대처방안] 충동적인 가해자에게는 감정 조절과 분노 관리 훈련이 필요하며, 자극과 반응 사이에 ‘멈춤’을 만드는 것이 핵심이다.

4) 왜곡된 성 인식

상대방의 거절을 제대로 인식하지 못하고, 성적인 관계에서 거절을 ‘밀당’이나 ‘관심 표현’으로 오해하는 경향이 있다.

“여자들은 원래 저렇게 말만 하지.”
“거절하는 게 오히려 관심 있다는 거잖아.”

[대처방안] 왜곡된 성 역할 인식은 가해 행동의 인지적 기반이 된다. 따라서 젠더 감수성과 동의(consent)의 개념을 바로잡는 교육이 반드시 필요하다.

5) 폭력의 학습된 경험

어린 시절 폭력적인 환경에서 자라며 성폭력이나 강압적 행동을 '정상적' 또는 '당연한 것'으로 내면화한 경우가 있다.

> "어릴 때 아버지도 그랬고, 다들 그렇게 사는 줄 알았어."

[대처방안] 가해자의 성장 배경과 학습된 폭력 패턴을 이해하고, 대안 행동 학습과 트라우마 요인을 함께 고려해야 한다.

6) 가학적 성향

일부 가해자는 타인을 지배하고 고통을 주는 상황에서 쾌감을 느끼기도 하며, 성폭력을 통해 자신의 힘을 확인하려 한다.

> "내가 이만큼 힘 있다는 걸 보여주고 싶었어."
> "무력한 그 표정을 보니까 묘하게 기분이 좋았어."

[대처방안] 가학적 성향은 단순한 충동이 아닌 성격 구조 또는 성적 편향일 수 있으므로, 반복 위험이 높다. 정신과적 진단 및 치료와 병행되어야 하며, 집단 상담보다는 개별 심층 개입이 필요하다.

누군가 성폭력 피해를 입었을 때, 바로 그 시작점이 중요한 역할을 한다. 마치 씨앗을 심고 싹을 틔우는 과정과 비슷하다고 할 수 있다. 각 단계에 따른 구체적인 방법은 다음과 같다.

초기단계 (위기 개입 및 안정화)

사건 직후 피해자는 충격과 혼란 속에서 불안, 공포, 불신, 자책의 감정을 복합적으로 경험하며, 자신에게 책임이 있다는 자책과 유사 상황 반복에 대한 불안을 느낀다. 플래시백과 회피 반응, 대인 불신, 심리적 안전감의 붕괴 등이 나타나며, 외로움과 생존에 대한 두려움으로 마음을 닫게 된다.

1) 상담목표
- 피해자의 안전 확보 및 보호
- 심리적 안정 및 정서적 지지 제공
- 사건 관련 정보 수집 및 파악
- 상담 관계 형성 및 신뢰 구축

2) 상담 내용
- **경청 및 공감:** 피해자의 이야기를 주의 깊게 듣고, 감정을 이해하며 공감하는 태도를 보여준다. 판단하거나 비난하지 않고, 피해자의 경험을 존중하는 것이 중요하다. 예를 들어, "그런 상황을 겪으셨다니 정말 힘드셨겠어요.", "제가 당신의 이야기를 있는 그대로 듣고, 이해하고자 노력할게요.", "그때 어떤 감정이 드셨는지 말씀해 주셔도 괜찮아요. 지금은 안전한 공간이에요." 등과 같은 말로 따뜻한 태도를 표현할 수 있다.
- **안전 확보:** 피해자가 현재 안전한 상황인지 확인하고, 필요한 경우 안전한 장소로 이동하거나 보호 시설을 연계한다. 가해자와의 분리, 주변 사람들의 지지, 법적 조치 등

을 고려한다. 예를 들어, "지금 머무시는 곳은 안전하다고 느끼시나요?", "만약 원하신다면, 더 안전한 곳으로 함께 연결해 드릴 수 있어요.", "당신이 더 이상 위험에 처하지 않도록 가능한 모든 방법을 함께 고민해볼게요." 등의 반응을 할 수 있다.

• **정서적 지지**: 피해자의 혼란, 두려움, 분노, 슬픔 등 다양한 감정을 인정하고 지지한다. 감정을 표현하도록 격려하고, 감정을 다루는 데 도움이 되는 정보를 제공한다. 예를 들자면, "지금 느끼시는 감정은 너무나도 자연스러운 것이에요.", "울고 싶으시면 우셔도 괜찮아요. 저는 여기 있습니다.", "당신이 겪은 일이 잘못된 거지, 당신이 잘못한 게 아니에요." 등의 반응을 할 수 있다.

• **정보 제공**: 피해자의 권리, 이용 가능한 지원 서비스(의료, 법률, 상담 등), 신고 절차 등에 대한 정보를 제공하여 적절한 지원 기관(보건복지부 여성긴급전화 1366센터, 여성가족부 해바라기센터, 성폭력 상담소, 폭력 피해자 보호시설, 한국여성민우회 상담소 등)을 연결한다. 피해자가 상황을 이해하고 선택을 내릴 수 있도록 돕는다. 구체적인 반응으로는, "당신은 도움을 받을 권리가 있고, 지금 바로 연결해 드릴 수 있는 기관들도 있어요.", "혹시 의료나 법률적인 지원이 필요하신가요? 필요하다면 해바라기센터나 1366 같은 전문 기관과 연결해 드릴 수 있어요." 등의 반응을 할 수 있다.

• **위기 개입**: 자살, 자해 등 심각한 위기 상황 발생 시, 즉각적인 개입을 통해 피해자의 안전을 확보한다. 정신과 진료 연계, 응급 서비스 요청 등을 고려한다. 예를 들어, "지금 너무 힘드신 상태인 것 같아요. 혹시 스스로를 다치게 하고 싶은 생각이 드신 적 있나요?", "당신의 안전이 가장 중요해요. 필요하다면 지금 바로 도움을 요청할 수 있어요.", "혼자가 아니에요. 함께 도와드릴 수 있는 사람들이 있어요." 등의 반응을 할 수 있다.

• **상담 관계 형성**: 피해자와 신뢰의 관계를 형성하기 위해 노력한다. 솔직하고 투명하게 정보를 제공하고, 피해자의 의견을 존중하며, 비밀 보장을 약속한다. 구체적인 예시로는, "이 공간에서는 당신이 편하게 이야기할 수 있었으면 해요.", "제가 알게 된 내용은 철저히 비밀로 지켜질 거예요. 단, 생명에 위험이 있다고 판단될 경우에는 예외가 있을 수 있어요. 그 점 미리 말씀드릴게요.", "무엇이든 이야기해 주셔도 괜찮아요. 저는 당신 편이에요." 등의 반응을 할 수 있다.

중기단계 (사건 회복 및 심리적 치유)

상담이 중기단계에 이르면서 피해자는 일정 부분 안정감을 되찾지만, 여전히 삶의 의미와 정체성 혼란, 자존감 손상, 수치심 등을 겪는다. 사건 이후 주변의 무관심한 반응은 신뢰 상실과 대인관계 회복의 어려움으로 이어지고, 감정적으로는 무기력, 우울감, 흥미 상실이 지속된다. 일상 속 즐거움을 느끼지 못하거나 감정 표현에 둔감해지기도 하며, 일부는 과도한 책임감과 죄책감으로 위축된다. 이러한 내적 어려움은 장기적인 심리 치유 과정과 지속적인 지지가 필요함을 의미한다.

1) 상담목표
• 사건 경험의 의미 부여 및 재구성
• 사건으로 인한 심리적 후유증 완화
• 자존감 회복 및 자기 효능감 증진
• 대인 관계 회복 및 사회적 지지 강화
• 미래에 대한 긍정적인 전망 수립

2) 상담 내용
• **사건 경험 탐색**: 피해자가 사건 경험을 자세하게 이야기하도록 격려하고, 사건 전후의 삶에 대한 영향을 탐색한다. 기억, 감정, 생각, 행동 등 다양한 측면을 다룬다. 예를

들어, "그 장면이 아직도 선명하게 떠오르나 봐요. 지금처럼 차분하게 얘기해 주셔서 정말 감사해요.", "그 일이 일어난 후, 일상이 얼마나 달라졌을지 상상만 해도 마음이 무거워지네요." 등의 반응을 할 수 있다.

• **인지 재구성**: 사건에 대한 왜곡된 인지 (자기 비난, 죄책감, 무력감 등)를 파악하고, 보다 객관적이고 현실적인 시각으로 재구성하도록 돕는다. 예를 들어, "그 상황에서 그런 반응은 누구라도 할 수 있었어요. 중요한 건, 그 책임은 전적으로 가해자에게 있다는 거예요.", "그때 느낀 감정은 너무 자연스러운 거고, 지금 그 감정을 다시 들여다보는 것도 회복의 과정이에요." 등의 반응을 할 수 있다.

• **감정 처리**: 사건과 관련된 감정 (분노, 슬픔, 두려움, 수치심 등)을 안전하게 표현하고 처리하도록 돕는다. 감정 일기, 예술 치료, 이완 요법 등 다양한 기법을 활용한다. 예를 들어, "화가 나는 건 당연해요. 그 감정은 억누르거나 없애야 할 게 아니라, 잘 다루어야 할 소중한 신호예요.", "그 감정을 글로 써보거나, 그림으로 표현해보는 건 어떨까요?" 등의 반응을 할 수 있다.

• **트라우마 치료**: 외상 후 스트레스 장애 (PTSD) 등 트라우마 증상 완화를 위한 전문적인 치료를 제공한다. 인지 행동 치료 (CBT), 안구 운동 민감 소실 및 재처리 요법 (EMDR) 등을 고려한다. 이때 상담자는 "밤에 잘 때 자꾸 그 일이 떠오르진 않으세요?", "지금 겪고 계신 증상은 외상 이후에 자연스럽게 나타나는 반응이에요. 우리가 함께 그 고리를 조금씩 끊어가 볼 수 있어요." 등의 반응을 할 수 있다.

• **자존감 회복**: 피해자의 강점과 자원을 발견하고, 긍정적인 자기 이미지를 형성하도록 돕는다. 성공 경험을 격려하고, 자기 돌봄 기술을 향상시킨다. "지금껏 혼자 여기까지 오신 것도 이미 대단한 힘이에요. 그 안에 있던 힘을 다시 꺼내보도록 해요.", "하루에 단 10분이라도 나를 위한 시간, 해볼 수 있을까요?" 라는 표현들이 도움이 될 수 있다.

• **대인관계 회복**: 가족, 친구, 동료 등 주변 사람들과의 관계를 회복하고 강화하도록 돕는다. 예를 들어, "사건 이후에 관계가 달라지는 건 당연해요. 작은 대화 하나부터 다시 시작해볼 수 있어요.", "가족이나 친구 중에 내가 믿고 조금씩 이야기해볼 수 있는 사람, 떠오르시는 분 있을까요?" 등의 반응을 통해 의사소통 기술을 향상시키고, 사회적 지지 네트워크를 구축한다.

• **자기 옹호**: 자신의 권리를 알고 주장하며, 부당한 상황에 대처하는 능력을 키우도록 돕는다. "혹시 '그건 싫다.', '그건 원하지 않는다.'는 말을 연습해볼까요?" 처럼 자기 옹호 기술 훈련을 하거나, "작은 역할극을 통해서라도, 자기 감정과 욕구를 분명하게 표현하는 연습을 하면 실제 상황에서도 덜 두려워져요."라는 안내 후 역할극 등을 활용한다.

> **중기 상담 시 유의 사항**
>
> • 피해자의 회복 속도를 존중하고, 지나치게 압박하지 않는다.
> • 피해자의 방어기제를 이해하고, 무리하게 제거하려고 하지 않는다.
> • 트라우마 치료는 반드시 전문가의 지도하에 진행한다.
> • 피해자의 과거 경험을 현재의 문제와 연결시키는 것을 주의한다.
> • 상담자의 개인적인 가치관을 강요하지 않는다.

종결단계(성장 및 자립)

상담이 종결 단계에 접어들면서 피해자는 점차 내면의 회복을 이루고 삶을 다시 정립해 나간다. 과거의 상처를 완전히 지우진 못하지만, 자기 효능감과 회복력을 되찾으며 경험의 의미를 새롭게 재구성한다. 이 과정에서 타인의 고통에 공감하고 도움을 주고자 하는 태도로 성장하며, 삶의 주체로 나아가려는 의지를 보인다. 피해자는 더 이상 '사건의 피해자'가 아닌, 자신의 삶을 주도하는 존재로 자리매김한다.

1) 상담 목표

- 상담 목표 달성 여부 평가
- 변화 유지 및 강화
- 미래에 대한 계획 수립
- 상담 관계 종결 및 자립 지원

2) 상담 내용

- **상담 과정 평가:** 피해자와 함께 상담 초기부터 지금까지의 과정을 되짚으며, 회복의 흐름과 주요 변화들을 인식하게 돕는다. 이를 통해 피해자는 스스로의 회복 여정을 객관화하며 성취감을 경험한다. 상담자는 "상담을 시작하셨을 때와 지금을 비교해 보면, 스스로 어떤 점이 달라졌다고 느끼시나요?"라고 물으며 회복의 의미를 재확인한다.

- **변화 유지 전략 수립:** 상담을 통해 익힌 자기 돌봄 기술, 감정 조절 방법, 스트레스 대응 전략 등을 일상생활에 적용할 수 있도록 구체적으로 정리한다. "그동안 잘 해오신 감정 조절 방법 중에, 앞으로도 계속 써보고 싶은 게 있으실까요?"라는 질문을 통해 피해자가 주도적으로 실천 계획을 세울 수 있도록 돕는다.

- **미래 설계와 방향 정립:** 학업, 직업, 관계 등 삶의 영역에서 현실적이고 긍정적인 미래를 설계할 수 있도록 지원한다. 피해자가 자신의 삶을 능동적으로 계획하는 주체임을 경험하는 것이 핵심이다. 상담자는 "지금 떠오르는 가장 작은 목표가 있다면 뭐가 있을까요? 예를 들어 '하루에 10분 산책하기' 같은 것도 괜찮아요."라고 제안하며, 실행 가능한 목표 설정을 돕는다.

- **사회적 자원 연계:** 상담 이후에도 지지를 받을 수 있도록 자조 모임, 동료 상담, 정신건강 서비스 등 외부 자원을 안내한다. 피해자가 혼자가 아니라는 경험을 지속할 수 있게 한다. "필요할 때 다시 연결될 수 있도록, 온라인 커뮤니티나 지역 모임

안내를 드릴게요. 도움이 필요할 땐 언제든 다시 연결할 수 있어요."라고 안내하며 지지 자원을 제안한다.

• 상담 종결 준비: 상담 종결에 대한 감정을 함께 나누고, 종결 이후의 불안이나 어려움에 대한 대비를 지원한다. 상담이 끝난다는 사실이 불안하게 느껴지는 경우, 상담자는 "상담이 끝난다고 해서 혼자가 되는 건 아니에요. 필요하면 언제든 다시 오실 수 있어요."라고 말해주며 정서적 연결감을 유지시킨다.

• 상담 관계 마무리: 마지막 회기에서는 상담자의 진심 어린 격려와 감사를 통해 상담 관계를 따뜻하고 의미 있게 마무리한다. "이 시간을 함께할 수 있어서 정말 감사했어요. 지금껏 당신이 보여주신 용기와 성장은 분명 앞으로의 삶을 지탱해줄 자산이 될 거예요."라는 말을 전하며, 피해자가 상담 관계를 긍정적으로 내면화하도록 돕는다.

종결 상담 시 유의 사항

- 상담 종결은 피해자와 충분히 상의하여 결정한다.
- 상담 종결 후에도 일정 기간 동안 연락을 유지하며, 필요 시 추가적인 지원을 제공한다.
- 피해자가 상담에 의존하지 않고 스스로 문제를 해결할 수 있도록 돕는다.
- 상담자는 종결 후에도 자신의 역할과 한계를 명확히 인식한다.
- 상담자는 종결 후에도 지속적인 자기 관리를 통해 전문성을 유지한다.

각 단계별 기간은 피해자의 상황과 필요에 따라 달라질 수 있고, 위기 상담은 단기적인 개입이며, 필요에 따라 장기적인 심리치료로 연계될 수 있다. 상담자는 항상 윤리적인 책임을 다하고, 피해자의 안전과 권익을 최우선으로 고려해야 한다.

상담자의 즉각 개입과 피해자 보호를 위한 실용 지침

1) 피해 사실 고백 시 상담자의 초기 대응

성폭력 피해자가 상담 중 자신이 피해를 당했다고 고백할 경우, 상담자는 무엇보다도 침착하게 경청하고 감정을 지지하는 태도를 유지해야 한다. 피해자가 어렵게 털어놓은 말에 놀라거나 판단하지 않고, 있는 그대로 수용하는 반응이 필요하다. "이야기해주셔서 감사합니다. 얼마나 힘드셨을지 상상이 됩니다."와 같은 언어를 통해 피해자가 안전하다고 느낄 수 있도록 돕는다. 이후 비밀보장 원칙을 명확히 안내한다. 성인 내담자의 경우, 상담 내용은 원칙적으로 비밀이 보장되지만, 미성년자일 경우에는 부모나 보호자에게 통보될 수 있으며, 상담자의 법적 보호의무가 발생할 수 있다는 점을 정확하게 설명해야 한다. 이 과정에서 피해자의 자기결정권을 존중하는 태도를 유지하고, 동의 없는 외부 통보는 삼가야 한다.

2) 피해자의 현재 안전 확인 및 위기 평가

상담자는 즉각적으로 피해자의 신체적·환경적 안전을 확인해야 한다. "지금은 안전한 곳에 계신가요?", "가해자와는 현재 연락이 끊긴 상태인가요?" 등 구체적인 질문을 통해 피해자가 현재 위험에 노출되어 있는지를 평가하고, 위험이 있을 경우 즉시 보호기관이나 경찰에 연계해야 한다. 피해자가 동의를 하면 112 또는 가까운 경찰서, 또는 해바라기센터(☎ 1899-3075)에 함께 연락하거나, 필요 시 동행하여 지원하는 방식으로 연결한다.

3) 피해자의 권리와 선택지 안내

피해자가 가장 혼란스러워하는 시점은 '이제 무엇을 어떻게 해야 할지 모를 때'이다. 이때 상담자는 법률적, 의료적, 심리적 조치에 대해 구체적인 정보를 제공해야 한다. "당신은 보호받을 권리가 있으며, 그 선택지를 알고 계셔야 해요. 제가 함께 설명드릴게요."라는 말로 시작하며, 피해자의 자율성을 해치지 않는 범위에서 선택을 도와야 한다.

4) 피해 직후의 증거 보존과 대처

상담자는 피해자가 성폭력을 당한 직후에 해야 할 행동에 대해서도 구체적으로 안내할 수 있어야 한다. 가능하다면 씻지 않고, 옷을 갈아입지 않은 채로 병원 또는 해바라기센터를 방문하여 증거 채취(포렌식 검사)를 받는 것이 가장 좋다. 이미 씻은 경우라도 진술과 기타 정황 증거가 여전히 법적으로 의미가 있으므로, 피해자를 안심시켜야 한다. "혹시 이미 씻으셨더라도 괜찮습니다. 지금부터의 모든 행동도 회복의 중요한 시작이에요."라고 말하며 피해자를 지지한다. 사진, 문자메시지, SNS 대화, 전화 기록, 위치기록 등의 디지털 증거 역시 가능한 한 원본 그대로 보관해야 하며, 스토킹이나 반복적 접근의 경우에는 날짜별 기록을 남겨 두는 것이 법적 대응에 도움이 된다.

• 스토킹 · 데이트 성폭력 대응 및 보호조치

지인이나 연인에 의한 성폭력, 스토킹 등은 피해자가 더욱 침묵하기 쉬운 유형이다. 이 경우 상담자는 이 문제 역시 명백한 범죄이며, 형사처벌 및 접근금지 보호조치가 가능하다는 점을 분명히 알려야 한다. 경찰서 여성청소년계나 여성폭력 전담경찰에게 요청하면, 스토킹처벌법에 따른 스마트워치 지급, 신변보호조치 신청, 임시 접근금지 명령 등이 가능하다. 또한 가까운 파출소에서 여성안심호루라기나 긴급신고카드를 요청할 수 있으며, 지자체에 따라 긴급 숙소 지원도 가능한 경우가 있다.

- 비밀보장과 부모 통보에 대한 상담자의 자세

특히 청소년 피해자의 경우, '부모에게 알릴 것인지'에 대해 극심한 불안을 보일 수 있다. 상담자는 법적으로 필요한 범위를 설명하되, 청소년이 느끼는 수치심과 두려움에 깊이 공감하며, 성급한 개입을 피해야 한다. "당신의 이야기는 소중합니다. 보호를 위해 필요한 정보만 최소한으로 전달되고, 모든 과정은 당신과 함께 상의하며 진행될 거예요."라고 말하면서 신뢰를 유지하는 것이 중요하다.

- 상담자의 역할은 지지자이자 조력자

상담자는 피해자의 회복 과정에서 말벗이자 안내자, 지지자이자 현실적인 조력자 역할을 동시에 수행해야 한다. 상담 종결 시에도 "필요할 때 언제든 다시 오실 수 있어요."라는 말을 남김으로써, 내담자에게 끊어지지 않는 심리적 연결고리를 제공하며, 피해자가 상담 이후 혼자가 아님을 느끼도록 자조모임, 온라인 커뮤니티, 지역 상담기관 정보를 문서나 문자로 전달하는 것도 회복의 중요한 자원이 된다.

성폭력 상담은 피해자의 권리 회복과 안전을 위한 실질적 개입이며, 상담자는 판단자가 아닌 길을 함께 걷는 동반자임을 잊지 말아야 한다. 상담자 한 명이, 한 사람의 삶 전체를 바꿀 수 있다.

성폭력 피해자 위기 상담 사례와 개입

　수민(가명), 22세 여대생은 현재 대학교 3학년에 재학 중이다. 조용하고 내성적인 성격이지만 또래보다 성숙하고 배려심이 깊다는 말을 자주 들어왔다. 대학 입학 후 얼마 지나지 않아 같은 과 선배와 연애를 시작했고, 서로에 대한 호감과 신뢰를 쌓으며 2년 넘게 연애를 이어왔다. 연애 초기에는 손을 잡고, 키스를 하고, 서로의 감정을 조심스럽게 확인해 나가는 과정이 설레고 안정감이 있었다. 연애 1년이 지나고부터는 남자친구의 자취방에 놀러 가 종종 시간을 함께 보내기도 했고, 첫 성관계 역시 서로의 동의와 신뢰 속에서 이루어졌다. 그 경험은 수민에게 불쾌하거나 불안하지 않았고, 자신이 사랑하는 사람과 더 깊이 연결되었다는 생각이 들어 오히려 따뜻하게 기억되었다.

　하지만 시간이 지나며 남자친구의 취업 준비가 길어지고, 여러 차례 면접에서 낙방하면서 관계에 균열이 생기기 시작했다. 남자친구는 점점 예민해지고 짜증이 많아졌으며, 수민에게 감정적으로 날을 세우는 일이 잦아졌다. 처음에는 그저 힘든 시기라 이해하려고 애썼고, 짜증을 받아주는 것도 사랑의 일부라고 생각했지만, 반복될수록 수민은 점점 지쳐갔다. "왜 나한테만 이렇게 대하지……."라는 생각이 쌓였고, 마음의 거리는 점점 멀어졌다.

　그날도 그런 날 중 하나였다. 남자친구의 자취방에서 소주 한 병을 나누며 앉아 있었고, 분위기는 평소보다 무거웠다. 수민은 참았던 말을 꺼냈다. "나도 참을 만큼 참았어. 왜 당신 스트레스를 나한테 풀어?"라고 말한 순간, 남자친구의 표정이 굳어졌다. 수민은 이어서 "이제 우리 그만 만나자. 더는 못 버티겠어."라고 헤어짐을 고했다. 그러자 남자친구는 갑자기 수민의 뺨을 때렸고, 수민은 놀라 말을 잃었다. 이어 그는 강제로 수민을 밀쳐 침대에 눕히고, 수민의 저항에도 불구하고 성관계를 강행했다. 수민은 무서움에 몸이 얼어붙은 채 아무 말도 하지 못했고, 모든 것이 끝난 후 남자친구가 잠든 틈을 타 급히 옷을 챙겨 입고 방을 빠져나왔다. 그날 밤 수민은 떨리는 손으로 "이제 정말 끝이야. 다시는 연락하지 마."라는 문자를 보냈다. 하지만 그 이후부터 남자친구는 집 앞에서 기다리거나, 하교 시간에 맞춰 교문 근처에 서 있다가 그녀를 붙잡았다. 벽에 밀치며 "다시 만나자. 나 정말 잘할게. 널 사랑해."라고 말하며 웃다가도, 수민이 거절하면 갑자기 표정을 바꾸고 "다른 사람 만나면 가만 안 둔다."는 협박성 말을 남겼다.

　수민은 지금, 매일 누군가의 시선을 의식하며 등굣길을 걷는다. 캠퍼스에서도 편하게 숨을 쉴 수 없고, 스마트폰 알림 소리에도 가슴이 철렁 내려앉는다. 밤이 되면 그날의 장면이 머릿속을 떠나지 않고, 잠들기 전에도 문단속을 두 번, 세 번씩 확인한 후에야 겨우 눈을 감는다.

　누군가에게 말하고 싶지만, 자신이 어리석게 느껴지고, "둘이 사귄 사이였잖아.", "성관계도 이미 했던 사이잖아."라는 말이 돌아올까 두려워 아무에게도 말하지 못하고 있다. 수민은 지금도 그 남자가 다시 나타날까 두려워, 하루하루를 긴장과 불안 속에서 견디며 살아가고 있다.

상담목표

1) 우울, 불안, 두려움, 외상 후 스트레스 등의 정서를 안정시킨다.

2) 데이트 성폭력에 대한 이해를 높이고 인식을 개선한다.

3) 성역할 고정관념에서 벗어나 성적 자기결정권을 확립한다.

4) 자아존중감을 향상시킨다.

치료적 개입

수민은 연인 관계에서 성폭력을 경험하였으며, 사건 이후 지속적인 위협과 감시로 인해 극심한 불안과 두려움을 느끼고 있다. 성폭력 경험 이후 외상 반응으로 인해 일상생활에서 위축되고 있으며, 반복적으로 사건을 떠올리거나 회피하는 반응을 보이고 있다. 또한, 자신의 피해를 타인에게 말하기 어려워하며, "사귄 사이였잖아."라는 사회적 시선과 편견에 대한 두려움을 느끼고 있다. 이에 따라 상담 초기에는 내담자의 신뢰를 형성하고, 심리적 안정을 확보하며, 피해 경험을 안전하게 표현할 수 있도록 돕는 것이 필요하다. 이후 데이트 성폭력에 대한 명확한 인식을 형성하고, 성적 자기주장권을 강화하며, 성폭력 경험으로 인해 손상된 자아존중감을 회복할 수 있도록 점진적으로 개입해야 한다.

1) 신뢰 관계 형성 및 심리적 안정화

성폭력 피해자는 사건 이후 강한 수치심과 무력감을 경험하며, 자신의 경험을 타인에게 이야기하는 것에 대한 두려움을 느낀다. 또한, 피해 사실이 알려지는 것에 대한 불안과 주변의 부정적인 반응을 우려하여 침묵하는 경향이 있다. 상담자는 이러한 내담자의 심리를 고려하여 비난이나 판단 없이 공감적 태도로 경청하며 신뢰 관계를 형성해야 한다.

상담 초반에는 내담자의 정서적 긴장을 완화하고 안전감을 확보하는 것이 가장 중요하다. 성폭력 피해 경험을 이야기할 때 비밀보장에 대한 불안을 완화하고, 상담자가 철저히 보호할 것임을 확신시켜야 한다. 내담자가 원할 경우 증거 수집에 대한 필요성을 설명하되, 강요하지 않고 충분한 심리적 준비가 되었을 때 진행할 수 있도록 돕는다. 또한, 신체적 불편감(불면, 두통, 소화 장애 등)과 감정적 반응(불안, 공포, 우울, 무력감)을 평가하고, 필요할 경우 의료적 개입과 정신건강의학과 치료를 병행할 수 있도록 안내한다.

2) 성폭력 경험 탐색 및 상담 목표 설정

데이트 성폭력은 연인 관계에서 한 개인의 성적 의사와 무관하게 강제적으로 이루어지는 성폭력이며, 피해자는 강압적 성행위 이후 혼란과 죄책감을 느끼는 경우가 많다. 상담자는 내담자가 남자친구와의 관계에서 어떤 노력을 했으며, 성적 의사소통이 어떻게 이루어졌는지 탐색하며, 성인지 감수성과 성적 자기 결정권에 대한 교육을 병행해야 한다. 내담자가 남자친구와의 관계에서 경험한 문제를 돌아보고, 성폭력 피해 이후 느끼는 감정과 신념을 탐색한다. 또한, "내가 그때 헤어지자고 하지만 않았어도", "나는 그 사람을 한때 사랑했으니까"와 같은 인지적 오류를 수정하도록 돕고, 성폭력의 책임이 가해자에게 있음을 인식하도록 한다. 이를 통해 내담자가 성폭력 피해자로서 자신의 경험을 제대로 인식하고, 상담 과정에서 해결해야 할 목표를 설정하도록 돕는다.

3) 성폭력 트라우마 재처리 및 감정 정화

성폭력 피해자는 사건 이후 피해 장면이 반복적으로 떠오르거나, 감정을 차단하여 무감각한 상태가 되는 경우가 많다. 이러한 반응은 외상 후 스트레스 장애(PTSD)로 이어질 수 있으므로, 상담자는 내담자가 피해 경험을 안전한 방식으로 이야기하고 감정을 표현할 수 있도록 개입해야 한다. 내담자는 성폭력 피해 장면을 떠올리는 것 자체를 두려워하며, 회피하려는 경향을 보일 수 있다. 상담자는 글쓰기나 그림을 통해 피해 당시의 상황을 정리해보도록 유도하고, 점진적으로 이야기를 나누면서 억눌린 감정을 표현할 수 있도록 돕는다. 감정 정화를 위해 분노 표출을 독려하고, 성폭력의 책임이 피해자에게 있지 않음을 지속적으로 강조한다. 또한, 빈 의자 기법 등을 활용하여 가해자에게 말하지 못했던 감정을 표출하고, 억압된 감정을 해소할 수 있도록 한다. 내담자가 성폭력 피해 이후 '내가 참았어야 했어., '나는 무력한 사람이야.와 같은 부정적인 신념을 가지고 있을 경우, 이를 도전하고 재구성하는 작업이 필요하다. 성폭력이 피해자의 원인이 아니라는 점을 분명히 하고, 피해 이후의 감정을 이해하며, 자신을 비난하는 태도를 수정하도록 돕는다.

4) 관계 패턴 탐색 및 자아존중감 회복

내담자는 연인 관계에서 가해자에게 감정적으로 의존했던 경험이 있을 가능성이 크며, 성폭력 이후에도 상실감과 버림받은 느낌을 경험할 수 있다. 상담자는 내담자가 남자친구와의 관계에서 어떤 의존심을 가졌는지를 탐색하고, 성폭력 이후 생긴 외상과 상처, 분노를 충분히 다룰 수 있도록 돕는다. 상담 과정에서는 성폭력 경험이 자아존중감에 미친 영향을 분석하고, 성적 자기 결정권을 강화하기 위한 개입이 필요하다. 또한, 내담자가 미래의 대인관계에서 건강한 관계를 형성할 수 있도록, 자기주장 기술과 의사소통 기술을 훈련한다. 상담자는 내담자가 "나는 사랑받을 가치가 없다."는 생각에서 벗어나 "나는 존중받아야 할 사람이다."라는 인식을 가질 수 있도록 지원해야 한다.

5) 상담 종결 및 장기적 지원 체계 마련

내담자가 성폭력 경험을 안전하게 다룰 수 있고, 상담을 통해 정서적 안정을 되찾았을 때 종결을 준비해야 한다. 상담 종결 단계에서는 내담자의 절망감을 감소시키고, 부정적인 감정을 해소하며, 추후에도 심리적 지원을 받을 수 있도록 연계해야 한다. 내담자가 성폭력 피해 이후 느끼는 무력감에서 벗어나 자신의 삶을 주체적으로 결정할 수 있도록 돕고, 사회적 지원을 받을 수 있는 기관을 안내한다. 긴급 상황에 대한 안전장치를 마련하고, 가해자로부터 추가적인 위협이 있을 경우 법적 대응 방안을 준비하도록 지원한다. 상담 종료 후에도 내담자가 필요할 때 도움을 받을 수 있도록 후속 상담을 연계하고, 일상생활에서의 회복을 지속할 수 있도록 돕는다.

종합적으로, 본 사례의 치료적 개입은 성폭력 피해자의 심리적 안정을 확보하는 것을 최우선으로 하며, 이후 성폭력 경험을 재구성하고, 감정을 정화하며, 성적 자기결정권을 회복하는 과정으로 진행된다. 상담자는 내담자가 피해자로서의 죄책감에서 벗어나 자신의 삶을 주체적으로 살아갈 수 있도록 돕고, 지속적인 사회적 지지를 받을 수 있도록 지원해야 한다.

11장 이혼 상담

① 부부갈등과 이혼 위기

결혼과 부부갈등

결혼은 인생에서 중요한 전환점이며, 두 사람은 결혼을 통해 부부라는 새로운 체계를 형성하게 된다. 부부관계는 가족 전체의 상호작용에 영향을 미치며, 핵가족 사회에서는 그 질이 가정의 기능과 지속 여부에 중요한 역할을 한다. 대부분의 부부는 행복한 결혼생활을 기대하지만, 서로 다른 환경에서 자라며 형성된 가치관, 태도, 생활방식, 성격의 차이로 인해 갈등이 발생할 수 있다. 부부갈등은 서로 다른 욕구, 목표, 기대가 충돌하면서 생기는 대립과 불일치로, 이 과정에서 언쟁, 무시, 신체적 충돌, 가출과 같은 부정적인 상호작용이 나타날 수 있다. 현대 사회에서는 부부가 서로에게 기대하는 정서적 요구가 커지기 때문에, 양쪽 모두가 만족하지 못하면 어느 한쪽의 불만이 곧 갈등으로 이어지기 쉽다.

부부갈등 요인은 부부관계 요인, 개인적 요인, 사·문화적 요인으로 나눌 수 있다(Rice, 1979). 이 가운데 부부관계 요인이 가장 중요한 영향을 미친다고 볼 수 있다.

부부관계 갈등요인

- **부부관계 요인**: 애정과 친밀감의 부족, 가부장적 사회와 양성평등 이념 간의 충돌, 성적 관계, 의사소통의 부재와 오해로 인한 의사소통갈등, 역할기대가 충족되지 않아 발생하는 역할갈등, 자녀와의 관계
- **개인적 요인**: 건강문제, 종교갈등, 가치관의 차이, 취미 등
- **사·문화적 요인**: 지위, 소득, 교우 관계

콜린스(Collins, 2000)는 부부갈등이 어떻게 부정적인 결과를 초래하는지 다음과 같은 네 가지로 설명한다.

• **혼돈과 절망:** 갈등이 심화되면 가족 내 질서가 무너지고, 정체감 혼란과 존재적 혼돈 속에서 현재와 미래에 대한 불확실성과 절망에 빠질 수 있다.
• **움츠림:** 부부가 서로의 차이를 수용하지 못하면 갈등이 심화되고 관계는 점점 멀어지며, 가정생활이 위축되고 무기력한 휴전상태에 이르게 된다.
• **유기:** 부부갈등이 심해지면 정서적 이혼상태에 빠지기 쉽고, 결국 한쪽 또는 양쪽이 가족을 떠나게 될 수도 있다.
• **이혼:** 부부갈등이 초래하는 가장 결정적이고 돌이킬 수 없는 결과인 이혼은 갈등에서 비롯된 긴장과 압박감을 해소하기 위한 해결책으로 선택되기도 한다.

이혼의 정의와 원인

이혼은 법적으로 혼인 관계를 종료시키는 절차이자, 개인의 삶에 중대한 전환점을 가져오는 사건이다. 이 과정을 통해 부부는 더 이상 법적 부부가 아닌 존재가 되며, 기존의 가족 구조는 해체되고 새로운 형태의 가족관계가 형성되기도 한다. 법적인 절차에 따라 이혼은 부부가 상호 합의하여 진행하는 협의이혼과 법원의 판단에 따라 이루어지는 재판이혼으로 구분된다.

이혼이 발생하는 원인은 결코 단일한 요소로 설명되기 어렵다. 결혼생활이란 각자의 삶의 배경과 성격, 가치관이 복합적으로 얽혀 있는 관계이기에, 이혼에 이르게 되는 배경 또한 부부마다 다르게 나타난다. 이혼의 원인을 보다 구조적으로 살펴보면 인구학적 요인, 가족 기능의 변화, 사회경제적 조건, 가치관 변화 등 네 가지 측면에서 이해할 수 있다.

• **인구학적 요인:** 베이비붐 세대의 혼인율은 상승했지만 1990년대 전후 이혼율이 크게 상승했다. 2000년대 국제결혼이 늘어나면서 문화적 차이나 언어, 적응 문제 등으로 국

제결혼 부부의 이혼도 증가했다. 최근 고령층의 황혼 이혼이 증가하는 등 전체적인 이혼율 증가에 영향을 미쳤다.

• 가족기능의 변화: 과거처럼 가족이 명확한 위계질서와 보호 역할을 중심으로 운영되던 시기와는 달리, 핵가족화와 개인주의가 확산되면서 부부 간의 평등을 중시하는 분위기가 자리 잡았다. 요즘은 '누가 가장이냐'보다 '어떻게 같이 살 거냐'가 더 중요하다.

• 사회경제적 조건: 산업화와 도시화는 핵가족을 일반화시켰고, 그로 인해 전통적인 가족 규범은 약화되었다. "옛날엔 친척이나 이웃이 말려줬다는데, 지금은 다들 자기 살기 바쁘잖아요." 과거에는 갈등을 중재해 주던 가족이나 공동체의 기능이 줄어든 것이다. 외환위기 같은 사회적 충격은 경제적 불안을 가중시켰고, 이는 부부갈등을 더욱 악화시키는 요인이 되었다. 아울러 이혼 관련 법과 제도의 변화는 개인의 선택권을 넓히고, 이혼에 대한 접근성을 높였다.

• 가치관 변화: 사회 전반에서 이혼에 대한 부정적인 시선이 약해지면서, 불행한 결혼을 무조건 유지하기보다는 새로운 삶을 선택하는 것이 더 나은 결정이라는 분위기가 퍼지고 있다. "행복하지 않은데 꼭 참고 살아야 하나요? 이젠 그런 말 안 통하죠." 이처럼 여성의 사회적 지위 향상과 경제적 자립은 자신의 삶의 질을 우선시하도록 만들었고, 자녀 수의 감소 역시 이혼 결정에 영향을 주는 요소가 되었다. 과거에는 자녀에 대한 책임감 때문에 결혼을 유지했던 부부들이, 이제는 자녀를 양육하면서도 독립적인 삶을 선택하는 경우가 많아지고 있다.

이혼은 개인의 선택을 넘어서 사회 구조와 문화적 인식의 변화, 경제적 여건, 세대적 특성 등 여러 요인이 얽혀 있는 복합적인 현상이다. 단순히 부부 간의 갈등으로만 이해하기보다는, 다양한 차원에서 이혼의 원인을 통합적으로 바라보고 해석하는 노력이 필요하다.

❷ 이혼의 과정과 단계

이혼의 과정

최근에는 이혼을 단순한 하나의 사건이 아니라 하나의 과정으로 바라보는 경향이 강해지고 있다. 이는 이혼이 단순한 법적 절차를 넘어, 이혼에 이르는 과정과 이혼 이후의 변화를 포함하여 당사자뿐만 아니라 이혼한 부부의 자녀를 비롯한 가족 구성원과 사회 전반에 걸쳐 영향을 미치기 때문이다. 보하난(Bohanan, 1970)은 이혼 과정에서 여러 가지 위기가 동시에 발생한다고 보았으며, 이를 복합적인 과정으로 이해해야 한다고 설명했다. 구체적으로 살펴보면 정서적 이혼, 법적인 이혼, 공동양육적 이혼, 경제적 이혼, 공동체 이혼, 심리적인 이혼의 여섯 가지 측면이 동시에 진행된다고 설명했다.

- **정서적 이혼**: 이혼을 통해 배우자를 완전히 상실하게 됨으로써 대부분의 이혼자가 양가감정을 경험하는 과정이다. 법적인 이혼은 결혼 관계를 공식적이고 형식적으로 종료하기 위한 절차로, 문서상으로 결말을 맺는 것을 의미한다.
- **공동양육적 이혼**: 양육권, 편부모 가정, 방문권을 다루는 이혼 과정이다. 이 과정에서 자녀들은 부모의 이혼 과정을 지켜보며 우울감, 공격적인 행동, 자살 시도 등의 반응을 보이기도 하며, 부모가 재결합하기를 바라는 환상을 가질 수 있다. 또한, 부모가 이혼하더라도 자신들은 여전히 사랑받을 것이라는 기대를 갖게 된다.
- **경제적 이혼**: 재산과 경제적 지원을 다루는 과정으로, 배우자 및 자녀에 대한 지원, 재산분할, 주거지 지정, 양육비, 위자료 등을 포함한다. 이처럼 이혼 후 경제적 삶의 질이 중요한 요소가 되면서, 재정적인 영역에서의 재구성을 통해 이혼의 현실을 더욱 실감하게 된다.
- **공동체 이혼**: 환경적인 이혼으로 결혼생활의 분리가 가져오는 친구 및 사회적 관계의 변화를 의미한다. 이혼을 통해 부부가 공동으로 맺었던 사회적 관계가 개인의 관계로 분리되며, 주거지 변화, 이웃, 친구, 사교생활 등 새로운 사회적 관계에 적용해야 한다.

이러한 변화는 자녀에게도 큰 부담이 될 수 있다.

• **심리적 이혼**: 결혼 생활에서 형성된 남편과 아내의 지위와 역할에서 벗어나 개인의 자율성과 정체감을 회복하고 독립적인 자아를 재구성하는 과정이다. 이혼으로 인한 상실을 받아들이기 위해서는 시간이 필요하며, 그 지속기간과 적응속도는 개인에 따라 다를 수 있다. 특히, 심리적 이혼 단계는 가장 어려운 과정 중 하나이므로 심리상담을 받는 것이 큰 도움이 될 수 있다.

이혼의 단계

이혼은 다양한 원인에 의해서 발생하기 때문에 단순한 하나의 사건으로 보기보다는 일련의 과정으로 이해되고 있다. 폰제티와 케이트(Ponzetti & Cate)는 이혼의 과정을 부부간의 갈등에 초점을 맞추어 인식의 단계, 토의의 단계, 행동의 단계, 이혼 후의 단계로 구분하였다. 구체적으로 살펴보면 다음과 같다.

• **인식의 단계**: 부부 중 한 사람이 부부관계에서 일어나는 문제에 대해 불만족이나 불일치를 의미 있게 인식하고 결혼의 안정성에 의문을 제기하는 것을 의미한다. "요즘 우리 대화가 너무 없지 않아?" 이 단계는 문제를 인식하고 해결 방안을 모색해야 하는 과정이다.

• **토의의 단계**: 부부관계에서 발생하는 갈등이나 불만족으로 인해 거리감이 생긴 것을 회복하려 하거나 결혼 관계를 유지하려는 시도가 실패하게 되면서 배우자의 불만족을 비난하거나 책임을 전가하는 등의 방식으로 표현하게 된다. "당신은 항상 내 얘기를 무시하잖아, 그러니까 이렇게 된 거지." 이 단계에서는 배우자에 대한 심리적, 정서적 친밀감이 줄어들었으며, 애정이 퇴색되었음을 인식하게 된다.

• **행동의 단계**: 부부 문제에 있어 원가족 및 친구 등 주변 관계망이 영향을 미칠 수 있으며, 이혼을 고려할 경우 재산분할, 위자료, 자녀 양육 등의 문제에 대해 생각하게 된다. "이혼하면 아이는 내가 키울 거야. 네 부모님한테는 맡기지 않을 거고." 또한, 협의 이혼 또는 법적 절차를 통한 이혼을 고민하게 되며, 이 과정에서 이별을 전제로 한 의사

소통이 이루어지면서 정서적 긴장감이 고조될 수 있다.

•**이혼 후 단계**: 이혼을 현실로 받아들이면서 이혼 후의 삶이 본격적으로 시작된다. "이젠 끝났지만, 막상 혼자 있으니 모든 게 두려워." 이때 이혼의 원인과 유형에 따라 다를 수 있지만, 대부분의 경우, 상대 배우자에게 거부당했다는 느낌과 상실감으로 인해 경제적 문제, 사회적 지지 부족, 자녀와 관련된 문제 등으로 정서적인 어려움을 겪게 될 수 있다.

이혼은 부부가 어떤 이유로든 가족의 공동생활을 유지하지 못하고 가족이 해체되는 법적 과정일 뿐만 아니라 정서적 적응을 경험하는 과정이기도 하다. 이에 따라, 이혼을 정서적 과정에 초점을 맞춰 설명하며 이혼 과정 발달 모델의 4단계를 제시하였다(Phil Rich, 2002).

■ **1단계: 충격과 부인의 단계**

부부가 가족에 쏟았던 정서적, 경제적, 행동적 에너지가 모두 의미가 없었다는 사실을 깨닫고 애도와 비탄에 빠지게 된다. 또한 현실을 부인하면서도 상황을 수습하고 다시 화해할 수 있을 것이라는 기대를 가지기도 한다.

■ **2단계: 초기 적응단계**

이혼의 충격이 지나고 무감각한 상태를 벗어나면서 고통을 느끼고, 많은 현실적인 어려움에 직면하게 된다. 이 시기에는 별거를 하거나 각자 거처를 옮기는 등의 변화를 시도하기도 한다. 또한, 심리적으로 배신감, 분노, 복수심 등의 다양한 감정을 경험할 수 있다. 이 시기에 정서적, 심리적 어려움이 크다면 심리상담을 받는 것을 고려해 볼 수 있다.

■ **3단계: 재구조화**

주변의 여러 상황들이 점차 굳어지면서 삶이 보다 안정되고, 무엇이 가능하고 무엇이 불가능한지 구별할 수 있게 된다. 또한, 자신의 삶에 필연적으로 변화가 일어나야 함을 깨닫고 냉정한 현실에 적응해 나간다. 이 과정에서 생활방식과 인간관계를 재정립하고, 가치관과 신념을 재구조화하며, 법적 절차를 마무리하는 등의 과정을 거치며 적응하게 된다.

■ 4단계: 삶의 재구성

이혼 과정이 막바지에 이르며, 전 배우자와의 관계를 재정립하면서 모든 것들이 명확해진다. 이 시기에는 최악의 상황이 지나가고 새로운 삶을 구축할 기회가 주어지면서 삶을 재구성하게 된다. 또한, 새로운 삶을 받아들이고 스스로 책임을 지며, 새로운 관심사와 인간관계를 형성해 나간다.

③ 이혼 상담

오늘날 가족해체의 여러 현상 중 이혼은 가장 심각한 문제 중 하나이다. 이혼은 부부 간에 깊은 상처를 남길 뿐만 아니라 사회적, 경제적 손실을 초래하며, 특히 자녀에게 미치는 영향이 크다. 많은 자녀가 부모의 이혼으로 인해 정신적 고통을 겪는 것으로 나타나고 있다. 이혼은 자신의 삶에 큰 변화를 가져오며, 미래에 대해 중대한 결정을 내려야 하는 상황에서 분노, 좌절, 실패감, 가정이 깨졌다는 죄책감, 그리고 도덕적 비난에 대한 두려움 등 다양한 어려움에 직면하게 된다.

골란(Golan, 1978)은 위기 상담의 과정을 초기, 중간, 종결의 세 단계로 나누어 설명한다. 초기 단계에서는 상담자와 내담자 간의 접촉을 확립하고 위기 상황의 존재 여부를 확인하며, 내담자의 현재 상태를 파악하는 과정이 이루어진다. 또한, 상담자와 내담자가 협력하여 상담목표를 설정하고 이행할 작업계약을 수립하는 단계이다. 중간 단계는 설정된 계약을 이행하는 과정으로, 현재 상황에서 구체적인 문제해결을 위하여 계획하고 설정했던 목표를 확인하고 실행하는 단계이다. 마지막으로, 종결 단계에서는 초기 단계부터 현재까지의 과정을 면밀히 검토하는 것이다. 이 단계에서는 개인과 자원을 새롭게 결속시키거나, 개발된 대처방식과 성취한 과업을 평가하며, 가까운 미래에 대한 계획을 수립하는 것이다.

이혼 상담의 목적과 목표

이혼 상담은 결혼을 종결짓기 위한 의사결정을 의미하지만, 현실적으로 상황이 항상 원만하게 해결되는 것은 아니다. 즉, 결혼상담과 이혼 상담은 연속선상에 있으며, 배우자들이 상담에 대한 기대와 희망이 다를 수 있음을 고려하여 상담의 목적과 목표를 설정하는 것이 중요하다. 이혼 상담 과정에서 이혼이 최종적인 해결책으로 결정될 경우, 상담자는 내담자가 자녀들의 복지를 최대한 보호하도록 도와야 한다. 특히, 이혼이 자녀들의 잘못이 아님을 강조하고, 부모가 여전히 자녀를 사랑한다는 점을 확신시켜 주어야 한다. 또한, 부모도 잘못, 실수를 저지를 수 있다는 사실을 자녀가 이해할 수 있도록 돕는 것이 중요하다.

> **이혼 상담의 목적과 목표(스프랭클, Sprenkle, 1990)**
>
> - 결혼이 끝났다는 사실을 받아들인다.
> - 전 배우자와 기능적인 이혼 후 관계를 성취한다.
> - 합리적인 정서적 적응에 도달한다.
> - 결혼 실패의 원인이 된 역기능적 행동에 대해 각자가 기여한 바를 이해하도록 한다.
> - 정서적 지지를 받을 수 있는 원천을 찾는다.
> - 이혼 후 부모 역할에 대해 자신감을 가지고 편안하게 느낀다.
> - 자녀들의 비현실적 기대를 부추기거나 그들과 동맹을 형성하지 않고, 그들이 상실에 적응하도록 돕는다.
> - 이혼의 위기를 배움과 개인적 성장의 기회로 활용한다.
> - 쌍방이 합리적이고 공정하다고 느끼는 방식으로 법적 과정을 해결한다.
> - 모든 사람을 위한 적응과 부합되는 신체적, 건강 및 개인적 습관을 발전시킨다.

부부 상담 이론과 부부상담의 적용

최근 부부상담 현장에서는 고전적 이론보다 정서와 관계 중심의 접근이 더욱 주목받고 있다. 특히 경험적 가족치료, 구조적 가족치료, 해결중심 가족치료 등은 이미 다양한 교재에서 충분히 다루어지고 있는 만큼, 본 교재에서는 정서중심 부부상담(EFT)과 이마고 부부치료를 중심으로 소개하고자 한다. 이 두 이론은 부부 간의 갈등을 단순한 행동 문제로 보지 않고, 관계 속에서 형성된 정서적 패턴과 내면의 상처를 중심으로 이해하려는 점에서 오늘날의 상담 실천에 더욱 적합하다고 볼 수 있다. "말을 해도 통하지 않고, 반복되는 싸움이 너무 지쳐요." 이런 내담자의 호소는 단순한 의사소통의 문제가 아니다. 그 안에는 반복된 오해와 상처, 정서적으로 연결되지 못한 채 서로를 방어하고 있는 두 사람의 깊은 단절이 숨어 있다. EFT와 이마고 부부치료는 바로 이 지점을 정면으로 마주한다. 정서적 반응의 악순환을 끊고, 관계 회복의 실마리를 찾도록 도와주는 이 두 접근은 이혼 위기에 놓인 부부에게도 회복의 가능성을 제시할 수 있다.

1) 정서중심 부부치료(EFT, Emotionally Focused Couple Therapy)

정서중심 부부치료(EFT)는 캐나다의 임상심리학자 수 존슨(Sue Johnson)이 애착 이론을 기반으로 개발한 접근으로, 오늘날 부부치료 분야에서 가장 효과적인 치료 모델 중 하나로 인정받고 있다. 이 이론은 부부 갈등을 단순히 갈등 해결 기술의 부족이나 의사소통 문제로 보지 않는다. 오히려 정서적 유대가 약화되었거나 상실된 결과로 이해한다. 다시 말해, 부부 사이의 '안전한 정서적 연결(safe emotional bond)'이 흔들릴 때, 인간은 본능적으로 불안과 두려움을 느끼며 그 반응으로 방어, 비난, 철수와 같은 상호작용을 반복하게 된다.

이런 정서적 반응들은 표면적으로는 싸움이나 침묵, 무관심처럼 보이지만, 그 내면에는 "나는 당신에게 중요한 존재인가?", "버려지지는 않을까?" 하는 깊은 정서적 질문이 숨어 있다. 상담자는 이처럼 반복되는 상호작용의 패턴을 '악순환의 고리'로 보고, 그 안에 숨어 있는 애착 욕구와 상처를 찾아가는 작업을 함께 한다. 갈등의 표면 아래에는 외로움, 슬픔, 두려움 같은 1차 정서가 감춰져 있으며, 상담은 이 감정을 명확히 인식하고, 상대에게 정서적으로 표현할 수 있도록 돕는다. "나는 그냥, 당신이 내 옆에 있어주길 바랐을 뿐이야." 이 말은 흔한 하소연처럼 들릴 수 있지만, 정서중심 부부상담의 맥락에서는 '안전한 유대'를 회복하고 싶은 깊은 바람의 표현이다. 상담자는 이러한 감정의 흐름을 민감하게 따라가며, 부부가 서로에게 정서적으로 반응적인 사람이 될 수 있도록 안내한다.

EFT는 치료 과정을 3단계로 나누어 진행한다.

■ **1단계: 부정적인 상호작용 고리의 평가와 탈구조화**

초기 단계에서는 반복되는 갈등 패턴과 상호 방어적 반응을 파악하고, 그 안에 숨어 있는 정서와 애착 욕구를 탐색한다. "우린 또 같은 이유로 싸우게 되더라고요. 내가 뭘 잘못했는지도 모르겠고요." 이처럼 내담자들이 갈등을 반복하며 느끼는 무력감은, 상호 작용의 고리가 자동화되어 있음을 보여준다. 상담자는 이처럼 부정적인 상호작용 패턴을 '악순환의 고리'로 재구성하고, 부부가 지금까지 문제를 해결하지 못한 이유가 '갈등의 방식'에 있었음을 인식하도록 돕는다. 이 과정은 서로를 위협 요소가 아닌 정서적으로 반응해줄 수 있는 존재로 재조정하는 데 목적이 있다.

[상담자가 활용할 수 있는 질문 예시]
"서로 다툴 때, 그 순간 당신 마음속에서는 어떤 감정이 가장 먼저 떠오르나요?"
"그럴 때 배우자의 반응이 당신을 어떻게 느끼게 하나요?"
"그 대화 이후, 어떤 생각이 반복되던가요?"

이런 질문은 내담자의 표면적 반응 이면에 있는 핵심 정서와 애착욕구를 인식하도록 돕는다.

■ **2단계: 정서적 접촉과 애착 욕구의 재구성**

중간 단계에서는 내면의 1차 정서(외로움, 두려움, 사랑받고 싶은 욕구 등)를 더 깊이 경험하고, 상대에게 안전하게 표현하는 시도를 한다. "당신이 내 말에 반응하지 않으면, 난 그냥…… 혼자 버려진 기분이 들어." 이러한 고백은 방어 뒤에 숨겨져 있던 감정의 진심을 드러내는 순간이다. 상담자는 이와 같은 감정 표현을 지지하고, 배우자가 이를 비난이나 책임으로 해석하지 않고 공감적으로 받아들일 수 있도록 돕는다. 이 단계는 서로에 대한 정서적 접속을 회복하는 핵심이며, 신뢰와 친밀감을 재건하는 기반이 된다.

[상담자가 활용할 수 있는 질문 예시]
"지금 느끼는 외로움, 혹시 예전에도 비슷하게 느낀 적이 있었나요?"
"그 감정을 배우자에게 표현한다면, 어떤 말을 하고 싶으세요?"

"당신의 진짜 바람은 무엇인가요? 싸움을 멈추고 난 뒤, 그 안에 남아 있는 말은 무엇인가요?"

이 질문들은 내담자가 표현을 억눌러온 1차 정서에 접촉하도록 유도하며, 부부 간 정서적 친밀감을 회복하게 하는 데 중점을 둔다.

■ 3단계: 관계의 안정화와 통합

마지막 단계에서는 이전에 경험한 정서적 연결과 신뢰를 유지하며, 갈등을 다루는 새로운 방식—즉, 정서에 기반한 반응 방식—을 일상 속에서 적용하도록 돕는다. "요즘엔 싸울 때도, 이 사람이 날 떠날 사람은 아니라는 확신이 있어요." 이처럼 회복된 애착 감각은 부부가 다시 정서적으로 안전하다고 느낄 수 있는 기반이 된다. 이 단계에서 상담자는 과거의 변화 경험을 강화하고, 위기 상황에서도 회복된 연결을 지키기 위한 실천적 전략을 부부가 함께 구축하도록 돕는다.

[상담자가 활용할 수 있는 질문 예시]
"이전과 달라진 점이 있다면 무엇인가요?"
"갈등이 생겼을 때, 이제는 어떤 방식으로 서로를 대하고 싶은가요?"
"앞으로 이런 어려움이 또 생긴다면, 두 분은 어떤 약속을 나누고 싶으신가요?"

이 질문들은 부부가 변화된 관계를 유지할 수 있도록 자기효능감과 구체적인 행동계획을 강화하는 데 기여한다. EFT에서 상담자는 부부가 정서적으로 안전하다고 느낄 수 있는 관계를 재구성하도록 돕는 동반자이며, 그 안에서 회복은 자연스럽게 일어난다. 진심이 오가는 순간, 부부는 다시 서로의 '안전한 사람'이 될 수 있다는 가능성을 발견하게 된다.

2) 이마고 부부치료(Imago Relationship Therapy)

이마고 부부치료는 해빌 헨드릭스(Harville Hendrix)와 헬렌 헌트(Helen Hunt)에 의해 개발된 통합적 관계치료 접근으로, 부부가 왜 서로에게 끌리고 왜 반복해서 상처를 주고받는지를 발달심리학적, 무의식적 관점에서 풀어낸다. '이마고(Imago)'는 라틴어로 '이미지'를 뜻하며, 이 치료에서 말하는 이마고는 개인이 어린 시절 양육자와의 상호작용을 통해 마음속에 형성하게 되는 무의식적 관계 이미지를 의미한다.

이마고 부부치료는 우리가 사랑에 빠지는 상대가 우연히 선택된 존재가 아니라고 본다. "어쩌면 당신을 처음 봤을 때부터, 내 안에 뭔가 반응하고 있었던 거 같아요." 이처럼 우리는 어린 시절의 상처와 미해결된 욕구를 무의식적으로 치유하고자 하는 내면의 동기에 따라, 익숙한 정서적 경험을 불러일으키는 사람에게 끌리게 된다는 것이다.

이마고 이론에 따르면, 우리는 자신이 가장 익숙하게 경험한 애착 방식과 감정 반응을 불러일으킬 수 있는 상대를 선택하고, 그를 통해 자신 안의 결핍을 메우고자 한다. 그러나 이 무의식적 선택은 종종 갈등과 실망으로 이어진다. 기대와 현실 사이의 간극, 그리고 서로의 상처가 충돌할 때 관계는 위기에 봉착하게 되는 것이다. 이마고 부부치료는 이러한 갈등을 치유의 기회로 바라본다. 중요한 것은 "이 사람이 왜 나를 이렇게 힘들게 할까?"가 아니라, "왜 나는 이 사람에게 상처받을 때 가장 깊은 감정이 움직이는가?"를 묻는 것이다. 부부는 상담자의 안내 아래 각자의 어린 시절 경험, 주요 상처, 반복되는 감정 반응을 함께 탐색하고, 이를 통해 지금의 관계가 과거 상처를 재현하고 있는 무대라는 것을 인식하게 된다.

이 치료의 핵심 기법인 이마고 대화(Imago Dialogue)는 단순한 소통 기술이 아니다. 이마고 대화는 관계 속에서 정서적 안전과 심리적 공감의 장을 회복시키는 치유 도구다. 상담자는 한 사람이 감정을 표현하고, 다른 사람은 그것을 따라 말하고(반영), 요약하며, 감정의 의미를 함께 이해하는 과정을 반복하도록 안내한다. "당신도 나처럼 인정받지 못하고 자란 거였구나…… 그래서 그렇게 예민했던 거였지." 이런 공감은 순간적으로 오해를 풀어주는 것 이상의 힘을 가진다. 그것은, 함께 성장하자는 신호이고, 관계를 다시 신뢰해도 좋다는 허락이다.

이마고 부부치료는 '상대를 바꾸는 것'이 아니라, '서로를 이해하고 받아들이는 방식'을 전환시키는 과정이다. 자신이 가진 기대, 두려움, 방어기제를 자각하고 그것을 상대에게 설명하고 공유함으로써, 서로가 서로의 상처를 어루만지는 '심리적 파트너'로 서게 된다. 정서적으로 단절되어 있던 부부가 서로를 다시 바라보게 되는 순간, 관계는 다시 시작될 수 있다. 이 치료는 특히 다음과 같은 부부에게 적합하다.

- 반복되는 갈등과 감정 폭발로 인해 서로 지쳐 있는 경우
- 어린 시절의 정서적 결핍이 현재의 관계에 영향을 주고 있는 경우
- 배우자와의 관계 속에서 비난—방어—철수의 패턴이 고착되어 있는 경우
- 상대의 말과 행동이 과도하게 내 상처를 건드린다고 느끼는 경우
- 이혼을 고려하고 있지만, 여전히 감정적 연결 가능성을 느끼는 경우

이마고 부부치료는 단기적 갈등 해소가 아니라, 장기적인 관계 회복과 성장을 목표로 한다. 단절된 정서를 다시 연결시키고, 갈등 너머의 진짜 이야기를 함께 발견해 가는 여정은 단지 부부 관계의 회복을 넘어, 개인의 치유와 변화로도 이어진다. "그 사람과 끝났다고 생각했는데, 상담을 통해 처음으로 그 사람의 진심이 들리더라고요." 이런 고백은 이마고 부부치료의 진정한 힘을 보여준다. 관계가 완벽해지는 것이 아니라, 더 깊이 연결될 수 있다는 가능성을 다시 발견하는 것. 그것이 이마고 부부치료가 이혼 위기의 부부에게 필요한 이유다.

정서중심 부부상담과 이마고 부부치료는 모두 갈등을 단절의 증거가 아니라 회복과 성장의 기회로 바라본다. 부부가 서로의 정서를 이해하고, 상처를 공감하며, 다시 연결될 수 있도록 돕는 이 두 접근은 이혼 위기 상황에서도 희망을 제시한다. 상담자는 이들의 감정 뒤에 숨은 진짜 이야기를 함께 발견해가는 동반자가 되어야 한다.

이혼 상담의 과정

이혼 상담은 위기 상담의 한 유형으로, 이혼 당사자들은 결혼 관계의 해체로 인해 겪는 심리적, 정서적, 사회적, 경제적 충격과 고통을 겪으며 이혼 외상을 경험할 수 있다.

이러한 이혼 외상은 이혼 후에도 오랫동안 지속될 수 있는 잠재적인 고통이므로, 이혼에 대한 상담 과정은 이혼을 고려하는 내담자의 심리상태와 상황, 그리고 이혼의 진행상태 등을 감안하여 이루어져야 한다. 또한, 이혼 상담에는 자녀 문제도 포함되므로, 내담자의 개인적인 문제뿐만 아니라 자녀를 포함한 사회적 인간관계까지도 종합적으로 고려해야 한다. 따라서 상담 과정은 이러한 요소들을 반영하여 체계적으로 상담이 진행되어야 한다(정원철 등, 2022). 이를 바탕으로 이혼 상담의 과정을 이혼 전 상담, 이혼 진행 중의 상담, 이혼 후 상담으로 나누어 살펴볼 수 있다.

1) 이혼 전 상담

이혼 전 상담은 결혼생활의 위기에 처한 부부의 상담에서 시작하여, 이혼 직전에 이루어지는 위기 상담까지 포함하는 과정으로, 주로 이혼을 고려 중인 부부를 대상으로 진행된다. 이 과정은 이혼을 고려하는 당사자들에게 경솔한 이혼 결정으로 인한 부작용의 최소화를 위해 다양한 정보와 조력을 제공하고, 충분한 시간을 갖고 신중한 결정을 내릴 수 있도록 돕는 과정이다(김매경, 2004). 부부관계의 회복이 불가능한 경우에는 갈등을 최소화하고, 부부간에 느끼는 분노와 미움 등의 심리적, 정서적 어려움을 해소하여 보다 건강한 이별을 할 수 있도록 지원하는 과정이기도 하다(김정택, 2005). 또한, 이혼 전 상담에서는 상담자와 내담자가 라포(rapport) 형성이 상담의 효과를 좌우하는 중요한 요소이다. 특히, 부부갈등으로 위기에 처한 내담자에게 신뢰감을 형성하는 것이 효과적인 상담을 위해 중요한 과정이다. 상담자는 내담자의 감정을 존중하고 그들의 이야기를 비판 없이 경청하며, 정서적인 고통을 공유하는 과정에서 신뢰를 구축해야 한다. 이때, 공감적 태도와 반영을 통해 내담자가 자신의 감정과 상황을 명확히 인식할 수 있도록 돕는 것이 중요하다. 내담자가 자신의 감정을 자유롭게 표현하고, 그들이 경험하는 이혼 위기를 객관적으로 바라볼 수 있도록 지원해야 한다.

2) 이혼 진행 중의 상담

이혼 진행 중의 상담에서 상담자는 이혼 갈등 상황에서 이혼을 결성하는 것이 쉽지 않다는 점을 고려해야 한다. 또한, 상담은 서로가 건강한 방식으로 이별을 준비하고 감정적 상처와 고통을 최소화할 수 있도록 돕는 데 중점을 두어야 한다. 이혼 중의 상담에서는 법적 조언과 자녀들의 양육문제를 논의해야 하며, 내담자가 합의점을 찾고 결정을 할 수 있도록 지원하는 것이 중요하다. 이를 위해 이혼 결정 6단계를 단계별로 살펴보면 다음과 같다(이남옥, 2005).

• **1단계**: 이혼, 별거 또는 동거 여부를 결정하는 과정에서는 먼저 자신에게 문제를 해결하려는 의지가 있는지를 점검해야 한다. 이와 함께 이혼 결정을 망설이게 만드는 요소들을 탐색해볼 필요가 있다. 예를 들어, 부모의 반대, 경제적인 종속, 배우자에게 상처를 주고 싶지 않은 마음, 폭력에 대한 두려움, 혼자 사는 것에 대한 불안감 등이 이러한 요인에 해당할 수 있으며, 이들의 근본적인 원인을 분석하는 과정이 중요하다. "어쩌면 아직도 이혼이 아니라, 이 관계를 살려보고 싶은 마음이 조금은 있는 것 같아요." 이처럼 내담자의 양가감정을 인정하고 그 안에 있는 감정들을 세심하게 들여다보는 것이 초기 상담의 핵심이다.

• **2단계**: 이혼, 별거 또는 동거 여부에 대한 고민을 할 때는 다양한 결정 옵션의 장점과 단점을 꼼꼼히 분석해야 한다. 예를 들어, 이혼을 즉시 진행하는 경우, 이혼을 연기하거나 별거를 선택하는 경우, 또는 이혼하지 않고 관계를 유지하는 경우 각각의 선택이 어떤 결과를 가져올 수 있는지 구체적으로 살펴보아야 한다. 각 결정에 따르는 이점과 어려움을 열거하고 비교해 보면서, 자신에게 가장 현실적이고 바람직한 방향을 모색하는 과정이 중요하다. 더불어, 배우자에게 자신의 결정을 어떻게 전달할 것인지 고민해보고, 1년 후 자신이 어떤 감정을 느끼고 있을지 예상해보며 다양한 대안들을 검토해 보는 것도 도움이 된다. "지금 당장은 이혼하고 싶은 마음이 크지만, 1년 뒤에도 이 결정을 후회하지 않을지 자꾸 생각이 복잡해져요." 이처럼 시간의 틀을 확장해 고민하게 하는 질문은 내담자가 보다 장기적인 관점에서 선택을 고려하도록 도울 수 있다.

• **3단계**: 각 결정에 대해 장점과 단점을 꼼꼼히 분석하는 동시에, 그로 인해 발생할 수 있는 후속 결과들도 함께 고려해야 한다. 예를 들어, 이혼이나 별거를 선택할 경우 경제적인 부담, 자녀 양육 및 보호 문제, 이혼에 따른 법적 절차, 별거 시 주거 공간 확보 등 현실적인 문제들이 뒤따를 수 있다. 이러한 요소들을 종합적으로 검토함으로써, 보다

신중하고 현실적인 결정을 내릴 수 있다. "상담사님! 제가 따로 살게 되면 아이는 누가 돌보게 될까요? 갑자기 그게 너무 걱정돼요." 이러한 현실적 질문에 상담자는 내담자의 두려움을 지지하면서도 정보 제공을 병행해 결정 과정에 도움을 줄 수 있어야 한다.

• 4단계: 이전 단계에서 파악한 각 결정의 후속 결과들이 지니는 장점과 단점을 구체적으로 검토한다. 이를 통해 각 선택이 초래할 수 있는 영향을 보다 명확하게 이해하고, 자신의 상황에서 가장 적절한 선택이 무엇인지 확인한다. "그래요, 그 선택을 한다면 어떤 변화들이 생길지 우리가 조금 더 구체적으로 하나씩 살펴볼 수 있을까요?" 상담자는 내담자가 특정 선택지에 대한 모호한 불안을 구체화할 수 있도록 도와주고, 감정과 현실 사이의 연결을 명확히 하도록 이끈다.

• 5단계: 이전 단계의 충분한 검토를 바탕으로 가장 적절한 결정을 선택하고, 이를 실천하기 위한 구체적인 계획을 수립한다. 또한, 자신의 결정을 주변 사람들에게 알리는 계획을 세우고, 그에 따라 실제 행동에 옮기기 시작한다. "말로 꺼내는 순간 모든 게 현실이 될 것 같아서, 누구에게 먼저 얘기해야 할지도 모르겠어요." 이 시점에서 상담자는 내담자의 결정을 존중하며, 실행 계획이 감정적으로도 감당 가능한 수준인지 함께 조율해 나가야 한다.

• 6단계: 이혼을 하지 않기로 결정했다면, 부부관계를 개선하기 위해 두 사람이 함께 노력해야 하며, 바람직한 관계를 만들어가기 위한 적극적이고 구체적인 행동을 실천하는 것이 중요하다. 반면, 이혼을 결정한 경우에는 그 결정을 어떤 상황에서, 어떻게 주변 사람들에게 알릴 것인지에 대한 계획이 필요하다. 특히, 배우자나 가족들의 부정적인 반응에 대한 심리적 불안감, 회의, 죄책감, 두려움 등은 이혼 결정을 흔들리게 만들 수 있으므로, 이러한 감정들을 인식하고 잘 다루는 것이 중요하다. 또한, 이혼을 선택할 때, 다양한 대안들을 함께 고려해 보고, 각 대안의 장점과 단점을 신중하게 검토하며 충분한 대화를 통해 방향을 설정해 나가는 것이 바람직하다. "그래도 이게 내 인생에서 필요한 선택이라는 건 확실해요. 다만, 상처 주지 않고 말하고 싶은데 그게 너무 어렵네요." 이 시점에서 상담자는 내담자의 결정을 지지하면서, 이별이 상처가 아닌 '정리된 관계의 마무리'가 되도록 심리적 준비를 함께 조율해가는 역할을 하게 된다.

상담자는 내담자가 이혼이라는 중요한 결정을 내리는 과정에서 여러 단계를 거쳐 해결 방안을 모색할 때, 부부가 함께 참여하는 것이 중요하다는 점을 설명한다. 상담을 통해 서로에 대한 부정적인 감정을 극복하고, 이별에 대한 불안을 완화하며 결혼 파탄에 대한 각자의 책임을 인식하도록 하는 것이 바람직하다. 또한, 이혼을 갈등과 대립 없이 진행하고, 서로를 용서하며 건설적으로 이별할 수 있도록 지원하는 과정도 필요하다. 상담자는 이러한 과정이 정상적이고 발달적인 과정임을 내담자가 이해하도록 돕는다, 아울러, 심리적, 정서적 상처를 최소화하고, 내담자가 보다 건강한 방식으로 이혼을 준비할 수 있도록 지원해야 한다.

3) 이혼 후 상담

이혼은 오랜 시간에 걸쳐 개인의 일상생활에 큰 변화를 초래하며, 가족과의 친밀한 관계를 상실하는 경험을 포함하고, 자녀 문제를 비롯한 사회적 인간관계 문제와도 복잡하게 연결되어 있다. 따라서 이혼 후에는 불행한 결혼생활의 굴레에서 해방될 수 있지만, 그 영향에서 완전히 자유로워지기는 어렵다.

이혼외상(Divorce Trauma)

이혼 후 당사자에게 미치는 가장 큰 영향은 이혼 외상(Divorce Trauma)으로 인한 심리적 상처이다. 이러한 이혼 외상은 가정적, 사회적, 경제적 문제뿐만 아니라 자녀 문제 등 다양한 형태로 나타날 수 있다(이승하, 2006).

- **사회적 고통:** 이혼 후 친구들 및 주변 사람들과의 관계에서 거리감이 생기거나, 사회적 지지를 받지 못한다고 느끼면서 사회적 관계망의 축소와 고립감을 경험할 수 있다. 더불어 이혼에 대한 고정관념과 편견으로 인해 부정적인 시선을 마주하게 되거나, 사회적 규범의 부재나 혼란 속에서 정체성의 변화를 겪을 수 있다. 이러한 요인들은 이혼 후 개인의 사회적 위치와 정체성에 영향을 미칠 수 있다.
- **경제적 고통:** 이혼 후 경제적 독립이 필요하지만, 충분한 경제적 자원이나 뚜렷한

직업기술이 부족할 경우 재정적 부담이 커질 수 있다. 이로 인해 생활 수준이 낮아질 가능성이 있으며, 이를 극복하는 과정에서 두려움과 모욕감, 변화된 상황에 대한 심리적 부담을 느낄 수 있다. 또한, 생계부양자로서의 책임이 가중되면서 경제적 스트레스가 더욱 심화 될 수 있다.

• **자녀들에 대한 고통:** 자녀에게 미칠 영향을 걱정하면서 부모로서의 책임 의식은 가지고 있지만, 실제로 자녀와의 왕래는 거의 없고 자녀에 대한 관심과 걱정만을 갖고 있는 경우가 있을 수 있다. 이러한 상황은 부모로서의 역할을 제대로 수행하지 못하고 있다는 느낌을 줄 수 있으며, 자녀와의 정서적 연결이 점차 약화될 우려가 있다.

• **정서적 고통:** 이혼 과정에서 불안, 우울, 실패감, 화, 공허함 등 다양한 부정적 감정을 경험할 수 있다. 동시에 해방감, 외로움, 죄책감, 아쉬움 등 감정 등이 생기기도 한다. 이러한 복합적이고 상반된 감정의 변화는 심리적인 불안정성을 초래할 수 있으며, 정서적으로 회복되기까지 상당한 시간이 필요할 수 있다.

이혼 후 상담의 내용

이혼은 단순한 법적 절차를 넘어 개인의 삶 전반에 걸쳐 영향을 미치며, 이혼으로 인한 정서적 고통과 외상은 이혼 후에도 지속될 수 있다. 따라서 이혼의 상처를 치유하고 심리적 회복을 돕기 위한 상담 방법에 대해 살펴보고자 한다.

이혼은 법적 절차로만 끝나는 일이 아니다. 그것은 한 개인의 정체성과 감정, 관계망 전반을 흔드는 사건이며, 그 여파는 이혼 이후에도 정서적 외상과 상실로 남아 오래 지속된다. 따라서 이혼 후 상담은 단지 이혼 상황을 정리하는 것이 아니라, 내담자가 상처를 돌보고 삶을 재구성할 수 있도록 돕는 회복의 과정이 되어야 한다.

1) 홀로서기

이혼을 현실로 받아들이고, 이제는 '함께'가 아닌 '나'의 삶을 다시 그려나가는 출발점이 바로 홀로서기다. 이 과정에서 내담자는 이혼으로 인한 분노, 후회, 상실감 같은 복합적인 감정을 정리하고, 자기 성찰을 통해 자신에 대한 신뢰를 다시 세워나가야 한다. 상담자는 내담자가 "혼자서도 잘 살아갈 수 있을까요?"라고 조심스레 묻는 순간을 기다리며, 그 질문 속에 담긴 두려움과 가능성을 함께 꺼내본다.

2) 자립 방안 마련

경제적, 사회적으로 자립하는 것은 이혼 후 삶의 안정에 매우 중요한 부분이다. 내담자가 자신의 적성, 기술, 욕구를 탐색하면서 새로운 일이나 직업을 모색하도록 돕는 과정이 필요하다. 이를 위해 상담자는 구체적인 정보와 현실적인 계획을 함께 세우고, 내담자가 '이제는 나도 내 인생을 다시 책임질 수 있다.'는 내적 확신을 가질 수 있도록 지지한다.

3) 이혼자의 심리적 특징 이해

이혼을 겪은 사람들은 초기에 그 사실을 인정하기를 거부하거나, 주변 사람들에게 분노를 표출하고, 자신을 둘러싼 상황에 대해 감정적으로 과민해지기 쉽다. "왜 나만 이렇게 무너져야 하는지 모르겠어요. 다들 쉽게 잊으라고만 해요." 내담자는 감정적으로 압도된 상태에서 이해받지 못한다는 외로움까지 겹쳐 경험하게 된다. 어떤 이들은 헤어진 배우자와 다시 관계를 회복하려는 시도를 하기도 하며, 외로움과 죄책감, 자긍심 상실, 미래에 대한 불안에 휩싸이기도 한다. 그러나 이러한 감정의 격류를 지나면서 조금씩 자기 성찰의 시간이 시작된다. 이 시기를 잘 지지받으며 지나간다면, 내담자는 상처를 넘어서 자신을 이해하고 성장하는 가능성을 발견할 수 있다.

4) 양육문제 극복하기

이혼 후 자녀와의 관계는 내담자에게 가장 민감하고 중요한 부분이 될 수 있다. 자녀에게 부모의 이혼 이유와 이후 변화에 대해 연령에 맞게 설명해 주는 것은 물론, 자녀가 혼란이나 자기비난에 빠지지 않도록 돕는 것이 상담자의 역할이다. "아이한테 뭐라고 말해야 할지 모르겠어요. 혹시 저를 미워하게 되지는 않을까요?" 이처럼 부모 자신이 먼저 불안에 빠질 수 있는 만큼, 상담자는 자녀에게 신뢰감 있게 설명할 수 있도록 부모를 정서적으로 지지하고 준비시키는 과정이 필요하다. 자녀가 부모의 갈등으로 인해 관계와 신뢰에 상처 입지 않도록, 부모가 성숙하고 일관된 태도를 유지할 수 있도록 상담을 통해 조율한다.

5) 가족관계의 지지

이혼 후 내담자가 가장 필요로 하는 것 중 하나는 '지지받고 있다는 감각'이다. 가까운 친구, 가족, 형제자매와의 관계는 내담자가 다시 삶을 일으켜 세울 수 있도록 하는 정서적 자원이 된다. 상담자는 내담자 스스로도 이러한 관계의 소중함을 인식하고, 필요할 때 도움을 요청하는 것이 약함이 아니라 용기임을 경험하도록 돕는다. "괜찮다고 말하고 있었지만, 사실은 누군가에게 기대고 싶었어요." 이런 내담자의 속마음이 나오는 순간, 상담은 한 걸음 더 깊이 들어간다. 그 말 뒤에 숨은 외로움과 회복 욕구를 함께 꺼내고, 지지 관계망을 다시 연결하는 작업이 중요하다.

이혼 후의 상담은 단절된 관계의 정리를 넘어, 개인이 다시 자기 삶의 주인이 되는 길을 함께 걷는 여정이다. 상담자는 이혼을 상실로만 보지 않도록 안내하며, 그 경험이 오히려 삶의 새로운 전환점이 될 수 있다는 믿음을 내담자와 함께 회복해 나가야 한다. 이혼 후의 삶에 얼마나 잘 적응하는가는 외부 환경보다, 그 경험을 어떻게 해석하고 수용하느냐에 달려 있다. 결국 이혼 후 상담의 목적은 내담자가 자기 삶의 중심에 다시 서고, 이전보다 더 단단한 자기 자신으로 성장할 수 있도록 심리적 자원을 회복하고 강화하는 데 있다.

외도의 확신 속에서도 쉽게 결정을 내릴 수 없는 여성의 갈등

선영(가명), 45세 주부는 결혼 18년 차다. 겉으로 보기엔 별 탈 없는 중산층 가정처럼 보였고, 고등학생 아들을 둔 평범한 엄마로 살아왔다. 하지만 몇 년 전부터 남편의 태도에 변화가 생기기 시작했다. 예전보다 외모에 유난히 신경을 쓰고, 퇴근 후엔 가끔 늦게 들어오거나 외박을 하기 시작했다. "상갓집 다녀온다.", "회식이 늦어졌다."는 설명을 들을 때면 어딘가 모르게 석연치 않은 기분이 들었지만, 선영은 오랫동안 이를 애써 넘겨왔다. 하지만 어느 날, 남편이 술과 향수 냄새를 동시에 풍기며 새벽에 귀가하는 모습을 본 순간, 선영은 마음속 깊은 곳에서 뭔가 무너지는 소리를 들었다. 평소보다 더 꾸민 옷차림, 전화기를 손에서 놓지 않는 습관, 사소한 질문에도 짜증을 내는 반응…… 선영은 남편이 바람을 피우고 있다는 직감이 점점 확신으로 바뀌었다.

확신을 증명하고 싶은 마음에, 선영은 결국 사설 탐정에게 도움을 요청했다. 죄책감과 수치심이 뒤섞였지만, 더는 애매한 의심만 하고 싶지 않았다. 며칠 후, 탐정으로부터 전달받은 사진에는 남편이 한 여직원과 함께 차를 타고, 모텔로 들어가는 장면이 담겨 있었다. 선영은 손이 떨릴 정도로 분노했고, 그날 밤 남편에게 모든 사실을 들이밀며 이혼을 요구했다. 하지만 남편은 "잘못은 인정하지만, 지금 이혼은 안 된다."며 고등학생 아들을 이유로 들었다. "애가 대학 갈 때까지만 참고 살자.", "이제 끝났으니까 다시 잘해보자."며 회유와 변명을 반복했고, 선영은 그 말들이 더는 진심으로 들리지 않았다. 남편이 여전히 그 관계를 끝내지 않았다는 것을, 말하지 않아도 알 수 있었다.

이혼을 결심한 선영은 법률 상담을 받고 절차를 시작했지만, 현실의 벽은 생각보다 훨씬 높았다. 남편은 아들의 양육권을 주장하며 위자료를 줄 수 없다는 입장을 고수했고, 선영 역시 자신의 삶과 아이의 미래를 놓고 망설이게 되었다. 경제적으로 자립 기반이 약한 상황에서, 아들을 데리고 이혼을 강행하는 것이 맞는 선택인지 혼란스러웠다. 시간이 지날수록 이혼 과정은 지지부진해졌고, 선영은 정신적으로 지쳐갔다. 집안은 냉랭해졌고, 아들은 분위기를 눈치채고 있지만 아무 말 없이 혼자 방에만 틀어박혀 지냈다. 남편은 여전히 집에 드나들며 가장 노릇을 했고, 선영은 그 모습조차 견디기 힘들었다. "가끔은 내가 너무 유난스러운 건가 싶기도 해요. 그냥 참고 살면 되는 걸까…… 근데 그럴수록 내가 나를 잃어가는 것 같아서 더 무서워요." 선영은 지금, 삶의 중요한 결정을 앞두고 있지만, 어느 방향으로도 쉽게 결정을 내리지 못하고 있다.

상담목표

① 이혼의 단계(이혼 전, 이혼 진행 중, 이혼 이후)를 명확히 파악하고, 내담자가 이혼을 할 것인지, 하지 않을 것인지에 대해 올바른 선택을 내릴 수 있도록 돕는다.

② 이혼 전 상담의 경우, 경솔한 결정으로 인한 부작용을 최소화하기 위해 충분한 정보와 조력을 제공하여 신중하고 현명한 결정을 내릴 수 있도록 지원한다.

③ 부부 간의 갈등을 줄이고, 상호 간에 쌓인 분노와 미움 등 심리적 · 정서적 문제를 해소하여 감정적으로 보다 안정적인 상태에서 결정을 내릴 수 있도록 돕는다.

치료적 개입

선영은 남편의 외도를 확신한 후 이혼을 결심했으나, 현실적인 문제로 인해 쉽게 결정을 내리지 못하고 있다. 남편은 이혼을 원하지 않으며, 아들의 양육권과 경제적 문제를 이유로 들어 이혼을 막고 있다. 이에 따라 이혼 과정이 지연되면서 내담자는 심리적으로 지쳐가고 있으며, 현재의 상황이 지속될 경우 심리적 고립과 우울감을 경험할 가능성이 높다. 따라서 상담 초기에는 내담자의 혼란을 수용하고, 감정적 표현을 충분히 허용하며, 상담자가 신뢰할 수 있는 지지자로 자리할 수 있도록 돕는 것이 중요하다. 이후 이혼 여부에 대한 명확한 선택을 할 수 있도록 정보와 상담을 제공하고, 감정적으로 건강한 결정을 내릴 수 있도록 개입해야 한다.

1) 신뢰 관계 형성 및 감정 탐색

이혼을 고민하는 내담자는 결혼 생활에서 겪은 아픔과 상처, 불만 등을 정리되지 않은 감정 속에서 표출할 가능성이 높다. 상담자는 내담자가 자신의 감정을 자유롭게 이야기할 수 있도록 공감적으로 경청하고, 내담자가 혼란스러운 결혼 생활 속에서 무엇이 문제였는지 이해할 수 있도록 돕는다. 내담자의 부부생활, 감정적 갈등, 사고 패턴을 면밀히 파악하고, 이혼을 고려하는 근본적인 이유를 탐색하며, 상담 목표를 분명히 설정한다. 이 과정에서 내담자가 이혼을 선택할 것인지, 관계 개선을 위해 노력할 것인지에 대해 충분히 숙고할 수 있도록 지원한다.

2) 위기의 원인 분석 및 부부관계 평가

결혼 생활에서 발생한 갈등의 근본적인 원인을 파악하고, 위기 극복을 위한 개입 방향을 설정하는 과정이 필요하다. 상담자는 가계도를 탐색하고, 가족치료 이론을 활용하여 내담자의 결혼 생활과 가족 내 역동을 분석하며, 위기 발생의 배경을 깊이 이해할 수 있도록 돕는다. 내담자가 결혼을 선택했던 이유, 현재 이혼을 고민하게 된 계기를 탐색하며, 부부 간 심리검사를 통해 서로의 성격과 관계 패턴을 보다 객관적으로 평가하는 과정이 이루어질 수 있다. 이를 통해 내담자가 단기적인 감정이 아닌 장기적인 시각에서 결혼 생활을 평가하고, 앞으로 나아갈 방향을 신중히 결정할 수 있도록 지원한다.

3) 부부 갈등 분석 및 현실적 문제 검토

부부 간의 구체적인 갈등 상황을 분석하고, 의사소통 방식의 문제를 살펴보는 과정이 필요하다. 남편이 내연 관계를 진정으로 정리했는지, 진심으로 사과하고 관계 회복을 원하고 있는지 등을 객관적으로 탐색하며, 내담자의 감정 상태를 확인한다. 내담자가 여전히 남편에 대한 원망과 분노를 가지고 있는지 점검하고, 이혼을 결정한 경우 현실적인 문제를 검토한다. 이혼을 선택할 경우, 재산 분할, 자녀 양육권, 위자료 문제 등 법적 절차와 실질적인 문제를 정리할 수 있도록 법률적 정보를 제공한다. 또한, 이혼 이후 내담자의 심리적, 경제적 자립 가능성을 평가하고, 현실적으로 감당할 수 있는 부분과 해결해야 할 과제를 정리할 수 있도록 돕는다. 내담자가 여전히 관계 회복을 고려하고 있다면, 이혼과 지속적인 결혼 생활의 장단점을 비교하며 후속 결과를 예측하고, 보다 신중한 결정을 내릴 수 있도록 지원한다.

4) 관계 회복 및 감정 조절 전략

내담자가 이혼을 선택하지 않는 경우, 부부 관계를 개선하기 위한 실질적인 노력과 행동 계획을 세우는 과정이 필요하다. 상담자는 부부 간의 관계 회복을 위한 구체적인 목표를 설정하고, 내담자가 바람직한 부부 관계를 어떻게 설정할 것인지 탐색할 수 있도록 돕는다. 남편을 용서하고 관계를 회복하고자 한다면, 용서의 과정에서 필요한 감정 조절 기술을 학습하고, 부정적인 감정에서 벗어나도록 돕는다. 이 과정에서 남편도 상담에 참여할 수 있도록 조정하며, 갈등을 패배로 인식하지 않고, 보다 건강한 관계로 나아갈 수 있도록 돕는다. 내담자가 이혼을 결정한 경우에도, 이혼을 패배가 아닌 새로운 삶의 시작으로 인식하도록 돕고, 감정적으로 건강하게 이별을 준비할 수 있도록 지원한다.

5) 상담 종결 및 미래 대비

이혼을 결정하든, 결혼 생활을 유지하든, 상담을 종결하는 과정에서는 내담자가 상담 없이도 독립적으로 건강한 관계를 유지할 수 있도록 돕는 것이 중요하다. 상담자는 내담자가 이혼 이후에도 감정적으로 안정될 수 있도록 심리적 독립을 지원하며, 자녀가 이혼으로 인해 정서적인 상처를 받지 않도록 부모 역할을 지속할 수 있도록 안내한다. 또한, 이혼 후 경제적, 사회적 적응을 위한 현실적인 계획을 세우고, 필요할 경우 관련 기관과 연계하여 지속적인 지원을 받을 수 있도록 돕는다. 상담자는 내담자가 이혼 과정에서 받은 심리적 상처를 치유하고, 새로운 환경에서 독립적인 삶을 주체적으로 영위할 수 있도록 돕는 것이 중요하다. 이를 위해 상담 이후에도 지속적으로 감정 조절과 대인 관계를 유지할 수 있도록 사회적 지원 체계를 마련하고, 새로운 목표를 설정하며 건강한 삶을 추구할 수 있도록 지원한다.

종합적으로, 본 상담의 치료적 개입은 내담자가 이혼 여부를 신중하게 결정할 수 있도록 돕는 것을 목표로 하며, 이 과정에서 감정적인 혼란을 최소화하고, 현실적인 문제를 해결할 수 있도록 지원하는 방향으로 진행된다. 상담자는 내담자가 결혼 생활과 이혼의 현실을 균형 있게 바라볼 수 있도록 돕고, 신중한 결정 과정을 거칠 수 있도록 안내해야 한다.

이혼을 선택한 경우에는 감정적인 상처를 치유하고, 새로운 환경에서 독립적인 삶을 주체적으로 살아갈 수 있도록 지원해야 한다. 반대로, 관계 회복을 선택한 경우에는 건강한 부부관계를 구축할 수 있도록 소통 방식과 감정 조절을 강화하는 방향으로 상담이 이루어져야 한다. 이혼 여부와 관계없이, 내담자가 자기 자신을 잃지 않고 주체적인 삶을 살아갈 수 있도록 심리적·사회적 지원 체계를 마련하는 것이 상담자의 중요한 역할이다.

12장 노인 상담

① 노년기의 특징과 위기 요인

노년기는 인생의 마지막 단계이자, 삶을 되돌아보고 마무리를 준비하는 시기다. 오랜 삶의 경험은 지혜와 통찰을 선사하지만, 동시에 신체적·정서적·사회적 변화로 인해 다양한 위기와 상실을 겪게 된다. 상담자는 이러한 특성을 깊이 이해하고, 노인이 직면한 위기 상황에 민감하게 반응할 수 있어야 한다.

노년기의 신체적·심리사회적 특징

노년기는 신체 기능이 자연스럽게 저하되는 시기로, 시력과 청력, 근력, 관절 유연성, 소화 기능 등이 약해지고 만성질환과 약물 복용이 늘어난다. 감각 기능의 감퇴는 일상생활의 제약뿐 아니라 자율성과 자기효능감의 저하로 이어지며, 이는 심리적 위축과 우울감을 유발하기도 한다. 신체적 변화에 따른 상실감은 사회적 위축으로도 연결되며, 은퇴나 배우자의 사별, 친구나 가족과의 이별은 고립감을 심화시킨다. 에릭슨은 이 시기를 '통합감 대 절망감'의 단계로 보았으며, 삶에 대한 회고를 통해 만족과 의미를 느끼면 통합감을 갖게 되지만, 반대로 후회와 미련이 크면 절망에 빠질 수 있다. 노년기의 핵심 과제는 죽음을 현실적으로 인식하면서도 남은 삶에 의미를 부여하고, 자신만의 방식으로 관계를 정리하며 삶을 마무리하는 것이다. 따라서 상담자는 노인이 자신의 삶을 주체적으로 되돌아보고, 새로운 시선으로 통합하며, 내면의 평화를 찾아갈 수 있도록 지지하는 태도를 가져야 한다.

노년기의 다양한 위기 요인

평균수명이 길어지면서 노년기는 단순히 생의 마무리라기보다 하나의 긴 삶의 단계가 되었다. 하지만 이로 인해 다양한 위기와 맞닥뜨리는 경우도 많다.

1) 경제력 상실과 빈곤: 삶의 기반이 흔들릴 때

삶의 후반부에 접어든 많은 노인들은 경제적 안정 속에서 평온한 노후를 기대하지만, 현실은 기대와 다르게 흘러간다. 은퇴 후 고정 수입은 줄고, 의료비와 생활비는 오히려 증가하면서 경제적 어려움에 직면하는 경우가 많다. 배우자의 사망, 자녀의 독립, 사업 실패 등은 경제적 기반을 흔들며 빈곤의 위험을 높인다. 경제적 상실은 단순히 돈의 문제가 아니라 자존감 저하와 사회적 고립, 심리적 위축으로 이어질 수 있다. 노년기 빈곤은 숫자가 아닌, 한 사람의 삶을 깊이 흔드는 실질적 위기다.

오랜 세월 열심히 일하며 가족을 부양했던 김 씨(78세)는 은퇴 후 연금이 부족하다는 사실을 깨닫고 당황했다. 그는 이전에는 한 번도 고민해보지 않았던 식비 절약과 난방비 조절 같은 문제를 매일 마주해야 했다.

2) 사회적 고립과 소외: 관계의 끈이 느슨해질 때

노년기에 접어들면 은퇴, 배우자나 친구의 사망, 자녀의 독립 등으로 사회적 관계가 점차 줄어든다. 빠르게 변하는 디지털 환경과 신체적 제약은 사회 참여를 더욱 어렵게 만들고, 이는 외로움과 소외감을 심화시킨다. 사회적 고립은 단순한 물리적 거리보다 '나는 더 이상 이 사회에 속하지 않는다.'는 심리적 단절로 나타난다. 정서적 유대가 약해지면 가족이나 이웃이 가까이 있어도 외로움은 줄어들지 않는다. 이러한 고립감은 우울증이나 건강 악화로 이어지기도 한다. 노년기의 고립은 관계의 단절을 넘어 존재의 외면으로 경험된다.

평생 농사를 지으며 마을에서 활발히 활동했던 이 씨(82세)는 아들 가족이 도시로 이사한 후 홀로 남게 되었다. 그는 마을 모임에도 나가지 않고 집에 머무는 시간이 늘어나면서 점차 우울감을 느꼈다.

3) 실존적 불안과 절망감: 삶의 끝자락에서 마주하는 질문

노년기는 삶의 의미와 죽음에 대한 깊은 질문이 떠오르는 시기다. '나는 무엇을 위해 살아왔는가.', '내 삶은 어떤 의미였는가.'와 같은 실존적 고민은 불안과 절망으로 이어질 수 있다. 신체적 쇠약, 가까운 이들의 죽음, 경제적 어려움은 이러한 감정을 더욱 증폭시킨다. 이는 단순한 우울감이 아니라 존재의 본질을 마주하는 심리적 위기다. 실존적 불안은 누구나 겪을 수 있는 자연스러운 감정이지만, 노년기에는 그 강도가 깊고 뚜렷해진다. 때로는 삶의 의욕을 잃게 만들며, 내면의 고립감으로 이어지기도 한다.

오랜 기간 교사로 일했던 박 씨(63세)는 은퇴 후 자신이 더 이상 사회에 기여할 수 없다는 생각에 깊은 절망감을 느꼈다. 그는 '내 삶이 정말 가치 있었던 걸까?'라는 질문으로 밤잠을 설쳤다.

4) 우울과 무기력: 마음의 짐이 무거워질 때

삶의 황혼기에 이르러 많은 노인들은 우울과 무기력을 경험한다. 이는 단순한 기분 저하가 아니라 삶의 의욕을 잃고 일상조차 감당하기 어려운 상태다. 배우자의 죽음, 신체 쇠약, 역할 상실 등은 감정을 더욱 깊게 만든다. 특히 노인 우울증은 흔히 노화의 일부로 오해되지만, 적극적인 개입이 필요한 심리적 위기다. 우울과 무기력은 삶의 의미를 잃은 내면의 갈등을 반영하며, 정서적 고립을 심화시킨다.

평생 가정을 돌보며 바쁘게 살아온 이 씨(79세)는 자녀들이 독립하고 배우자를 잃은 뒤 하루 종일 침대에 누워 있는 시간이 많아졌다.

5) 역할의 상실: 내가 누구인지 잃어버릴 때

노년기에 들어서면 부모, 직장인, 지역사회 구성원으로서의 역할이 자연스럽게 줄어들면서 정체성의 혼란을 겪게 된다. '나는 더 이상 필요하지 않은 존재인가?'라는 생각은 깊은 상실감과 우울로 이어질 수 있다. 역할 상실은 단순한 지위 변화가 아니라, 삶의 의미를 다시 묻는 내면의 위기로 작용한다.

오랜 시간 동안 자신의 역할에 충실했던 회사원으로 일했던 김 씨(61세)는 은퇴 후 자신이 더 이상 필요하지 않다는 생각에 우울감을 느꼈다.

6) 건강 악화와 치매: 몸과 마음이 나를 떠날 때

건강 악화와 치매는 노년기에 많은 이들이 직면하는 가장 두려운 문제 중 하나다. 관절염, 고혈압, 당뇨와 같은 만성질환은 일상생활의 작은 부분까지 영향을 미치며, 점차 자립적인 삶, 품위 있는 삶을 어렵게 만든다. 치매는 특히 기억과 정체성을 잃는다는 심리적 공포를 가져오며, 가족과의 관계에도 큰 영향을 미친다.

박 씨(80세)는 치매 초기 증상을 느끼며 불안감에 휩싸였다. 그는 최근 자주 물건을 잃어버리고 약속을 깜빡하는 일이 늘어났는데, 이러한 변화가 단순한 건망증이 아니라는 것을 깨닫고 충격을 받았다. 혹시라도 자신이 치매에 걸려 자식들에게 버려질까 봐 불안해지고 우울감이 심화되었다.

7) 학대와 황혼이혼: 가장 가까운 관계에서 오는 상처

노년기의 학대와 황혼이혼은 가장 가까운 관계에서 오는 깊은 상처로, 노인의 삶에 심각한 영향을 미친다. 배우자나 자녀로부터의 신체적 · 정서적 학대는 존엄성을 훼손하고, 경제적 착취나 무시는 존재 가치를 부정당하는 경험으로 이어진다. 황혼이혼은 오랜 관계의 단절로 외로움과 심리적 충격을 남기며, 이혼 후의 경제적 불안과 고립감은 삶의 균형을 무너뜨릴 수 있다. 특히 많은 노인들이 도움을 요청하지 못한 채 고통을 감추고 살아가기에, 그 상처는 더욱 깊다.

정 씨(72세)는 배우자로부터 수십 년간 폭언과 무시를 당하며 살아왔다. 배우자는 경제적 의존을 이용해 정 씨를 통제했고, 정 씨는 자신의 의견을 말할 기회조차 얻지 못했다.

결국 정 씨는 황혼이혼을 선택했지만, 이 과정에서 깊은 상실감을 경험했다

8) 고독사: 홀로 맞이하는 마지막 순간

고독사는 가족, 친구, 이웃과의 관계가 단절된 채 홀로 생을 마감하는 현상으로, 노년기에 특히 위협이 된다. 이는 단순한 죽음을 넘어 '누군가 나를 기억해줄까.'라는 깊은 외로움과 심리적 단절감을 반영한다. 개인주의 확산과 사회적 지지망의 약화는 노인의 고립을 심화시키며, 경제적 어려움과 건강 악화는 외부와의 연결을 더욱 어렵게 만든다. 고독사는 삶의 마지막 순간에 남겨진 가장 깊은 상처이며, 때로는 오랜 시간 발견되지 않아 더 큰 충격을 남긴다.

김 씨(81세)는 배우자를 잃은 후 자녀들과 점점 연락이 줄어들었고, 마을에서도 사람들과 교류하지 않으며 홀로 지내기 시작했다. 그는 하루 종일 집 안에서 TV만 켜놓은 채 시간을 보내며 외부와의 연결을 완전히 끊었다. 몇 주 동안 김 씨의 집에서 인기척이 없고 악취가 발생했다. 이웃 주민이 방문했지만 이미 김 씨는 세상을 떠난 뒤였다. 그의 죽음은 주변 사람들에게 큰 충격을 주었다.

노인학대의 위기 요인

노인학대는 신체적 · 정서적 · 경제적 · 성적 폭력뿐 아니라 방임과 자기방임까지 포함하는 심각한 사회 문제로, 반복적이고 복합적인 양상으로 나타난다. 주로 가족이나 시설 내에서 발생하며, 피해자와 가해자의 친밀한 관계로 인해 외부 개입이 어렵고 은폐되는 경우가 많다. 특히 피해 노인은 가족 문제라는 인식이나 처벌에 대한 두려움으로 학대를 숨기고 참고 지내는 일이 많다. 「노인복지법」 제1조의2 제4호에서는 이러한 학대를 신체적 · 정신적 폭력뿐 아니라 경제적 착취, 방임, 자기방임까지 포함하는 것으로 정의하고 있다. 노인학대는 피해자의 존엄성과 자율성을 침해하며, 반복될수록 삶의 의미와 생존 의지를 잃게 만들 수 있다. 학대 상황에 놓인 노인은 도움을 요청하지 못하고 고립되는 경우가 많아, 심리적 위축과 우울, 무기력으로 이어질 수 있다. 따라서 노인학대는 단순한 개인 문제를 넘어 사회 전체의 관심과 개입이 필요한 복합적 위기 상황이다.

- **신체적 학대:** 물리적 힘이나 도구를 사용하여 신체적 손상, 고통, 장애를 유발하는 행위. 폭행, 방치, 강압적 제지뿐 아니라 성적 수치심 유발, 성추행, 성폭력 등 노인의 의사에 반하는 강제적 행위
- **정서적 학대:** 무시, 욕설, 위협, 비난, 모욕 등 언어적·비언어적 행위를 통해 노인에게 정신적 고통을 주는 행위
- **경제적 학대:** 노인의 재산이나 연금을 부당하게 착취하거나, 보상 없이 노동을 강요하는 등 경제적 의사결정 능력을 침해하는 행위. 노인의 동의 없이 재산을 관리하거나 사용하는 것
- **방임:** 보호자가 노인의 기본적인 의식주, 의료, 위생 등을 적절히 제공하지 않고 방치하는 행위. 치매나 질병 등으로 도움이 필요한 노인을 무관심하게 내버려 두는 행위
- **자기방임:** 노인이 자신의 건강, 안전, 위생을 스스로 돌보지 않거나 방치하는 상태로, 신체적·정신적 기능 저하로 인해 스스로를 보호하지 못하는 행위

노인 자살의 위기요인

노년기 자살은 충동적인 선택이라기보다, 오랜 시간 누적된 상실감과 삶의 무의미감 속에서 나타나는 신중하고 계획적인 결정인 경우가 많다. 특히 한국은 OECD 국가 중 노인 자살률이 가장 높은 나라로, 이는 노년기에 경제적, 신체적, 정서적 위기가 복합적으로 작용하고 있음을 보여준다. 노인의 자살은 다양한 요인이 중첩된 결과이며, 대표적으로 반복되는 상실과 사회적 고립, 역할 상실로 인한 존재감 상실 등이 주요 원인이다. 특히 남성 노인은 은퇴 이후 정체성 혼란과 고립으로 자살 위험이 더 높아진다. 삶을 마무리하려는 결정은 단순한 위기가 아닌, 삶 전체를 돌아보고 의미를 회복하려는 내면의 과정으로 이해되어야 한다. 따라서 노인의 자살을 예방하기 위해서는 존재 그 자체의 가치를 인정하고, 일상 속에서 정서적 만족과 사회적 연결을 느낄 수 있도록 심리적 지지와 사회적 연대가 함께 이루어져야 한다. 노년기 자살의 위기요인은 다음과 같다.

- 경제적 어려움: 연금 부족, 의료비 부담, 생활비 부족 등으로 인해 노인들은 경제적 압박을 느끼거나, 가족에게 의존해야 할 때 자신을 '짐'으로 여기며 자존감을 잃는 경우가 많음
- 건강 악화: 만성질환, 통증, 신체적 쇠약으로 삶의 질이 저하됨. 움직임의 제한이나 자립 생활의 어려움은 좌절감을 낳고, 더 이상 독립적으로 살 수 없다는 현실은 삶에 대한 기대를 꺾음
- 사회적 고립: 배우자나 친구의 사망, 자녀의 독립 등으로 인해 사회적 관계망이 약화되면서 외로움과 소외감을 경험함. 특히 가족과의 연락 단절이나 지역사회에서의 고립은 자살 위험을 높이는 요인이 됨
- 심리적 문제: 우울증과 불안은 노년기 자살의 가장 강력한 예측 요인이 됨. 그러나 많은 노인들이 자신의 감정을 표현하지 않아 우울이 드러나지 않으며, 치료받지 못한 채 방치되기 쉬움
- 삶의 무의미감: 은퇴 후 역할 상실, 사회적 기여 부족, 존재 가치에 대한 의문은 '더 이상 쓸모없는 존재'라는 인식을 강화시킴. 이는 자존감 저하와 함께 삶에 대한 회의로 이어지며, 극단적 선택을 유발할 수 있음

② 노인 상담의 내용과 기법

노인 상담은 삶 전반의 위기를 이해하고 지원하는 통합적 접근이 필요하다. 상담자는 현실적 어려움을 조율하며 남은 삶을 의미 있게 정리하도록 돕고, 복지 자원과 연계해 실질적인 지지와 도움을 제공해야 한다.

노인 상담의 주요 내용

1) 경제적 상담

노년기의 경제 문제는 단지 소득의 부족만이 아니라 자존감, 삶의 의미, 생활의 지속 가능성과 깊이 연결되어 있다. 퇴직 후 정기적인 수입이 끊기고, 자녀에게 의존하거나 기초연금, 국민연금 등 복지제도에 의지하게 되는 상황은 자칫 '쓸모없는 존재'라는 인식으로 이어져 심리적 위축을 초래할 수 있다. 따라서 상담자는 노인의 경제 상황을 정서적으로만 공감할 것이 아니라, 현실적인 생계 상황을 파악하고 필요한 제도를 안내할 수

있어야 한다. 예를 들어, 기초생활보장제도(생계급여, 의료급여 등)는 주소지 주민센터에서 신청 가능하며, 소득·재산 조사를 거쳐 수급 여부가 결정된다. 기초연금은 만 65세 이상 소득 하위 70% 노인을 대상으로 하며, 신청은 국민연금공단 지사나 주민센터를 통해 가능하다. 긴급복지지원제도는 실직, 질병, 가정폭력 등으로 갑작스러운 위기 상황에 처했을 때 신청할 수 있으며, 긴급 생계·의료·주거·교육비 등을 지원한다.

이 외에도 각 지자체에는 무료급식소, 노인 일자리 지원 사업, 복지관 연계 서비스 등 다양한 지역사회 자원이 있으므로, 상담자는 단순한 정보 제공을 넘어, 해당 기관과의 연결과 신청 절차까지 안내하는 실질적인 중개자 역할을 수행해야 한다. 이를 통해 노인이 다시 생활의 주체로 설 수 있도록 돕는 것이 경제적 상담의 핵심이다.

2) 신체적 건강에 대한 상담

노인은 고혈압, 당뇨, 관절염 등 다양한 만성질환과 함께 근골격계 약화, 심혈관계 변화, 면역기능 및 회복능력 저하를 경험하며, 병원 진료와 약물 복용이 일상화된 경우가 많다. 이러한 신체적 변화는 건강에 대한 과도한 염려와 죽음에 대한 불안, 독립성 상실에 대한 두려움으로 이어지며 심리적 영향을 미친다.

상담자는 노인의 건강 상태를 있는 그대로 존중하면서도, 가능한 자기 돌봄을 실천할 수 있도록 돕는 것이 중요하다. 예를 들어, 보건소에서는 만성질환자를 위한 정기 건강 검진, 혈압·혈당 관리, 건강 상담 서비스 등을 무료로 제공하며, 신청은 거주지 관할 보건소에 전화 또는 방문을 통해 가능하다. 방문건강 관리서비스는 거동이 불편하거나 독거노인인 경우 간호사 등이 직접 가정을 방문해 건강 상태를 점검하고 복약지도, 건강 교육 등을 제공하는 제도이며, 역시 보건소에 신청하면 된다.

또한 노인건강 진단사업이나 지역사회중심재활사업은 의료기관과 연계하여 재활운동이나 물리치료, 운동처방 등을 받을 수 있도록 지원한다. 이러한 공공의료서비스를 적극 활용할 수 있도록 안내하면서, 상담자는 규칙적인 약 복용이나 운동 실천, 식습관 개선 등 일상 속 건강관리의 작은 성취가 노인의 삶에 활력을 불어넣을 수 있도록 지속적인 격려와 지지를 제공해야 한다.

3) 사회적·법률적 상담

　　노인은 복잡한 사회 제도나 법률 정보를 이해하는 데 어려움을 겪는 경우가 많다. 노인복지법, 노인돌봄서비스, 장기요양보험, 노인복지시설 이용 절차 등 기본적인 제도에 대한 정보 부족뿐 아니라, 보이스피싱이나 재산 사기와 같은 법률적 위기 상황에 노출되었을 때 어떻게 대응해야 하는지 모르는 경우도 흔하다. 이러한 상황은 노인을 더욱 불안하게 만들고, 때로는 문제를 방치하거나 감추게 하여 더 큰 피해로 이어질 수 있다.

　　상담자는 노인의 요청에 따라 복지제도를 상세히 설명하고, 실제로 어떤 기관에 어떻게 접근해야 하는지를 구체적으로 안내해야 한다. 예를 들어, 노인돌봄서비스는 주민센터나 지역의 노인맞춤돌봄서비스 수행기관을 통해 신청할 수 있고, 장기요양보험은 국민건강보험공단에 등급신청을 통해 이용 가능하다. 또한 노인복지시설 이용에 대한 상담은 노인복지관이나 주거복지지원센터에서 직접 상담 및 신청 안내를 받을 수 있다. 법률적 문제가 발생했을 경우, 대한법률구조공단(☎132)은 무료 법률상담을 제공하며, 보이스피싱·사기 등 형사 문제는 경찰서 사이버수사팀이나 노인보호전문기관에 신고하고 상담받을 수 있다. 특히 노인 대상 범죄에 취약한 경우, 시·군·구청 노인복지 담당 부서에서 제공하는 예방 교육 및 법률 정보 교육도 활용할 수 있다. 상담자는 이러한 다양한 사·법률적 자원을 잘 알고 있어야 하며, 노인이 실질적인 도움을 받을 수 있도록 구체적인 절차와 연락처를 안내하고, 필요 시 동행까지도 고려하는 조력자로서의 역할을 수행해야 한다.

노인돌봄(노인돌봄서비스)

　　노인돌봄서비스는 일상생활을 혼자서 영위하기 어려운 취약 노인을 대상으로, 안전 확인, 생활 지원, 정서적 지원 등 맞춤형 돌봄을 제공하는 제도이다. 이는 노인복지법 제27조의2에 근거해 국가와 지방자치단체가 독거노인 등에 대해 돌봄 서비스를 제공하도록 명시하고 있다.

　　지원 대상은 65세 이상 노인 중 기초생활수급자, 차상위계층, 기초연금 수급자이며, 독거노인, 조손가정, 고령부부 가구처럼 가족·사회적 돌봄이 부족한 노인을 우선 지원한다. 또한 신체 기능 저하나 인지장애, 우울감 등의 정신적 어려움을 겪는 경우, 고독사나 자살 위험이 높은 노인도 포함된다. 필요에 따라 시장 · 군수 · 구청장이 예외적으로 서비스를 제공할 수도 있다.

신청은 상시 가능하며, 가장 기본적인 절차는 주소지 읍 · 면 · 동 주민센터(행정복지센터)를 직접 방문해 신청서를 제출하는 것이다. 거동이 불편하거나 방문이 어려운 경우에는 전화, 우편, 팩스, 또는 온라인(복지로 www.bokjiro.go.kr)을 통해서도 신청이 가능하다. 온라인 신청은 본인 또는 주민등록상 가구원만 가능하며, 대리 신청 시에는 신청자의 동의가 필요하다. 상담이나 문의는 보건복지상담센터(☎129)를 통해 가능하며, 이곳에서 서비스 자격 조건이나 신청 준비서류 등에 대한 자세한 안내를 받을 수 있다. 신청 후 대상자로 선정되면 생활지원사가 주기적으로 가정을 방문해 안전을 확인하고, 가사 · 활동지원, 말벗 등 정서적 교류, 외부 서비스 연계 등의 돌봄을 제공받게 된다.

상담자는 이 제도가 단순한 '방문'에 그치는 것이 아니라, 노인의 생명과 삶의 질을 유지하는 중요한 사회안전망이라는 점을 인식하고, 필요 시 적극적으로 정보를 제공하고 신청을 돕는 역할을 수행해야 한다.

노인복지시설

노인복지시설은 노인의 다양한 생활 영역을 지원하기 위해 주거, 의료, 여가, 돌봄, 보호 등으로 분류되어 있으며, 노인의 상태와 욕구에 따라 맞춤형으로 이용할 수 있다. 노인주거복지시설은 양로시설, 노인공동생활가정, 노인복지주택 등으로 구성되어 있어, 독립적인 생활은 어렵지만 병원 치료가 필요하지 않은 노인을 위한 안정된 주거 공간을 제공한다. 노인의료복지시설은 노인요양시설이나 요양공동생활가정처럼 의료적 관리가 필요한 노인을 위한 공간으로, 장기요양등급을 받은 경우 이용할 수 있다.

노인여가복지시설로는 노인복지관, 경로당, 노인교실 등이 있으며, 사회적 관계 형성, 여가 활동, 취미생활 등 정서적 건강을 위한 프로그램을 운영한다. 재가노인복지시설은 노인이 거주지에서 생활하면서 돌봄을 받을 수 있도록 돕는 형태로, 방문요양서비스, 주야간보호, 방문목욕, 단기보호 등 다양한 서비스가 있다. 이외에도 노인일자리지원기관은 활동이 가능한 노인의 사회참여와 소득보조를 지원하는 역할을 한다.

특히 노인보호전문기관은 노인학대 예방과 피해 노인의 보호 및 지원을 목적으로 운영되며, 위기 상황 시 즉각적인 개입이 가능하다. 24시간 긴급전화(☎1577-1389)를 통해 신고를 접수하면, 관할 지역 기관에서 즉시 현장조사를 실시하고, 필요 시 의료기관 연계나 전용 쉼터 입소를 지원한다. 학대가 확인될 경우 사례판정을 통해 법적 보호와 복지서비스 연계가 진행되며, 학대 행위자에게는 과태료가 부과되고 재발 방지 교육도 실시된다.

노인학대는 단순한 가족 문제로 여겨지기 쉽지만, 명백한 범죄이며 조속한 개입이 필요하다. 긴급한 경우에는 112(경찰)로 즉시 신고하고, 보건복지콜센터 129 또는 '나비새김(노인지킴이)' 앱을 통해 모바일로도 신고할 수 있다. 앱을 활용하면 학대 장소, 증거 자료(사진, 음성 등)를 첨부해 관할 기관에 자동 접수되며, 24시간 이내 현장조사가 진행된다.

상담자는 이러한 기관의 역할과 절차를 정확히 알고, 노인이 학대받는 상황에 놓였을 때 즉각적으로 보호받을 수 있도록 안내하고 연계하여 노인의 안전과 권리를 지키는 데 핵심적인 실천이다.

노인 상담에서 활용되는 주요 기법

노인 상담에서는 정서적 지지와 자기 이해, 관계 회복, 삶의 의미 재구성을 도울 수 있는 기법이 필요하다. 노인의 언어, 기억, 감정 표현 특성에 맞게 유연하게 접근하며, 죽음이라는 실존적 과제까지 통합할 수 있도록 돕는 과정이어야 한다. 이러한 상담은 공감과 존중을 바탕으로 구성되어야 한다.

1) 의사소통 기법

노인과의 상담에서는 단순한 정보 교환을 넘어, 정서적 공감과 신뢰 관계 형성이 핵심이다. 노인은 자신의 이야기를 천천히 풀어내는 경우가 많기 때문에 경청, 반영, 명료화, 요약 등의 기본 상담 기술을 반복적으로 활용해야 한다. 무엇보다 '기다리는 자세'와 '존중의 태도'가 상담자의 핵심 역량이다.

내담자: "애들이 전화도 없어. 전화하면 바쁘다고 끊으라고 하구. 잘살고 있는지 내가 죽어도 모를 거라구."

상담자: "선생님 말씀을 들으니, 자녀에게 섭섭한 마음도 있으신 거죠?"

내담자: "서운하고 말고, 화가 나서 지난번에는 전화를 확 끊어버렸다니까."

상담자: "혹시 다음에 마음이 좀 진정되셨을 때, 자녀에게 '지난번엔 내가 너무 속상해서 그랬다. 그래도 네 소식은 듣고 싶고, 네가 잘 지내는지만 알려줘도 좋겠다.'고 부드럽게 말씀해보시는 건 어떨까요?"

2) 회상 기법 (Reminiscence Therapy)

회상은 노년기 상담에서 가장 많이 활용되는 기법 중 하나다. 노인이 자신의 삶을 회고하고 중요한 장면을 이야기하는 과정에서, 정서적 안정감과 자기 이해, 삶의 의미 재발견이 가능해진다. 과거의 긍정적인 기억을 떠올리며 자존감을 회복하고, 부정적 경험도 새롭게 재해석함으로써 통합감을 얻을 수 있다.

내담자: "내가 그때 공장에서 매일 밤새고 다음 날 또 일하고 그냥 앞만 보고 갔는데 그때 동료들하고 진짜 친해서 못 하는 말이 없이 지냈는데……."

상담자: "그 시절 공장에서 일하실 때, 힘들었지만 동료들이랑 나눴던 그 고생이 지금도 가장 기억에 남으시는 거군요."

3) 가족조각 기법 (Family Sculpture)

이 기법은 노인이 자신의 가족관계를 공간적으로 표현하면서 관계의 구조와 거리감을 시각화하는 방법이다. 현재 가족과의 갈등이나 소외감을 다루고, 가족 내 역할의 재정립을 통해 상호 이해를 증진시키는 데 유용하다. 특히 노인의 입장에서 자녀와의 거리감, 부부관계의 소외 등을 시각적으로 표현할 수 있어 감정의 흐름을 자연스럽게 이끌어낸다.

노인이 '나', '아들', '며느리' 역할을 종이 인형이나 인형으로 배치하며, "아들은 저기 TV만 보고 있고, 나는 부엌에서 혼자 밥 먹고 있어요.라고 설명함.

4) 문장완성 기법

'나는 지금……', '내가 가장 후회하는 일은……., '내 인생에서 감사한 일은……. 등의 문장을 제시하고 노인이 자유롭게 이어 쓰게 함으로써 내면의 감정, 욕구, 정체성, 미해결 감정을 탐색할 수 있는 기법이다. 비교적 글쓰기에 익숙한 노인에게 적용하면 자기성찰과 표현 능력을 증진시킬 수 있다.

"나는 지금……" → "나는 지금, 이렇게 살아 있는 것만으로도 감사하다. 하지만 아직 며느리에게 미안하다는 말을 못 했다."

5) 심리극

노인의 경험과 감정을 즉흥적으로 연출하며 표현하도록 돕는 기법으로, 억압된 감정을 밖으로 꺼내는 데 효과적이다. 특히 죄책감, 분노, 미련 등으로 얽힌 과거의 관계를 장면화하여 표현함으로써 감정 해소와 자기통찰을 유도할 수 있다. 놀이적 요소가 포함되어 있기 때문에 우울한 정서에서 벗어나는 데도 도움이 된다.

"지금 아들과 다시 만난 상황을 연출해보죠. 아들 역은 제가 할게요. 어르신은 하고 싶은 말을 그대로 말해보세요."

6) 요약·반복 기법

노인은 기억력이나 집중력이 떨어지는 경우가 있기 때문에, 상담 중간중간 요점을 정리하고 반복해서 확인하는 과정이 중요하다. 이 과정을 통해 상담 내용을 명확하게 이해하도록 돕고, 상담자의 공감적 수용이 전달되며, 신뢰감도 증진된다.

"오늘 이야기해주신 걸 제가 다시 정리해볼게요. 외로움도 크고, 자녀에게 직접 마음을 표현하기가 어렵다는 점이셨죠?"

7) 진단 및 사정 기법

치매, 우울증, 인지 기능 저하 등 노인의 정신건강 상태를 객관적으로 파악하기 위해 기본적인 선별검사(MMSE, GDS, K-MMSE 등)와 상담 초기 사정 도구를 활용한다. 이 기법은 상담 계획 수립에 근거를 제공하며, 이후 필요한 전문기관으로의 연계나 가족상담으로 확장될 수 있는 기초 자료가 된다. MMSE 간이치매검사를 통해 최근 기억력 저하를 체크하고, GDS 노인우울척도를 통해 정서 상태를 수치화하여 관찰한다.

8) 동기유발 기법 (Motivational Interviewing)

무기력과 회피, 부정의 방어기제를 보이는 노인에게는 변화에 대한 내적 동기를 끌어내는 접근이 필요하다. 노인의 속도에 맞춰 변화의 이득과 이유를 스스로 말하게 유도하고, 그 가능성을 지지하는 대화 기법이 핵심이다. 특히 건강 관리, 일상 참여, 사회 활동 복귀 등에 효과적으로 활용할 수 있다. 노인 상담은 인생의 황혼기를 맞은 이들이 삶의 의미를 다시 구성하고, 남은 시간을 더 가치 있게 살아갈 수 있도록 돕는 치유의 과정이다. 상담자는 그들의 아픔과 상실을 존중하고, 내면에 남아 있는 회복의 힘을 함께 찾아가는 동반자로서의 역할을 성실히 수행해야 한다.

"최근 건강이 많이 안 좋아졌다고 하셨는데, 그래도 선생님이 스스로 챙기고 싶은 게 있으실까요? 뭐든 괜찮습니다."

③ 죽음준비교육과 웰다잉 프로그램

노년기에는 죽음을 단순한 '끝'이 아니라 삶의 일부로 받아들이고, 남은 시간을 의미 있게 살아가기 위한 죽음준비와 죽음상담이 필요하다. 이를 위해 이 장에서는 죽음준비교육과 웰다잉 프로그램이라는 심리·정서적 개입 방안을 소개하고자 한다. 죽음준비교육은 죽음을 두려움이 아닌 수용의 대상으로 바라보고, 자신의 생애를 돌아보며 삶을 정리하는 과정이다. 생애 회고, 관계 정리, 장례 준비, 유언과 존엄사에 대한 이해, 남겨질 가족에게 전할 메시지 등을 포함한 교육을 통해, 삶의 마지막 순간을 보다 평온하고 의미 있게 맞이하도록 돕는다. 웰다잉 프로그램은 이러한 교육을 기반으로 노인이 정서적, 신체적, 영적으로 준비하며 삶의 마무리를 존엄하게 설계할 수 있도록 지원하는 과정이다. 이 장에서는 그 실질적인 내용과 방향을 다루고자 한다.

죽음의 준비와 죽음 상담

죽음은 인간에게는 모두가 직면해야만 하는 피해 갈 수 없는 과정이다. 특히 노인에게는 누구보다 그 의미가 크게 다가와 심리적 두려움이 존재한다. 죽음에 대한 이야기를 금기시하기 보다 죽음을 준비하고 그에 따른 감정이나 상황을 상담자와 함께 나눌 수 있도록 안전한 공간이 필요하다.

1) 죽음 담의 의미와 필요성

죽음상담은 노인이 자신의 죽음을 준비하거나, 유의미한 타인의 임종을 경험하며 겪는 상실과 슬픔을 회복적으로 다룰 수 있도록 돕는 과정이다. 이는 단순한 위로의 차원을 넘어, 죽음을 통해 삶을 새롭게 해석하고, 남은 시간을 어떻게 살아갈 것인가에 대한 방향을 함께 모색하는 인격적 대화다. 노인은 죽음이라는 단어를 두려워하거나 피하기보다는, 실제로는 죽음에 대해 깊은 성찰과 이야기를 나누고 싶어 하는 경우가 많다. 문제는 사회 전체가 그 이야기를 함께 나눌 수 있는 공간을 충분히 열어주지 않는 데 있다. 상담자는 죽음을 이야기할 수 있는 안전한 대화의 장을 마련함으로써, 노인이 마음속에 담아둔 미완의 감정과 관계, 두려움을 풀어낼 수 있도록 돕는다.

2) 죽음을 앞둔 노인이 경험하는 심리적 상태

죽음을 앞둔 노인은 다양한 심리적 반응을 경험하게 된다. 가장 대표적인 반응 중 하나는 죽음에 대한 불안이다. '어떻게 죽게 될까.', '죽음 이후에는 어떤 일이 벌어질까.'와 같은 불확실성은 두려움으로 이어지며, 이는 삶의 마지막을 준비하는 데 있어 심리적 긴장을 유발한다. 또한, 더 이상 사회적으로 역할을 수행할 수 없다는 인식에서 비롯된 무력감과 무가치감, 즉 자기 존재에 대한 무의미함을 느끼기도 한다. '나는 이제 쓸모없는 존재야.'라는 생각은 자존감 저하로 이어지며 정서적 위축을 동반한다. 자녀, 배우자, 친구 등과의 관계에서 풀지 못한 감정이나 갈등에 대한 후회도 자주 나타난다. 특히 주변의 죽음을 반복적으로 경험하면서 만성적인 상실감과 외로움이 심화되기도 한다. 그러나 이와 같은 과정을 통과하면서 죽음을 점차 받아들이고, 심리적으로 평온함과 수용의 태도에 도달하는 노인들도 있다. 이는 죽음을 준비하고 남은 삶을 의미 있게 정리하려는 내적 노력의 결과라고 볼 수 있다.

죽음 준비교육의 내용과 효과

1) 죽음 준비교육의 목적

죽음 준비교육은 노인이 죽음이라는 실존적 과제 앞에서 스스로를 성찰하고, 남은 삶을 의미 있게 마무리할 수 있도록 돕는 예방적 접근이다. 죽음은 누구에게나 찾아오지만, 준비되지 않은 죽음은 삶의 마지막을 불안과 후회 속에서 맞이하게 할 수 있다. 이 교육은 이러한 불안을 줄이고 죽음을 삶의 일부로 받아들이도록 돕기 위해 필요하다. 죽음 준비교육은 상담과 병행되기도 하며, 개인뿐 아니라 집단 형태로도 운영된다. 특히 요양시설, 복지관, 평생학습기관, 종교기관 등 다양한 장소에서 프로그램 형태로 이루어지고 있다.

2) 죽음 준비교육의 내용

죽음 준비교육은 다음과 같은 내용을 중심으로 구성된다.

- **죽음에 대한 이해:** 죽음은 삶의 일부임을 수용하고, 이를 감정적으로 정리할 수 있도록 돕는다. 질병, 사고, 노쇠 등 죽음의 다양한 형태와 과정을 설명함으로써 불안을 해소한다.
- **존엄한 죽음(Well-dying)의 의미:** 무의미한 연명치료보다 인간다운 마무리, 자율적인 선택, 가족과의 화해와 이별 준비를 강조한다. 삶의 끝에서 스스로의 품위를 지킬 수 있도록 돕는 가치를 전달한다.
- **임종 준비와 돌봄 태도 교육:** 임종을 앞둔 사람과 가족, 보호자가 어떻게 마지막 순간을 준비하고 함께할 수 있을지에 대한 실제적인 지침을 제공한다. '무엇을 말하고, 무엇을 하지 말아야 하는가.', '어떤 신체적·정서적 변화를 겪게 되는가.'에 대한 정보를 함

께 나눈다.

- **죽음 불안 완화**: 자신의 신념 체계나 종교적 세계관에 기반한 죽음에 대한 이해를 공유하고, 감정 표현을 통해 억눌린 두려움을 밖으로 드러낼 수 있도록 한다.
- **죽음 문화 형성의 중요성**: 죽음은 숨기거나 부정할 대상이 아닌, 함께 나누고 준비해야 할 인생의 마지막 장임을 인식하도록 돕는다. 장례문화, 유언장, 유품 정리 등을 미리 계획함으로써 죽음 이후의 삶도 정돈할 수 있다.

3) 죽음 준비교육의 효과

죽음 준비교육은 자신의 삶에 대한 회고를 통해 통합감과 수용을 경험하게 된다. 그러한 경험은 남은 삶을 보다 적극적이고 주체적으로 살아가려는 태도를 갖게 한다. 가족과의 관계에서 감사와 화해를 실천하며 심리적 평안함을 경험하게 된다. 주체적으로 죽음 이후의 절차와 준비를 마무리함으로써 막연한 불안이 완화되며 긍정적인 변화를 가져온다.

웰다잉(Well-Dying) 프로그램

1) 웰다잉(Well-Dying)의 의미

'웰다잉(Well-Dying)'은 삶의 마지막을 품위 있고 의미 있게 마무리하는 과정을 의미한다. 즉, 죽음을 잘 준비한다는 것은 곧 삶을 잘 정리하는 것이며, 이를 통해 남은 시간을 더 충만하게 살아갈 수 있는 기회를 마련한다. 웰다잉은 단순히 죽음을 대비하는 것이 아니라, 지금 이 순간을 어떻게 살아갈 것인가에 대한 깊은 성찰을 포함한다. 이는 후회 없이 삶을 마무리하고, 남겨질 가족과 주변 사람들과의 관계까지도 평화롭게 정리할 수 있도록 돕는 데 중요한 역할을 한다.

2) 웰다잉 프로그램의 필요성과 목적

웰다잉 프로그램은 노인이 삶의 마지막을 보다 평온하고 존엄하게 준비할 수 있도록 돕는 과정이다. 노년기에 흔히 겪는 상실과 건강 저하, 사회적 관계의 단절은 죽음에 대한 불안과 외로움을 더욱 크게 만들며, 이로 인해 삶의 의욕마저 잃기 쉬운 시기다. 이러한 상황에서 웰다잉 프로그램은 죽음을 직면하고 수용하는 경험을 통해 오히려 삶을 다시 바라보는 내면의 힘을 길러주는 역할을 한다.

프로그램은 생애를 돌아보고 정리하는 회고 활동부터, 남겨진 관계를 정돈하고 미처 표현하지 못한 감정을 나누는 과정, 장례 준비와 유언장 작성, 사전연명의료의향서 같은 실제적 계획까지 폭넓게 구성된다. 이처럼 정서적, 신체적, 영적 차원에서 삶을 통합적으로 마무리하도록 안내함으로써, 노인은 마지막 순간을 타인의 손에 맡기는 것이 아니라 스스로 선택하고 준비할 수 있는 주체로 자리매김하게 된다.

죽음을 배우는 자리는 곧 삶을 되새기는 시간이기도 하다. 웰다잉 프로그램은 죽음이라는 주제를 통해 지금 이 순간의 소중함을 일깨우고, 남은 시간을 보다 충실하게 살아갈 수 있는 내면의 전환점을 마련해 준다. 삶의 끝에서야 비로소 자신의 존재를 다시 들여다보게 되는 노년에게, 이 프로그램은 진정한 의미의 '마무리'이자 새로운 '시작'이 될 수 있다.

3) 웰다잉 프로그램의 내용

웰다잉 프로그램은 노인이 삶의 마무리를 존엄하고 평화롭게 준비할 수 있도록 돕는 교육과 체험 중심의 과정으로 구성되며, 다음과 같은 핵심 요소를 포함한다

- **생애 회고와 삶의 의미 찾기**: 자신의 과거를 되돌아보며 중요한 사건, 사람, 기억들을 정리하고 삶의 의미를 재해석하는 과정을 통해 자존감과 정체성을 회복하도록 돕는다.
- **관계 정리와 감정 표현**: 자녀, 배우자, 친구 등 가까운 사람들과의 관계를 정리하고, 남겨진 감정이나 미련을 표현하고 화해하는 시간을 갖는다. 용서와 감사, 사랑의 감정을 전하며 감정의 마무리를 도모한다.
- **자기결정권과 존엄한 죽음 계획**: 연명의료 결정, 사전연명의료의향서 작성, 유언장 준비 등 죽음과 관련된 의사결정을 스스로 내릴 수 있도록 교육하고 지원한다.
- **임종 시 돌봄 준비**: 임종을 앞둔 순간에 겪게 되는 신체적·정서적 변화에 대한 이해와, 가족과 보호자가 함께 준비하고 돌볼 수 있는 실질적인 지침을 안내한다.

• **의미 있는 마무리 활동:** 영상편지, 손편지, 사진첩 만들기, 버킷리스트 작성, 나만의 유품 정리 등 창의적이고 상징적인 방법으로 삶을 정리하고 남은 이들에게 메시지를 남길 수 있도록 돕는다.

4) 웰다잉 프로그램 효과

죽음을 주제로 다루는 일은 쉽지 않지만, 웰다잉 프로그램에 참여한 노인들은 오히려 삶의 방향을 새롭게 바라보는 계기를 갖게 된다. 그동안 말하지 못했던 감정이나 후회를 정리하고, 자신의 생을 돌아보며 남은 시간을 어떻게 살아갈지를 스스로 선택하게 되기 때문이다. 또한, 막연한 두려움으로만 여겨졌던 죽음이 이해와 준비를 통해 통제 가능한 것으로 다가오면서, 심리적 안정과 정서적 평화를 찾는 경우가 많다. 단순히 정보를 전달받는 데 그치지 않고, 연명의료 결정이나 유언장 작성 같은 실제적인 행동을 통해 자기결정권을 회복하는 경험은 노인에게 큰 자존감을 부여한다. 뿐만 아니라, 가족과의 관계를 다시 돌아보고 감사를 표현하거나 이별을 준비하는 과정은 남겨질 이들과의 정서적 연결을 단단히 해주며, 이로 인해 이별의 아픔을 조금 더 온전히 마주할 수 있는 힘을 갖게 된다. 웰다잉 프로그램은 결국 죽음을 준비하는 것이 아니라, 남은 삶을 더욱 온전하게 살아가기 위한 용기와 지혜를 선물하는 시간이다.

사별, 빈곤, 외로움 속에서 살아가는 노인

박영수(가명) 어르신은 올해 일흔둘이다. 5년 전 아내를 암으로 떠나보낸 뒤, 혼자 서울 변두리의 반지하방 한 칸에서 지내고 있다. 자녀가 둘 있지만, 각자 생계가 어려워 생활비 지원은커녕 안부 전화조차 자주 오지 않는다. 요즘은 누가 문을 두드리면 순간적으로 가슴이 철렁 내려앉는다. 혹시나 좋은 소식일까 기대하지만, 대부분 도시락을 배달해 주는 복지사이거나 동네 아이들이 배달한 전단지일 뿐이다. 하루의 시작은 새벽에 일어나 골목을 돌며 폐지를 줍는 일이다. 허리가 아파 천천히 몸을 굽히지만, 습관처럼 끌차를 밀고 다닌다. 동사무소에서 제공하는 무료 도시락과 폐지 수입이 유일한 생활 수단이다. 당뇨병을 앓고 있어 식이 조절이 필요하지만, 먹을 것을 가릴 처지는 아니다. 몸 여기저기가 쑤시고 시큰거리지만 병원에 가는 것도 부담스럽다. 약값도, 교통비도 아깝다는 생각이 먼저 든다.

영수 어르신은 혼자 사는 이 고요한 방에서 가장 두려운 것이 '고독사'다. TV에 나오는 뉴스를 볼 때마다, 냄새가 나서 발견된 어느 노인의 이야기에서 마치 자신의 미래를 보는 것 같아 채널을 돌린다. 아내와 함께 살던 시절이 그립다. 잔소리 많고 까칠했던 아내였지만, 그래도 아내가 살아있을 때는 외롭진 않았다. 혼자 남겨진 이 방은 너무 춥다. 때때로 문득 아내가 그리워지는 밤이면 '그냥 나도 따라가면 속이 편하지 않을까.' 하는 생각이 스쳐 지나간다. 그런 날은 일부러 라디오를 켜 놓고, 불을 환하게 켠 채로 잠을 청하려 애쓴다. 하지만 마음속의 어둠은 조명으로도 가려지지 않는다.

최근 들어 기억력도 부쩍 나빠졌다. 전날 먹은 반찬이 생각나지 않거나, 지인의 이름이 도통 떠오르지 않는 일이 많아졌다. 길을 걷다 보면 내가 어디 가던 길이었는지 헷갈릴 때도 있다. 혹시 치매가 시작되는 건 아닌지, 나중에 자식들한테 폐가 되면 어쩌나 걱정이 밀려온다. 한때는 잘나가는 사업가였다. 40대엔 사무실도 있었고, 직원도 몇 명 있었다. 하지만 IMF 금융위기 당시 부도가 나고, 하루아침에 삶이 무너졌다. 그때 아이들은 너무 어려서 처가에 1년 넘게 맡겨야 했고, 그 일로 아내에게 평생 원망을 들었다. 지금도 그 시절을 떠올리면 가슴 한구석이 무겁다.

아들은 둘이다. 큰아들은 결혼해 멀리 떨어진 곳에 산다. 가끔 명절에 얼굴을 비추긴 하지만, 생활이 빠듯하다며 늘 급하게 일어나 간다. 둘째 아들은 미혼이고, 여러 알바를 전전하며 살고 있다. 한때는 함께 살아보는 걸 생각도 했지만, 서로 말도 줄고 마음이 닫혀 이제는 그런 얘기도 꺼낼 수 없다. "다 내가 못나서 그런 거야." 영수 어르신은 하루에도 몇 번씩 이 말을 입속에서 되뇌곤 한다.

상담목표

① 내담자가 겪고 있는 우울, 불안, 무기력감 등의 심리적 증상을 완화하여 정서적 안정을 도모한다.
② 내담자가 자신의 삶을 돌아보고 의미를 찾으며, 과거의 경험을 통합하여 긍정적인 자아 정체감을 형성할 수 있도록 지원한다.
③ 사회적 지지 체계를 강화하여 고립감을 줄이고, 불안 감소 및 위험 대처 능력을 향상시킨다.
④ 죽음에 대한 준비를 긍정적이고 현실적인 방식으로 수용할 수 있도록 돕는다.

치료적 개입

박영수 어르신은 배우자의 사별 후 극심한 외로움과 경제적 어려움을 경험하고 있으며, 사회적 고립이 심화된 상태다. 온종일 혼자 지내며 가족과의 연락도 거의 없고, 독거노인의 현실에 대한 불안이 지속되면서 자살 사고까지 경험하고 있다. 또한, 신체적 건강이 악화되고 있음에도 의료적 도움을 받지 못하고 있으며, 기억력 저하로 인해 치매에 대한 두려움도 가지고 있다. 이에 따라 상담 초기에는 신뢰 관계를 형성하고 내담자의 심리적 안정을 도모하는 것이 최우선이며, 이후 삶의 의미를 재구성하고 사회적 관계를 회복하는 개입이 필요하다.

1) 신뢰 형성 및 내담자의 심리적 안전 확보

노인 상담에서는 신뢰 관계를 형성하는 것이 무엇보다 중요하다. 내담자가 자신의 삶을 돌이켜보며 위기 상황을 이야기할 수 있도록, 상담자는 공감적이고 비판하지 않는 태도로 경청해야 한다. 상담 초기에는 내담자의 안전을 확인하고, 현재 경험하고 있는 위기의 심각성을 평가하는 것이 필요하다. 내담자가 식사를 규칙적으로 하고 있는지, 경제적으로 얼마나 어려운 상태인지, 자녀와의 연락이 얼마나 단절되어 있는지 확인하고, 필요할 경우 경제적 지원(생활비, 일자리 연계 등)에 대한 정보를 제공한다. 또한, 고독사에 대한 두려움이 강한 경우, 정기적인 방문 상담이나 복지사 연계를 통해 심리적 안정감을 제공해야 한다.

심리적·신체적 기능 평가를 통해 내담자가 겪고 있는 신체적 불편(당뇨, 관절통, 만성질환 등)과 정서적 어려움(우울감, 불안, 무기력감 등)을 구체적으로 파악하고, 필요 시 의료기관 방문을 지원한다. 기억력 저하에 대한 두려움이 있는 경우, 치매 선별 검사를 안내하고 심리적 안정을 도모할 수 있도록 한다.

2) 정서적 지지 제공 및 현실적 지원 체계 구축

배우자 사별 후 혼자 살아가는 과정에서 내담자가 경험하는 감정(그리움, 후회, 외로움 등)을 충분히 표현할 수 있도록 돕는다. 내담자가 감정을 억누르거나 회피하는 경우, 상담자는 적극적으로 정서적 지지를 제공하며, 감정을 자연스럽게 표출할 수 있도록 돕는다. 필요 시 우울증 치료를 위한 정신건강의학과 방문을 권유하고, 내담자가 약물 치료나 심리 치료를 받을 수 있도록 연계한다. 또한, 지속적인 감정적 고통이 있는 경우, 복지관이나 지역사회 자원(노인 심리 상담, 자조 모임 등)과 연계하여 장기적인 지원이 가능하도록 한다.

3) 삶의 회고 및 의미 재구성

노년기에 접어들면서 많은 노인들이 과거의 삶을 돌아보는 과정을 경험한다. 상담자는 노인 상담 기법(회상 기법, 가족 조각 기법, 문장 완성 기법, 심리극 기법 등)을 활용하여 내담자가 자신의 삶을 긍정적으로 재해석할 수 있도록 돕는다. 내담자가 IMF 이후 경제적으로 어려움을 겪으며 가족과의 관계가 소원해진 것에 대해 후회와 자책을 느끼고 있다면, 상담자는 그 당시 상황에서 내담자가 최선을 다했음을 인식하도록 유도한다. 또한, "그래도 내가 잘 살아왔다"는 긍정적인 인식을 가질 수 있도록 돕고, 과거의 경험이 현재의 삶에서 어떤 의미를 가지는지 탐색한다.

내담자가 스스로 의미를 찾을 수 있도록, "살아오면서 가장 보람 있었던 순간은 언제인가요?", "가족에게 어떤 모습으로 기억되고 싶은가요?"와 같은 질문을 활용하여 자기 통합을 도울 수 있다.

4) 사회적 관계 회복 및 대안 탐색

내담자가 사회적 고립에서 벗어나도록 돕기 위해 구체적인 행동 계획을 수립해야 한다. 상담자는 내담자가 복지관, 동네 경로당, 종교 모임 등에서 새로운 인간관계를 형성할 수 있도록 지원하며, 내담자가 사회적 지지망을 형성할 수 있도록 한다. 노년기에는 경제적 어려움과 함께 건강 문제도 중요한 요소이므로, 내담자가 보건소에서 정기적으로 건강 검진을 받을 수 있도록 돕고, 우울증 치료를 위한 약물 복용이 필요할 경우 정기적인 병원 방문 계획을 세울 수 있도록 한다.

또한, 내담자가 혼자서 생활하는 데 불안감을 느낀다면, 동사무소나 복지 기관을 통해 정기 방문 서비스를 신청할 수 있도록 안내하며, 독거노인 안전 확인 서비스를 제공하는 기관과 연계할 수 있도록 한다.

5) 상담 종결 및 지속적인 지지 체계 구축

상담을 종결하는 과정에서는 내담자가 상담 이후에도 독립적으로 생활할 수 있도록 돕는 것이 중요하다. 상담자는 내담자가 스스로 실천할 수 있는 계획을 세우고, 이를 지속적으로 실행할 수 있도록 독려해야 한다.

내담자가 경제적 어려움 속에서도 보다 안정된 생활을 유지할 수 있도록 필요한 지원을 받을 수 있도록 하고, 지역 복지관을 통해 정기적인 모임에 참여할 수 있도록 유도한다. 이별 준비 과정에서는 상담 종료 이후에도 정기적인 지원이 가능하도록, 복지 기관과 연계하여 한 달에 한 번 정기적인 상담을 받을 수 있도록 한다. 내담자가 상담자에 대한 의존성을 줄이고, 스스로 사회적 관계를 형성할 수 있도록 돕는 것이 중요하다.

종합적으로, 본 사례의 치료적 개입은 내담자의 심리적 안정을 확보하는 것을 최우선으로 하며, 이후 삶의 의미를 재구성하고, 사회적 관계를 회복하는 방향으로 진행된다. 상담자는 내담자가 스스로를 가치 있는 존재로 인식하고, 사회적 고립에서 벗어날 수 있도록 다층적인 개입을 설계해야 한다. 이후 상담 과정에서는 내담자가 감정적으로 안정되고, 스스로의 삶을 긍정적으로 평가할 수 있도록 지속적인 지지를 제공하는 것이 중요하다. 또한, 죽음에 대한 불안과 두려움을 현실적으로 수용하고, 노년기의 삶을 보다 의미 있게 살아갈 수 있도록 돕는 것이 상담의 핵심 목표가 되어야 한다.

:: 참고문헌

강진령, 이종연, 유형근, 손현동(2009). 상담자 윤리. 서울: 학지사.

강현주 외(2017). 위기개입의 이론과 실제. 서울: 학지사.

강연욱, 나덕렬, 한설희(1997). 치매 환자에서 한국판 Mini-Mental State Examination (K-MMSE)의 타당도 연구. 대한신경과학회지, 15(2), 300-308.

고혜인, 김성봉(2019). 조절초점과 득실 정보의 상호작용이 아동학대 신고의도에 미치는 효과, 한국사회과학연구, 38(2), 5-41.

고혜인(2020). 아동학대 신고의도 증진 프로그램 개발 및 효과—해석수준, 실행의도, 자기조절초점 이론에 근거—, 박사학위논문, 제주대학교.

권석만(2015). 현대 심리치료와 상담의 이론. 서울: 학지사

권혁진(2014). 비자살적 자해에 영향을 미치는 정서적·인지적 요인의 탐색. 서울대학교 석사학위논문.

김광일, 김재환, 원호택(1984). 간이정신진단검사 실시요강. 서울: 중앙문화사.

김동일, 김은하, 김은향 외(2014). 청소년 상담학 개론. 서울: 학지사.

김동일. (2017). 외상 후 스트레스 장애의 이해와 치료. 서울: 학지사.

김동일, 김형수, 서영석, 박지수, 조아라, 이은아, 최수미, 오혜영, 이동훈(2017). 재난 대응 위기 상담. 한국아동청소년상담학회 편. 서울: 학지사.

김매경(2004). 협의이혼제도 어떻게 바꿀 것인가? 「협의이혼과 상담 공청회」. 서울가정법원 가사소년제도개혁위원회.

김명식(2009). 트라우마 치료와 심리적 응급처치. 서울: 학지사.

김승경, 송영혜, 이승연, 한유정(2014). 가정폭력 피해 청소년 위기개입 매뉴얼 개발.

한국청소년상담복지개발원.

김영화(2012). 학교폭력, 청소년 문제와 정신건강. 도서출판 한울.

김은경(2012). 청소년의 사이버 불링에 영향을 미치는 관련 변인 연구. 박사학위논문. 명지대학교.

김정택(2005). 이혼 상담 제도에서 상담의 기능과 역할. 2005년 10월22일 이혼 상담전문가교육대회.

김정희, 이수정 (2006). 노인 우울증 선별을 위한 단축형 척도의 개발과 검증. 한국심리학회지: 건강, 11(2), 75-89.

김춘경, 이수연, 최웅용, 홍종관(2012). 상담 및 심리치료의 이해. 서울: 학지사

김춘경, 이수연, 이윤주, 정종진, 최웅용(2021). 상담의 이론과 실제. 서울: 학지사

김현아 외 공역(2021). 몸은 기억한다. 서울: 을유문화사.

김현아, 김연희, 최은실 공역(2021). 복합-PTSD 워크북(The Complex PTSD Workbook: A Mind-Body Approach to Regaining Emotional Control and Becoming Whole). Arielle Schwartz & Jim Knipe 공저. 서울: 학지사.

남보라(2008). 한국판 외상후 스트레스 장애: 충격적 경험의 후유증. 서울:학지사.

대한신경과학회(2003). 한국판 Modified Mini-Mental State (K-3MS) Examination의 타당도 연구. 대한신경과학회지, 21(4), 346-352.

법제처. (2023). 아동복지법, 아동학대범죄의 처벌 등에 관한 특례법, 가정폭력처벌법.

보건복지부(2023). 2023년 아동학대 연차보고서.

보건복지부 아동정책과(2024). 2024년 아동보호서비스 업무 매뉴얼.

사법연수원(2024). 2024년도 가정법원 상담위원 연수자료.

서경현. 정성진 역(2022). 상담 및 심리치료 윤리. Gerald Corey 저자(글) Marianne Schneider Corey 저. Cindy Corey 저 서울: 박학사

서준호, 채정호. (2006). 외상 후 스트레스 장애의 치료. 서울: 하나의학사.

송명희, 김선영, 박정은 (2004). 단축형 노인우울척도(K-SGDS)의 타당도 및 신뢰도 연구. 대한노인의학회지, 8(3), 182-190.

신성만 외(2019). 중독 상담학개론. 서울: 학지사.

여성가족부(2020). 가정폭력방지 및 피해자 보호 등에 관한 법률.

여성가족부(2009). 가정폭력피해자 사례관리 매뉴얼 연구보고서.

오승아(2024). 노인 상담. 서울: 양성원.

유옥(2017). 위기 상담. 서울: 정민사.

은헌정, 권태완, 이선미, 김태형, 최말례, 조수진(2005). 한국판 사건충격척도 수정판의 신뢰도 및 타당도 연구. 신경정신의학, 44(3).

이경희, 이경준, 이규은, 유비 저(2024). 사회복지실천기술론. 서울: 동문사.

이남옥(2005). 이혼 상담(하). 서울가정법원 상담위원회 자료집.

이미나, 김경숙, 박정인 (2022). 위기 상담의 이론과 실제. 서울: 동문사.

이승하(2006). 이혼위기 극복을 위한 상담 방법 연구. 상명대학교 대학원 석사학위논문.

장수연, 김수정, 강연욱(2024). K-MMSE~2:SV와 K-MMSE의 항목 특성과 검사 정보 비교. Dementia and Neurocognitive Disorders, 23(3), 117-127.

정여주, 선혜연, 신윤정, 장한소리 역(2020). 상담자 자기돌봄. Gerald Corey, Michelle Muratori, Jude T. Austin , Julius A. Austin 저 서울: 학지사

정원철, 이명희, 박소현, 고영희, 김유경, 노민영(2022). 위기 상담. 서울: 양서원.

정태기(2010). 위기와 상담. 서울: 상담과 치유.

정혜숙(2006). 가정폭력이 자녀에게 미치는 영향. 한국아동복지학, 3(2), 15-35.

제효영 역(2020). 몸은 기억한다(The Body Keeps the Score). Bessel Van Der Kolk 저. 서울: 을유문화사

최수미(2015). 외상사건 후 PTSD 예방을 위한 치료적 개입 및 모델의 동향분석. 상담학연구, 16(3), 537-556.

통계청(2020). 한국의 사회동향 2020. 통계개발원.

한성희(2002). 아동기 외상의 정신과적 개관. 소아청소년정신의학, 13(1), 3-14.

한재은, 정순돌, 김고은(2011), 재난 피해자들의 정신건강 증진을 위한 위기개입모델 비교연구. 한국위기관리논집, 7(3), 49-70.

American Psychiatric Association(2013). Diagnostic and statistical manual disorders, Fifth edition. Washington, DC: Author.

American Psychological Association. (2022). Clinical practice guideline for the treatment of depressive disorders. APA.

Barnett, J. E., Baker, E. K., Elman, N. S., & Schoener, G. R. (2007). In pursuit of wellness: The self-care imperative. Professional Psychology: Research and Practice, 38(6), 603-612.

Beck, A. T. (1987). Cognitive models of depression. Journal of Cognitive therapy: An International Quarterly, 1, 5-37.

Beck, A. T., Kovacs, M., & Weissman, A. (1985). Hopelessness and suicidal behavior: An overview. JAMA Psychiatry, 42(2), 114-119.

Beck, A. T., Rush, A. J., Shaw, B. F., & Emery, G. (1979). Cognitive Therapy of Depression. Guilford Press.

Bohanan, P. (1970). Divorce and After: An Analysis of the Emotional and Social Problems of Divorce. NY: Doubleday.

Bryant, R. A. (2008). Disentangling mild traumatic brain injury and stress reactions. The New England Journal of Medicine, 31, 525-527.

Caplan, G. (1961). An approach to community mental health. New York: Grune & Stratton.

Caplan, G. (1964). Principle of preventive psychiatry. NY: Basic Books.

Collins, D. (1998). Family Therapy: An Introduction to Counseling and Therapy. Brooks/Cole Publishing.

Corey, G., Corey, M. S., & Callanan, P. (2015). Issues and ethics in the helping professions (9th ed.). Brooks/Cole.

Dobson, K. S., & Block, L. (1988). Historical and philosophical bases of the cognitive-behavioral therapies. In K. S. Dobson (Ed.), Handbook of cognitivebehavioral therapies (pp. 3-38). Guilford Press.

Dygregrov, A. (1997), The process in psychological debriefing. Journal of Traumatic Stress, 10, 589-605.

Ehlers, A., & Clark, D. M. (2000). A cognitive model of posttraumatic stress disorder. Behaviour Research and Therapy, 38, 319-345.

Figley, C. R. (1995). Compassion fatigue: Coping with secondary traumatic stress disorder in those who treat the traumatized. Brunner/Mazel.

Freud, S. (1917). Mourning and Melancholia. In Standard Edition of the Complete Psychological Works of Sigmund Freud (Vol. 14).

Freud, S. (1923). The ego and the id. (Standard Edition, Vol. 19).

Gilliland, B. E., & James, R. K. (2000). Crisis intervention strategies (4th ed.). Belmont, CA: Wadsworty/Thomson Learning.

Golan, N. (1978). Treatment in Crisis Situation. NY: The Free Press.

Halpern, H. A. (1973). Crisis Theory: A Definitional Study. Community Mental Health Journal, 9.

Herman, J. L. (1992). Trauma and recovery: The aftermath of violence—from domestic abuse to political terror. New York: Basic Books.

Ho, J. E. Paultre, F., & Mosca, L. (2002). Lifestyle changesin New Yorkers after september 11, 2001(Data from the post-disaster heart attack prevention program). The American Journal of Cadiology, 90, 680-682.

Horowitz, M. J. (2001). Stress response syndromes (4th ed.). Northvale, NJ: Jason Aroson.

James, R. K., & Gilliland, B. E. (2016). Crisis intervention strategies (8th ed.). Belmont, CA: Cengage Learning.

James, R. K., & Gilliland, B. E. (2001). Crisis intervention strategies (4th ed.). Thomson Brooks/Cole Publishing Co.

Joiner, T. E. (2005). Why people die by suicide. Harvard University Press. Kristi Kanel(저). 유영권, 신수정, 임수연 (공역) (2024). 영역별 위기 상담 이해와 활용. 학지사

Levine, P. A. (2010). In an Unspoken Voice: How the Body Releases Trauma and Restores Goodness. North Atlantic Books.

Levin, P. Healing Trauma: A Pioneering Program for Restoring the Wisdom of Your Body. Boulder, CO: Sounds True, 2008.

Lindemann, E. (1944). Symptomatology and management of acute grief. American Journal of Psychiatry, 101(2), 141-148.

Maris, R. W. (2002). Suicide. The Lancet, 360(9329), 319-326.

Miller, A. L., Rathus, J. H., & Linehan, M. M. (2007). Dialectical Behavior Therapy with Suicidal Adolescents. New York: Guilford Press.

Nock M. K. (2010). Self-injury. Annual Review of Clinical Psychology, 6, 339-363.

Ogden, P., Minton, K., & Pain, C. (2006). Trauma and the Body: A Sensorimotor Approach to Psychotherapy. Norton.

Phil Rich(2002). Divorce Counseling homework planne. NY: Wiley.

Patchin, J. W. & Hinduja, S. (2010). Traditional and nontraditional bullying among youth: A test of general strain theory. Youth & Society, 43(2), 727-751.

Ponzetti, J. A., & Cate, R. M. (1987). THe development course of conflict in the marital dissolution process. Journal of Divorce, 10, 1-15.

Rice, E. P. (1979). Marriage and parenthood. Boston: Allyn and Bacon. Inc.

Roberts, A. R. (2005). Crisis intervention handbook: Assessment, treatment, and research (3rd ed.). Oxford University Press.

Rogers, C. R. (1961). On becoming a person. Boston. N.Y: Houghton Mufflin.

Rudd, M. D., Berman, A. L., Joiner, T. E., Nock, M. K., Silverman, M. M., Mandrusiak, M., Van Orden, K., & Witte, T. (2006). Warning Signs for Suicide: Theory, Research, and Clinical Applications. Suicide and Life-Threatening Behavior, 36(3), 255-262.

Shapiro, F. (1995). Eye movement desensitization and reprocessing: Basic principles, protocols, and procedure. New York: Guilford Press.

Shapiro, F. (1999). Eye movement desensitization and reprocessing (EMDR) and the anxiety disorders-effectiveness and autonomic correlates. Journal of Anxiety Disorder, 13, 35-67.

Shneidman, E. S. (1993). Suicide as Psychache: A Clinical Approach to Self Destructive Behavior.

Rowman & Littlefield. Silverman, M. M., Berman, A. L., Sanddal, N. D., O'Carroll, P. W., & Joiner, T. E. (2007). Rebuilding the tower of Babel: A revised nomenclature for the study of suicide and suicidal behaviors. Suicide and Life-Threatening Behavior, 37(3), 248-263.

Skovholt, T. M., & Trotter-Mathison, M. (2016). The resilient practitioner: Burnout prevention and self-care strategies for counselors, therapists, teachers, and health professionals (3rd ed.). Routledge.

Sprenkle, D. H. (1990). Family therapy and qualitative research. Journal of marital and family therapy, 16(4), 357-373.

Stone, H. (1991). Crisis intervention theory and methodology (5th ed.). Springfield, IL: Charles C. Thomas.

Terr, L. C. (1991). Childhood traumas: an outlin and overview. American Journal of psychiatry, 148(1).

Wibur, E. M. (1970). Theory of Crisis Intervention. Pastoral Psychology, 16.

Yalom, I., D. (1989). Love Executioner and other tails of psychotherapy. (최윤미 역. 「나는 사랑의 처형자가 되기 싫다」. 서울: 시그마프레스, 2005).

6장-1
DSM-5-TR 외상 후 스트레스 장애 진단기준

6세를 넘은 개인의 외상후 스트레스장애

– 주의점: 이 기준은 성인, 청소년, 그리고 6세를 넘은 아동에게 적용한다. 6세 이하의 아동을 위해서는 다음의 해당 기준을 보시오.

A. 실제적이나 위협적인 죽음, 심각한 부상 또는 성폭력에의 노출이 다음과 같은 방식 가운데 한 가지(또는 그 이상)에서 나타난다.
1. 외상성 사건(들)에 대한 직접적인 경험
2. 그 사건(들)이 다른 사람들에게 일어난 것을 생생하게 목격함
3. 외상성 사건(들)이 가족, 가까운 친척 또는 친한 친구에게 일어난 것을 알게 됨. 가족, 친척, 또는 친구에게 생긴 실제적이거나 위협적인 죽음은 그 사건(들)이 폭력적이거나 돌발적으로 발생한 것이어야만 한다.
4. 외상성 사건(들)의 혐오스러운 세부 사항에 대한 반복적이거나 지나친 노출의 경험(예: 변사체 처리의 최초 대처자, 아동학대의 세부 사항에 반복적으로 노출된 경찰관)
– 주의점: 진단기준 A4는 노출이 일과 관계된 것이 아닌 한 전자미디어, 텔레비전, 영화 또는 사진을 통해 노출된 경우는 적용되지 않는다.

B. 외상성 사건(들)이 일어난 후에 시작된, 외상성 사건(들)과 연관이 있는 침습 증상의 존재가 다음 중 한 가지(또는 그 이상)에서 나타난다.
1. 외상성 사건(들)의 반복적, 불수의적이고, 침습적인 고통스러운 기억
– 주의점: 6세를 넘은 아동에서는 외상성 사건(들)의 주제 또는 양상이 표현되는 반복적인 놀이로 나타날 수 있다.
2. 꿈의 내용 및/또는 정동이 외상성 사건(들)과 관련되는 반복적으로 나타나는 고통스러운 꿈
– 주의점: 아동에서는 내용을 알 수 없는 악몽으로 나타나기도 한다.
3. 외상성 사건(들)이 재생되는 것처럼 그 개인이 느끼고 행동하게 되는 해리성 반응(예: 플래시백)(그러한 반응은 연속선상에서 나타나며, 가장 극한 표현은 현재 주변 상황에 대한 인식의 완전한 소실일 수 있음)
– 주의점: 아동에서는 외상의 특정한 재현이 놀이로 나타날 수 있다.
4. 외상성 사건(들)을 상징하거나 닮은 내부 또는 외부의 단서에 노출되었을때 나타나는 극심하거나 장기적인 심리

적 고통

5. 외상성 사건(들)을 상징하거나 닮은 내부 또는 외부의 단서에 대한 뚜렷한 생리적 반응

C. 외상성 사건(들)이 일어난 후에 시작된 외상성 사건(들)과 연관이 있는 자극에 대한 지속적인 회피가 다음 중 한 가지 또는 두 가지 모두에서 명백하다.
1. 외상성 사건(들)에 대한 또는 밀접한 연관이 있는 고통스러운 기억, 생각 또는 느낌을 회피 또는 회피하려는 노력
2. 외상성 사건(들)에 대한 또는 밀접한 연관이 있는 고통스러운 기억, 생각 또는 느낌을 불러일으키는 외부적 암시 (사람, 장소, 대화, 행동, 사물, 상 황)를 회피 또는 회피하려는 노력

D. 외상성 사건(들)이 일어난 후에 시작되거나 악화된, 외상성 사건(들)과 연관이 있는 인지와 기분의 부정적 변화가 다음 중 2가지 또는 그 이상에서 나타난다.
1. 외상성 사건(들)의 중요한 부분을 기억할 수 없는 무능력(두부 외상, 알코올 또는 약물 등의 이유가 아니며 전형적 으로 해리성 기억상실에 기인)
2. 자신, 다른 사람 또는 세상에 대한 지속적이고 과장된 부정적인 믿음 또는 예상('나는 나쁘다.' '누구도 믿을 수 없 다.' '이 세상은 전적으로 위험하다.' '나의 전체 신경계는 영구적으로 파괴되었다.')
3. 외상성 사건(들)의 원인 또는 결과에 대하여 지속적으로 왜곡된 인지를 하여 자신 또는 다른 사람을 비난함
4. 지속적으로 부정적인 감정 상태(예: 공포, 경악, 화, 죄책감 또는 수치심)
5. 주요 활동에 대한 현저하게 저하된 흥미 또는 참여
6. 다른 사람과의 사이에 멀어지거나 소원해지는 느낌
7. 긍정적 감정을 경험할 수 없는 지속적인 무능력(예: 행복, 만족 또는 사랑 의 느낌을 경험할 수 없는 무능력)

E. 외상성 사건(들)이 일어난 후에 시작되거나 악화된, 외상성 사건(들)과 연관이 있는 각성과 반응성이 뚜렷한 변화 가 다음 중 2가지(또는 그 이상)에서 현저하다.
1. 전형적으로 사람 또는 사물에 대한 언어적 또는 신체적 공격성으로 표현되는 민감한 행동과 분노 폭발(자극이 거 의 없거나 아예 없이)
2. 무모하거나 자기파괴적 행동
3. 과각성
4. 과장된 놀람 반응
5. 집중력의 문제
6. 수면 교란(예: 수면을 취하거나 유지하는 데 어려움 또는 불안정한 수면)

F. 장해(진단 기준 B, C, D 그리고 E)의 기간이 1개월을 넘어야 한다.

G. 장해가 사회적, 직업적 또는 다른 중요한 기능 영역에서 임상적으로 현저한 고통이나 소상을 초래한다.

H. 장해는 물질(예: 치료약물, 알코올)의 생리적 효과나 다른 의학적 상태로 인한 것이 아니다.

다음 중 하나를 명시할 것

해리 증상 동반: 개인의 증상이 외상후 스트레스장애의 기준에 해당하고, 또한 스트레스에 반응하여 그 개인이 다음에 해당하는 증상을 지속적이거나 반복적으로 경험한다.

1. 이인증: 스스로의 정신 과정 또는 신체로부터 떨어져서 마치 외부 관찰자가 된 것 같은 지속적 또는 반복적 경험(예: 꿈속에 있는 느낌, 자신이나 신체의 비현실감 또는 시간이 느리게 가는 감각을 느낌)

2. 비현실감: 주위 환경의 비현설성에 대한 지속적 또는 반복적 경험(예: 개인을 둘러싼 세계를 비현실적, 꿈속에 있는 듯한, 멀리 떨어여 있는 또는 왜곡된 것처럼 경험)

– 주의점: 이 아형을 쓰려면 해리 증상은 물질의 생리적 효과(예: 알코올 중독상태에서의 일시적 기억상실, 행동)나 다른 의학적 상태(예: 복합부분발작)로 인한 것이 아니어야 한다.

다음의 경우를 명시할 것

– 지연되어 표현되는 경우: (어떤 증상의 시작과 표현은 사건 직후 나타날 수 있더라도) 사건 이후 최소 6개월이 지난 후에 모든 진단기준을 만족할 때

6세 이하 아동의 외상후 스트레스장애

A. 6세 이하 아동에서는 실제적이거나 위협적인 죽음, 심각한 부상 또는 성폭력에의 노출이 다음과 같은 방식 가운데 한 가지(또는 그 이상)에서 나타난다.

1. 외상성 사건(들)에 대한 직접적인 경험

2. 그 사건(들)이 다른 사람들, 특히 주 보호자에게 일어난 것을 생생하게 목격함

3. 외상성 사건(들)이 부모 또는 주보호자에게 일어난 것을 알게 됨

B. 외상성 사건(들)이 일어난 후에 시작된 외상성 사건(들)과 연관이 있는 침습증상이 존재가 다음 중 한 가지(또는 그 이상)에서 나타난다.

1. 외상성 사건(들)의 반복적, 불수의적이고, 침습적인 고통스러운 기억

– 주의점: 자연발생적이고 침습적인 기억이 고통스럽게 나타나야만 하는 것은 아니며 놀이를 통한 재현으로 나타날 수도 있다.

2. 꿈이 내용 및/또는 정동이 외상성 사건(들)과 관련되어 반복적으로 나타나는 고통스러운 꿈

– 주의점: 꿈의 무서운 내용이 외상성 사건(들)과 관련이 있는지 없는지 확신하는 것이 가능하지 않을 수 있다.

3. 외상성 사건(들)이 재생되는 것처럼 그 아동이 느끼고 행동하게 되는 해리성 반응(예: 플래시백)(그러한 반응은 연속선상에서 나타나며, 가장 극한 표현은 현재 주변 상황에 대한 인식의 완전한 소실일 수 있음) 그러한 외상의 특정한 재현은 놀이로 나타날 수 있다.

4. 외상성 사건(들)을 상징하거나 닮은 내부 또는 외부의 단서에 노출되었을때 나타나는 극심하거나 장기적인 심리

적 고통

5. 외상성 사건(들)을 상기하는 것에 대한 현저한 생리적 반응

C. 외상성 사건(들)이 일어난 후에 시작되거나 악화된, 외상성 사건(들)과 연관이 있는 자극의 지속적인 회피 또는
   외상성 사건(들)과 연관이 있는 인지와 기분의 부정적 변화를 대변하는 다음 중 한 가지(또는 그 이상)의 증상이
   있다.

자극의 지속적 회피
1. 외상성 사건(들)을 상기시키는 활동, 장소 또는 물리적 암시 등을 회피 또는 회피하려는 노력
2. 외상성 사건(들)을 상기시키는 사람, 대화 또는 대인관계 상황 등을 회피하려는 노력

인지의 부정적변화
3. 부정적 감정 상태의 뚜렷한 빈도 증가(예: 공포, 죄책감, 슬프, 수치심, 혼란)
4. 놀이의 축소를 포함하는, 주요 활동에 대해 현저하게 저하된 흥미 또는 참여
5. 사회적으로 위축된 행동
6. 긍정적인 감정 표현의 지속적인 감소

D. 외상성 사건(들)이 일어난 후에 시작되거나 악화된, 외상성 사건(들)과 연관이 있는 각성과 반응성의 변화가 다음
   중 2가지(또는 그 이상)에서 명백하다.
1. 전형적으로 사람 또는 사물에 대한 언어적 또는 신체적 공격성으로(극도의 분노발작 포함) 표현되는 민감한 행동
   과 분노 폭발(자극이 거의 없거나 아예 없이)
2. 과각성
3. 과장된 놀람 반응
4. 집중력의 문제
5. 수면 교란(예: 수면을 취하거나 유지하는 데 어려움 또는 불안정한 수면)

E. 장해의 기간이 1개월을 넘어야 한다.

F. 장해가 부모, 형제, 또래나 다른 보호자와의 관계 또는 학교생활에서 임상적으로 현저한 고통이나 손상을 초래한다.

G. 장해는 물질(예: 치료약물이나 알코올)의 생리적 효과나 다른 의학적 상태로 인한 것이 아니다.

다음 중 하나를 명시할 것
– 해리 증상 동반: 개인의 증상이 외상후 스트레스장애의 기준에 해당하고, 그 개인이 다음에 해당하는 증상을 지속
   적이거나 반복적으로 경험한다.

1. 이인증: 스스로의 정신 과정 또는 신체로부터 떨어져서 마치 외부 관찰자가 된 것 같은 지속적 또는 반복적 경험
   (예: 꿈속에 있는 느낌, 자신이나 신체의 비현실감 또는 시간이 느리게 가는 감각을 느낌)
2. 비현실감: 주위 환경의 비현실성에 대한 지속적 또는 반복적 경험(예: 개인을 둘러싼 세계를 비현실적, 꿈속에 있
   는 듯한, 멀리 떨어져 있는 또는 왜곡된 것처럼 경험)
   − 주의점: 이 아형을 쓰려면 해리 증상은 물질의 생리적 효과(예: 일시적 기억상실)나 다른 의학적 상태(예: 복합부분
   발작)로 인한 것이 아니어야 한다.

다음의 경우 명시할 것
지연이 표현되는 경우: (어떤 증상의 시작과 표현은 사건 직후 나타날 수 있더라도) 사건 이후 최소 6개월이 지난 후
에 모든 진단기준을 만족할 때

6장-2
DSM-5-TR 급성 스트레스 장애 진단기준

A. 실제적이거나 위협적인 심각한 부상 또는 성폭력에의 노출이 다음과 같은 방식 가운데 한 가지 또는 그 이상에
   서 나타난다.
1. 외상성 ◌◌ 사건(들)에 대한 직접적인 경험
2. 그 사건(들)이 다른 사람들에게 일어난 것을 생생하게 목격함
3. 외상성 사건(들)이 가족, 가까운 친척 또는 친한 친구에게 일어난 것을 알게 됨.
   − 주의점: 가족, 친척 또는 친구에게 생긴 실제적이거나 위협적인 죽음의 경우에는 그 사건(들)이 폭력적이거나 돌
   발적으로 발생한 것이어야만 한다.
4. 외상성 사건(들0의 혐오스러운 세부 사항에 대한 반복적이거나 지나친 노출의 경험(예: 변사체 처리의 최초 대처
   자, 아동 학대의 세부사항에 반복적으로 노출된 경찰관)
   − 주의점: 진단기준 A4는 노출이 일과 관계된 것이 아닌 한 전자미디어, 텔레비전, 영화 또는 사진을 통해 노출된
   경우는 적용되지 않는다.

B. 외상성 사건(들)이 일어난 후에 시작되거나 악화된 침습, 부정적 기분, 해리, 회피와 각성의 5개의 범주 중에서 어
   디서라도 다음 증상 중 9가지(또는 그 이상)에서 존재한다.

침습증상
1. 외상성 사건(들)의 반복적, 불수의적이고 침습적인 고통스러운 기억
   − 주의점: 아동에서는 외상성 사건(들)의 주제 또는 양상이 표현되는 반복적인 놀이가 나타날 수 있다.

2. 꿈의 내용 및/ 또는 정동이 외상성 사건(들)과 관련되는 반복적으로 나타나는 고통스러운 꿈

– 주의점: 아동에서는 내용을 알 수 없는 악몽으로 나타나기도 한다.

3. 외상성 사건(들)이 재생되는 것처럼 그 개인이 느끼고 행동하게 되는 해리성 반응(예: 플래시백)(그러한 반응은 연속선상에서 나타나며, 가장 극한 표현은 현재 주변 상황에 대한 인식의 완전한 소실일 수 있음)

– 주의점: 아동에서는 외상의 특정한 재현이 놀이로 나타날 수 있다.

4. 외상성 사건(들)을 상징하거나 닮은 내부 또는 외부의 단서에 노출되었을때 나타나는 극심하거나 장기적인 심리적 고통 또는 현저한 생리적 반응

부정적 기분

5. 긍정적 감정을 경험할 수 없는 지속적인 무능력(예: 행복, 만족 또는 사랑의 느낌을 경험할 수 없는 무능력)

해리증상

6. 주위 환경 또는 자기 자신에의 현실에 대한 변화된 감각(예: 스스로를 다 른 사람의 시각에서 관찰, 혼란스러운 상태에 있는 것, 시간이 느리게 가는 것)

7. 외상성 사건(들)의 중요한 부분을 기억하는 데의 장애(두부 외상, 알코올 또는 약물 등이 이유가 아니며 전형적으로 해리성 기억상실에 기인)

회피증상

8. 외상성 사건(들)에 대한 또는 밀접한 연관이 있는 고통스러운 기억, 생각 또는 감정을 회피하려는 노력

9. 외상성 사건(들)에 대한 밀접한 연관이 있는 고통스러운 기억, 생각 또는 감정을 불러일으키는 외부적 암시(사람, 장소, 대화, 행동, 사물, 상황)를 회 피하려는 노력

각성증상

10. 수면 교란(예: 수면을 취하거나 유지하는 데 어려움, 불안한 수면)

11. 전형적으로 사람 또는 사물에 대한 언어적 또는 신체적 공격성으로 표 현되는 행동과 분노 폭발(자극이 거의 없거나 아예 없이)

12. 과각성

13. 집중력이 문제

14. 과장된 놀람 반응

C. 장해(진단기준 B의 증상)의 기간은 외상 노출 후 3일에서 1개월까지다.

– 주의점: 증상은 전형적으로 외상 후 즉기 시작하지만, 장애 기준을 만족하려면 최소 3일에서 1개월까지 증상이 지속되어야 한다.

D. 장해가 사회적, 직업적 또는 다른 중요한 기능 영역에서 임상적으로 현저한 고통이나 손상을 초래한다.

E. 장해는 물질(예: 치료약물이나 알코올)의 생리적 효과나 다른 의학적 상태(예: 경도 외상성 뇌손상)로 인한 것이 아니며 단기 정신병적 장애로 더 잘 설명되지 않는다.

9장-1

아동학대 신고의무자를 위한 아동학대 의심 체크리스트

연번	체크항목	체크란(√)	
1	사고로 보이기에는 미심쩍은 멍이나 상처가 발생한다.	예 ☐	아니오 ☐
2	상처 및 상흔에 대한 아동 혹은 보호자의 설명이 불명확하다.	예 ☐	아니오 ☐
3	보호자가 아동이 매를 맞고 자라야 한다는 생각을 갖고 있거나 체벌을 사용한다.	예 ☐	아니오 ☐
4	아동이 보호자에게 언어적, 정서적 위협을 당한다.	예 ☐	아니오 ☐
5	아동이 보호자에게 감금, 억제, 기타 가학적인 행위를 당한다.	예 ☐	아니오 ☐
6	기아, 영양실조, 적절하지 못한 영양섭취를 보인다.	예 ☐	아니오 ☐
7	계절에 맞지 않는 옷, 청결하지 못한 외모를 보인다.	예 ☐	아니오 ☐
8	불결한 환경이나 위험한 상태로부터 아동을 보호하지 않고 방치한다.	예 ☐	아니오 ☐
9	성학대로 의심될 성 질환이 있거나 임신 등의 신체적 흔적이 있다.	예 ☐	아니오 ☐
10	나이에 맞지 않는 성적 행동 및 해박하고 조숙한 성지식을 보인다.	예 ☐	아니오 ☐
11	자주 결석하거나 결석에 대한 사유가 불명확하다.	예 ☐	아니오 ☐
12	필요한 의료적 처치 혹은 필요한 아동에게 예방접종을 실시하지 않는다.	예 ☐	아니오 ☐
13	보호자에 대한 거부감과 두려움을 보이고, 집(보호기관)으로 돌아가는 것에 대해 두려워 한다.	예 ☐	아니오 ☐
14	아동이 매우 공격적이거나 위축된 모습 등의 극단적인 행동을 한다.	예 ☐	아니오 ☐
15	"아동학대의심 체크리스트" 1~14에 해당되지는 않지만 그 외의 학대로 의심되는 경우 (학대 의심 상황 :)	예 ☐	아니오 ☐
	1개 문항 이상 "예"로 체크된 경우, 아동학대를 의심해 볼 수 있는 상황입니다. 아동학대가 "의심"되면 아동학대신고전화 112로 즉시 신고해 주시기 바랍니다.		

12장-1
한국판치매간단검사 (MMSE-K)

이름	검사자	나이	(남, 여)	학력 유학/무학	
\	항목			점수	채점
지남력	1. 오늘은 년 월 일 요일 계절			5	
	2. 당신의 주소는 도(특별시, 광역시) 군(구) 면(동)			4	
	3. 여기는 어떤 곳입니까? 예) 학교, 시장, 병원, 가정집 　여기는 무엇을 하는 곳입니까? 예) 마당, 안방, 화장실			1	
기억	기억 등록	4. 물건 이름 세 가지 단어 (나무, 자동차, 모자)		3	
	기억 회상	5. 5분 후 아까 말한 단어 3가지 말해보세요		3	
주의 집중 계산	6. "100에서 7씩 계속해서 뺄셈을 하세요" 　100-7= -7= -7= -7= -7= 　(삼천리 강산 거꾸로 말하기)			6	
언어 기능	7. 이것을 무엇이라고 합니까? 예)연필, 시계			2	
	8. 오른손으로 종이를 집어서 반으로 접어서 무릎 위에 놓으세요			3	
	9. 5각형 모양 2개 겹쳐 그리기			1	
	10. "간장 공장 공장장" 따라하기			1	
이해 판단	11. "옷은 왜 빨아서 입습니까?"			1	
	12. 길에서 남의 주민등록증을 주웠을 때 어떻게 하면 쉽게 주인에게 돌려 줄 수 있습니까?			1	
총점				/30점	

- **교정방법**

무학인 경우 시간에 대한 지남력(1문항)에 1점, 주의집중 및 계산(6문항)에 2점, 언어기능(7문항)에 1점을 가산하시오. 단, 각 부문에서 만점의 범위를 넘지 않게 하시오.(예: 주의 집중 및 계산에서 3점 이하인 경우에는 2점, 4점인 경우는 1점을 가산하고 6점인 경우에는 가산점을 주지 않음.

Kangdong Sacred Heart Hospital, Hallym University (MMSE-K.pdf)

12장-2

단축형 노인우울 척도(K-GDS)

번호	문항	예	아니오
1	현재의 생활에 대체적으로 만족하십니까?		*
2	요즘 들어 활동량이나 의욕이 많이 떨어지셨습니까?	*	
3	자신이 헛되이 살고 있다고 느끼십니까?	*	
4	생활이 지루하게 느껴질 때가 많습니까?	*	
5	평소에 기분은 상쾌한 편이십니까?		*
6	자신에게 불길한 일이 닥칠 것 같아 불안하십니까?	*	
7	대체로 마음이 즐거운 편이십니까?		*
8	절망적이라는 느낌이 자주 드십니까?	*	
9	바깥에 나가기가 싫고 집에만 있고 싶습니까?	*	
10	비슷한 나이의 다른 노인들보다 기억력이 더 나쁘다고 느끼십니까?	*	
11	현재 살아있다는 것이 즐겁게 생각되십니까?		*
12	지금의 내 자신이 아무 쓸모 없는 사람이라고 느끼십니까?	*	
13	기력이 좋으신 편이십니까?		*
14	지금 자신의 처지가 아무런 희망도 없다고 느끼십니까?	*	
15	자신이 다른 사람들의 처지보다 더 못하다고 느끼십니까?	*	

총점 :　　　점

※ 총점 범위 0 ～ 15 점

※ *표 항목을 1점으로 계산, 나머지는 0점으로 계산

※ 5점 이하는 정상, 6~9점은 중등도의 우울증상, 10점 이상은 우울증

노인정신의학회 (2017). 한국형 노인우울검사(KGDS) 표준화 연구

저자 프로필

1	조은문	1. 교육학 박사(상담심리전공) 2. 모은상담심리연구소 소장, 치유심리상담센터(역삼), 나눔복지교육원, 동덕여대/숙명여대, 강남위(Wee)센터 실장, 교육부/서울시교육청 위프로젝트 컨설팅단 3. 상담심리사 1급(한국상담심리학회), 전문상담사 1급(한국상담학회), 청소년상담사 1급, 임상심리사 1급, 전문상담교사 1급, 학교상담전문가 1급, 소매틱 전문가 4. 상담 전문과정 수료 : 현실치료, 국제공인 소매틱 동작치료사(Registered Somatic Movement Therapist), 타말파 프렉티셔너(동작중심 표현예술치료사), 감각운동심리치료(트라우마 치료) Lev1 5. 블로그 : http://blog.naver.com/ajmoon209 6. 주상담이론: 정신역동치료, 신체심리치료(아동·청소년/학부모/성인/가족상담) 7. 개인상담/심리검사 수퍼비전, 논문 컨설팅, 출판 기획 및 집필 8. 메일 ajmoon209@hanmail.net
2	임려원	1. 모은상담심리연구소 공동소장, 마음자람심리센터 공동소장, 다움book 출판 대표 2. 교육학 박사(상담심리전공) 3. 한국상담심리학회 상담심리사 1급, 청소년상담사 1급, 사회복지사 1급, 임상심리사 4. 마음드라이빙(23년 세종도서 우수도서 선정) 외 전자책, 종이책 포함 32권 출판 5. 심리학 강의, 수퍼비전, 책 쓰기 강의, 개인 상담, 가족 상담, 집단상담, 저술활동 등 6. 블러그 https://blog.naver.com/saim1009 7. 메일 saim1009@hanmail.net
3	김영순	1. 교육학 박사(상담심리 전공) 2. (현) 해드림상담센터 대표, (전) 호서대학교 겸임교수 외 3. 한국상담심리학회 상담심리사 1급, 한국상담학회 수련감독급 전문상담사(전문영역: 중독, 집단, 아동청소년), 청소년상담사 1급, 한국심리학회 중독심리전문가, 국제 WGI 현실치료상담 상급강사(Senior Faculty), 국제 SPI 인증 감각운동 심리치료 전문가(SPP, SPT), 소매틱 전문가 4.저서: 상담과 심리치료의 이해(2025,학지사). 세계정신건강상담사례(2014,학지사) 외 5. 수퍼비전 및 교육, 개인상담, 집단상담, 중독 및 트라우마 상담 등 6. 메일 quality222@hanmail.net
4	이은미	1. 브레인 H 마음연구소 대표 2. 상담심리학 박사 수료 3. 임상심리사 1급(한국산업인력공단), 상담심리사 2급(한국상담심리학회), 청소년상담사 2급(한국산업인력공단), 평생교육사 2급(교육부), 중등 외국어(영어)정교사 2급(교육부), 직업상담사 2급, 평생교육사 2급, 국가공인브레인트레이너 4. 기업 강의, 교사 및 부모 강의, 개인 상담, 가족 상담, 집단상담 등 다수 5. 메일 eunmagic@naver.com

5	권민성	1. 전문상담교사 2. 교육학 박사 수료 3. 재난심리회복지원센터 재난심리활동가 4. 전) 기업상담실 상담원, 위(Wee)센터 임상심리사, 사회복지사로 근무 5.전문상담교사 1급, 도덕·윤리 정교사 2급, 사회복지사 1급, 청소년상담사 2급, 한국상담심리학회 상담 심리사 2급, 한국상담학회 전문상담사 2급, 임상심리사 2급, MBTI 일반강사, 에니어그램 일반강사 등 6. 부모 교육 및 교사 연수 강의, 개인상담, 가족상담, 집단상담 등 7. 메일 km3117@naver.com
6	박숙자	1. 밝은 희망 부부 클리닉 전문상담사 2. 교육학 박사 3. 한국상담학회 전문상담사 1급. 한국목회상담협회 감독, 임상심리사 2급 4. 심리학 강의, 부부 상담, 커플상담. 개인 상담, 가족 상담, 집단상담 5. 메일 psj1338@hanmail.net
7	정현주	1. 플러스 아동 발달 센터 놀이심리상담사 2. 성모 정신건강의학과 상담사 3. 상담심리 박사 재학 4. 한국놀이치료학회 놀이심리상담사 2급, 미술심리상담사 1급, 발달재활사, 임상심리사 1급, 청소 년 상담사 2급. 사회복지사 2급, 평생교육사 2급 5. 한국상담심리학회 정회원, 한국상담학회 정회원 6. 국제공인 ICDL DIR Floor time 101,201,202 수료 7. 국제공인 AEDP Immersion 코스 수료 8. 아동/청소년 상담, 개인 상담, 집단상담, 부모 양육 코칭 주 9. 메일 ijoa82@naver.com
8	고혜인	1. 사단법인 제주국제명상센터 상담교육원장 2. 제주대학교 교육대학원 교육학과 강사 3. 교육학(상담심리전공) 박사 4. 청소년상담사 1급, 임상심리사 1급, 한국상담학회 전문상담사 2급, 전문상담교사 2급 5. 대외 활동: 한국상담학회 제주상담학회 학회장, 제주대학교 학생상담센터 객원상담원, 대법원 법원행정처 아동관련전문가, 제주지방법원 가사상담위원 및 자문위원, 제주특별자치도 재난심 리회복지원센터 상담활동가, 국민건강보험공단 보건의료인력 인권침해센터 외부상담사, 제주특 별자치도교육청 학교안전공제회 자문위원, 제주 장애인 스포츠 인권센터 전문위원 등. 6. 블로그 〈심리치유공간, 더 도어〉]https://blog.naver.com/thedoor_kr 7. 메일 thedoor_kr@naver.com
9	장수미	1. ㈜아토머스 마인드카페심리상담센터 상담심리사 2. (사)한국EAP협회, ㈜위너스제이엠 협약상담사 3. 교육학 석사(상담교육전공) 4. 한국상담심리학회 상담심리사 2급, 임상심리사 1급, 청소년상담사 2급, MBTI전문강사 5. 성인상담, 기업상담(EAP), 청소년상담, 부모상담, 진로상담, 커플상담 6. 메일 dominic0618@naver.com

10	이유미	1. 인마인드 심리상담센터 센터장 2.이레네메모리얼가족상담센터 전문상담사, 재난심리회복지원센터 재난심리활동가 3. 교육학 박사(상담심리전공) 4. 대학교 학생생활상담센터 객원상담사, YWCA 가정상담센터 전문상담사, 교육청 연계 전문심리상담, 대학교 시간강사, 중 · 고등학교 전문가 특강, 중·고등학교 영어교사 등 5. 한국상담심리학회 상담심리사 1급, 한국상담학회 전문상담사 1급, 국제 아들러 전문가 및 심리치료사, 아들러 긍정훈육 부모교육 강사 1급, 청소년 상담사 2급, 임상미술치료사 2급 6. 기업상담, 상담사 수련 및 교육, 놀이치료, 미술치료 등
11	최정란	1. HOME 심리상담센터 대표 2. 교육학 박사(상담학 전공) 3.한국상담심리학회 상담심리사 1급, 주수퍼바이저, 한국가족치료학회 부부가족치료사 1급. 청소년상담사 2급 4.가족치료 강의, 의사소통 강의, 뇌와 심리 강의, 예비부부들을 위한 결혼준비교육 강의 5. 개인상담, 부부상담, 가족상담, 예비부부 커플 상담 6. 작가의 마음: 만남을 통해 축복의 통로가 되기를 기대합니다. 7. 메일 choilan25@hanmail.net
12	최꽃늪	1. 울산가정법원 상담위원 2. 심리학 박사 수료 3. 한국상담학회 전문상담사 1급, 청소년 상담사 2급, 아들러 부모교육 강사 4. 기업강의, 개인상담, 부부상담, 집단상담 등 5. 메일 lovenip813@naver.com
13	김혜숙	1. 전문상담교사(2007년~현재) 2. 교육학 박사(상담심리전공) 3. 상담심리사 1급(한국상담심리학회) 4. (현) 가톨릭대학교 대학원 겸임교수 5. (전) 국민대학교 교육대학원 겸임교수 6. 저서: [청소년 비행·성·약물 상담, 공저] 등 다수 7. 블로그 https://blog.naver.com/mind_caring